女性アスリートのための
傷害予防トレーニング

編著｜小林直行・泉 重樹・成田崇矢

医歯薬出版株式会社

編集・執筆者一覧

● 編　集／

小林　直行（上武大学ビジネス情報学部）
泉　　重樹（法政大学スポーツ健康学部）
成田　崇矢（健康科学大学健康科学部）

● 執　筆（執筆順）／

難波　　聡（埼玉医科大学産婦人科）
相澤　勝治（専修大学スポーツ研究所）
中村真理子（国立スポーツ科学センター）
中村　有紀（東京女子大学現代教養学部）
江田　香織（筑波大学体育系）
金岡　恒治（早稲田大学スポーツ科学学術院）
田口　素子（早稲田大学スポーツ科学学術院）
太田　千尋（慶応大学ラグビー部）
岡田　　隆（了徳寺大学健康科学部）
笠原　政志（国際武道大学体育学部）
山本　晃永（ワイズ・アスリート・サポート）
倉持梨恵子（中京大学スポーツ科学部）
後関　慎司（東京スポーツレクレーション専門学校）
泉　　重樹（法政大学スポーツ健康学部）
山口　貴久（仙台大学体育学部）
関戸　健一（さいたま柔整専門学校）
大石　益代（公益財団法人日本ソフトボール協会）

小林　直行（上武大学ビジネス情報学部）
上松　大輔（新潟経営大学経営情報学部）
畑中　仁堂（じんどう整骨院アスリート）
吉田　成仁（帝京平成大学ヒューマンケア学部）
磯　あすか（フィジオセンター）
羽生　綾子（公益財団法人日本卓球協会）
茂木奈津子（早稲田大学大学院スポーツ科学研究科）
金子　弘志（荏原湘南スポーツセンター）
山下　貴士（神奈川大学健康スポーツセンター）
成田　崇矢（健康科学大学健康科学部）
加藤　知生（桐蔭横浜大学スポーツ健康政策学部）
加藤　　基（帝京大学医療技術学部）
松下　美穂（森ノ宮医療学園専門学校）
福田　　崇（筑波大学体育系）
寒川　美奈（北海道大学大学院保健科学研究院）
柳田　尚子（立命館大学スポーツ強化センター）

This book was originally published in Japanese
under the title of :
JYOSEI ASURITO NOTAMENO SYOGAIYOBOU TORENINGU
(Training of Sport Injury Prevention for Woman's Athlete)

Editors:

KOBAYASHI, Naoyuki
Jobu University

IZUMI, Shigeki
Hosei University

NARITA, Takaya
Health Science University

© 2013 1st ed.

ISHIYAKU PUBLISHERS, INC.
7-10, Honkomagome 1 chome, Bunkyo-ku,
Tokyo 113-8612, Japan

推薦の序

　アスリートの傷害予防に関する著書は，すでに多数出版されています．しかし，それらの内容は男性あるいは女性アスリートの心身の特性をしっかりと捉えての内容となっていないものが大部分であります．男性・女性の性差は，心身（身体）機能に厳然として存在していることからも，一般的な記述では女性アスリートの傷害予防としては不十分であります．これらの状況を踏まえて，今回『女性アスリートのための傷害予防トレーニング』が出版されることは，女性スポーツ医学に関わる身としては，非常に嬉しく，企画・編集を担当された諸兄に大いなる賛辞を贈りたいと思います．

　本書は3部構成となっております．その特徴・意義を記させて頂きます．

　第Ⅰ部「女性アスリートのからだと心」は，女性アスリートに関わる基本事項について，それぞれの分野でのオピニオンリーダーの方々により，分かりやすく解説されています．女性アスリートに関わる諸問題を理解する上でも非常に役に立つと思われます．

　第Ⅱ部「傷害予防のための部位別トレーニングの実際」は，頭頸部，体幹，上肢，下肢に分け，それらの部位の傷害の特徴，特に女性アスリートの特徴を簡明に解説しています．さらに，傷害予防のためのトレーニング法の基本について，図・写真を多用して分かりやすく記述されており，すぐにでも実施できるように配慮がなされています．

　第Ⅲ部「種目別の傷害予防トレーニングとその実際」は，20種目にも及ぶ競技種目について，それぞれの競技に直接関わっておられるアスレティックトレーナーの方々により，現場に即した記載がなされております．各種目において，競技特性を簡明に解説した後に，身体特性および傷害の特徴が最初に示されています．次いで，それら傷害予防のためのトレーニングの実際について，エビデンスに基づいて，写真を多用して解説されています．まさに，競技特性を考慮した傷害予防のトレーニングとして，すぐにでも応用できるものと思われます．

　本書は女性アスリートのサポート・トレーニングに直接関わるアスレティックトレーナーばかりでなく，その他の職種の方々（理学療法士，柔道整復師，はり師，きゅう師など）が女性アスリートのケア・サポートを行う場合にも大いに役立つものと思われます．さらに，スポーツ医学を志す若い医師においても，女性アスリートの傷害の特性・特徴，さらにその予防のためのトレーニングのあり方を知るための基礎的なテキストとして非常に有用と思われます．

　本書は，女性アスリートの傷害予防に関わる種々の職種の方々に大いに有用であり，バイブル的存在になるものと思われます．

平成25年9月

筑波大学　名誉教授　　目崎　登

序　文

　近年，国内外の大会において女性アスリートが活躍し，好成績を収めています．一方で，多くのアスリートが傷害を負い，その克服に力を注いでいる現実があります．しかし，アスレティックリハビリテーションやトレーニングに関する類書は多々あるものの，女性アスリート特有の傷害に対しての治療や傷害予防トレーニングに関する著書はほとんどないと言っても過言ではありません．女性アスリートは，身体組成や心などの面から男性アスリートと同一に考えられない一面を持っているだけでなく，男性より多く発生する傷害などもあるため，それらを知ったうえでアプローチをしていくことが求められます．継続したトレーニングが競技成績を向上させるため，予防できる傷害を少しでも増やしていくことが，アスリートの幸せにつながっていくでしょう．

　本書では，女性アスリートを傷害から守ることを目的に，傷害予防トレーニングに焦点をあて，3部構成としています．

　第Ⅰ部では女性スポーツに携わってきた研究者が女性スポーツにおけるからだと心について図を用いて解説し，第Ⅱ部では，女性アスリートの部位別トレーニング方法をこれまでトレーニングの第一戦で指導してきたアスレティックトレーナー（AT, ATC）の方々が，カラー写真を用いて解説しています．第Ⅲ部では，女性スポーツの各種目に携わっているアスレティックトレーナーが，種目別の傷害発生率や男性と異なる傷害を挙げ，さらに発生頻度が高い傷害，特筆すべき傷害の予防トレーニングについて臨床で勤務しているセラピストの方々にも参考にして頂けるように，多くのカラー写真を用いてわかりやすく記述しています．

　ご執筆頂いた方々は，各専門の研究者や種目に精通している方々であり，普段みることのない種目のアスリートを指導する際にもとても参考になる内容となっています．また，各疾患に対する傷害予防トレーニングの方法は，経験に裏づけされ，とても工夫されており，種目に関係なく大いに参考になることでしょう．カラー写真を用いたことでより理解を深めてくれると確信しております．是非ご熟読ください．

　本書が女性アスリートの傷害予防につながり，一人でも多くのアスリート，読者の方々の幸せにつながってくれることがわれわれ筆者の願いです．

　最後に，出版にあたり企画の段階からご意見を賜りました女性スポーツ医学第一人者の目崎　登先生に厚く御礼申し上げます．また，医歯薬出版株式会社の竹内　大氏には本書の完成までに多くの助言とご指導を賜りました．ここに深謝の意を表します．

平成25年9月
小林直行，泉　重樹，成田崇矢

目 次

推薦の序／iii
序　文／iv

第Ⅰ部　女性アスリートのからだと心

1. 女性アスリートの医学 …………………………………………………………… 1
　1. 月経周期の調節機構／1　　2. 競技スポーツと月経現象／1
　3. 運動性無月経の問題点と治療／3　　4. 女性アスリートの三主徴／3
　5. 性別検査と「高アンドロゲン女性競技者」／4

2. 女性アスリートのホルモン動態 ………………………………………………… 5
　1. アスリートのコンディションとホルモン環境／5
　2. 運動・トレーニングとホルモン応答／6　　3. 運動性無月経とストレスホルモン／6

3. 女性アスリートのコンディション評価 ………………………………………… 8
　1. 女性アスリートと月経異常／8　　2. 月経周期および月経状態の把握／9
　3. コンディション評価指標と月経周期および月経状態／10

4. 月経周期とパフォーマンス ……………………………………………………… 12
　1. 月経周期によるホルモンの変化と身体の変化／12　　2. 月経周期とパフォーマンス／13
　3. パフォーマンスに影響する複合的要因／14

5. 女性アスリートの心理的特徴 …………………………………………………… 16
　1. 性役割／16　　2. 競技引退などの捉え方／16　　3. ストレス対処／17
　4. 指導者との関係性／17　　5. 食行動問題／18　　6. ボディ・イメージ／18

6. 女性アスリートに対する整形外科的評価 ……………………………………… 20
　1. 傷害発生に関与する内的因子／20　　2. 性差が関与する因子と評価方法／22

7. 女性アスリートと栄養 …………………………………………………………… 24
　1. 女性アスリートのエネルギーバランス／24　　2. 減量時の栄養障害の予防／26

第Ⅱ部　傷害予防のための部位別トレーニングの実際

1. 頭頸部の傷害予防 ……………………………………………………………………… 29
    1. 頭頸部傷害の特徴／29　　2. トレーニングの実際／30
2. 体幹の傷害予防 ………………………………………………………………………… 34
    1. 体幹部の特徴／34　　2. 女性アスリートの特徴／34　　3. トレーニングの実際／35
3. 上肢の傷害予防 ………………………………………………………………………… 40
    1. 上肢の傷害の特徴と女性アスリートの特徴／40　　2. トレーニングの実際／40
4. 下肢の傷害予防 ………………………………………………………………………… 46
    1. 下肢の傷害発生の特徴／46　　2. トレーニングの実際／48

第Ⅲ部　種目別の傷害予防トレーニングとその実際

1. チアリーディング ……………………………………………………………………… 51
    1. チアリーダーの身体特性と傷害の特徴／51　　2. 傷害予防のためのトレーニング／53
2. 新体操 …………………………………………………………………………………… 57
    1. 新体操選手の身体特性と傷害の特徴／57　　2. 傷害予防のためのトレーニング／58
3. 体操競技 ………………………………………………………………………………… 62
    1. 女子体操選手の身体特性と傷害の特徴／62　　2. 傷害予防のためのトレーニング／64
4. ラクロス ………………………………………………………………………………… 68
    1. 女子ラクロス選手の身体特性と傷害の特徴／68　　2. 傷害予防のためのトレーニング／69
5. ソフトボール …………………………………………………………………………… 72
    1. 女子ソフトボール選手の身体特性と傷害の特徴／72
    2. 傷害予防のためのトレーニング／74
6. 女子サッカー …………………………………………………………………………… 79
    1. 女子サッカー選手の身体特性と傷害の特徴／79　　2. 傷害予防のためのトレーニング／81
7. バスケットボール ……………………………………………………………………… 85
    1. 女子バスケットボール選手の傷害の特徴／85　　2. 傷害予防のためのトレーニング／86
8. バレーボール …………………………………………………………………………… 92
    1. 女子バレーボール選手の傷害の特徴／92　　2. 傷害予防のためのトレーニング／93

9. ハンドボール ･･･ 98
1. 女子ハンドボール選手の身体特性と傷害の特徴／98
2. 傷害予防のためのトレーニング／99

10. 女子ラグビー ･･･ 103
1. 女子ラグビー選手の身体特性と傷害の特徴／103
2. 傷害予防のためのトレーニング／104

11. 卓　球 ･･･ 109
1. 女子卓球選手の身体特性と傷害の特徴／109　　2. 傷害予防のためのトレーニング／110

12. テニス ･･･ 113
1. 女子テニス選手の傷害の特徴／113　　2. 傷害予防のためのトレーニング／114

13. 競　泳 ･･･ 117
1. 女子競泳選手の身体特性と傷害の特徴／117　　2. 傷害予防のためのトレーニング／119

14. 飛込み ･･･ 124
1. 女子飛込み選手の身体特性と傷害の特徴／124　　2. 傷害予防のためのトレーニング／125

15. シンクロナイズドスイミング ･･･ 128
1. シンクロ選手の身体特性と傷害の特徴／128　　2. 傷害予防のためのトレーニング／130

16. 陸上競技（短距離）･･･ 134
1. 女子短距離選手の身体特性と傷害の特徴／134　　2. 傷害予防のためのトレーニング／135

17. 陸上競技（長距離）･･･ 140
1. 女子長距離選手の身体特性と傷害の特徴／140　　2. 傷害予防のためのトレーニング／141

18. スピードスケート ･･･ 144
1. 女子スピードスケート選手の身体特性と傷害の特徴／144
2. 傷害予防のためのトレーニング／145

19. スキー ･･･ 150
1. 女子スキー選手の身体特性と傷害の特徴／150　　2. 傷害予防のためのトレーニング／151

20. 柔　道 ･･･ 154
1. 女子柔道選手の身体特性と傷害の特徴／154　　2. 傷害予防のためのトレーニング／156

索　引／159

I. 女性アスリートのからだと心

1 女性アスリートの医学

はじめに

- オリンピックやサッカーW杯での好結果に象徴されるように，わが国の女性トップアスリートは従来にも増して活躍を見せており，彼女たちに対する注目度も高い．同時に，女性ランナー人口の増加，「山ガール」の出現など，多くの女性がスポーツを身近なものとしておしゃれに楽しむ風土がわが国にももたらされてきているように思われる．
- こうしたスポーツを行う女性の増加とともに，女性アスリートならではの医学的問題点がクローズアップされてきた．靱帯の伸張性，低筋力による関節の不安定性や低骨密度に由来する整形外科的なスポーツ障害のほか，貧血をはじめとする内科的なスポーツ障害も知られている．こうしたスポーツ障害を理解するうえでは，女性特有の生殖生理機能である排卵・月経現象の理解が欠かせない．また激しいスポーツ活動は排卵・月経現象そのものにもダメージをもたらし得ることにも注目が必要であろう．

1. 月経周期の調節機構

- 月経は約1ヵ月の周期で繰り返される5～7日の性器出血（子宮からの出血）であるが，月経が規則正しく発来するために，視床下部-下垂体-卵巣系における精妙で周期的なホルモン調節がなされている（**図1**）．
- 下垂体から分泌される卵胞刺激ホルモン（FSH）により，卵巣内で徐々に卵胞が成熟し，月経開始日から約2週間後に黄体化ホルモン（LH）の分泌とともに排卵に至る．卵胞からは卵胞ホルモン（エストロゲン）が，排卵後の黄体からは黄体ホルモンが分泌される．各種ストレスにより視床下部からの下垂体刺激ホルモン（LH-RH）の律動的分泌が失われると，容易に排卵，月経のサイクルは障害される．
- また，女性の生殖機能を理解するうえでは年齢による差異を考慮することも必要である．
- 思春期（9～18歳頃）は，徐々に性機能が発達し初経が発来する時期であり，その機能は非常に不安定である．成熟期（18～45歳頃）は，性機能が成熟し，安定しており，妊娠・分娩が可能な時期である．閉経期（45～52歳頃）以降は，性機能が徐々に衰退し閉経を迎え，サイクリックなホルモン分泌が失われる．

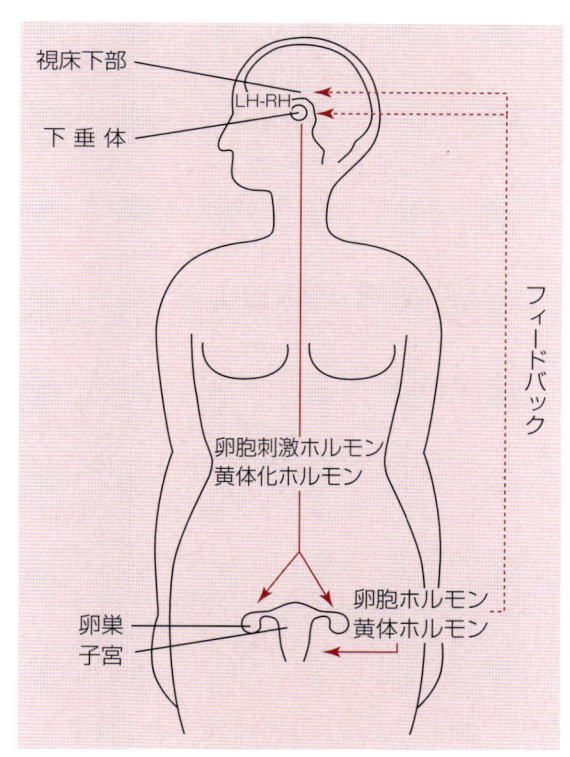

図1 月経の調節機構（目崎[1]による）

2. 競技スポーツと月経現象

- トップアスリートの一部では，若年のうちから開始される激しいトレーニングや，厳しいウエイト・コントロールの影響により，初経発来が遅延する傾向（遅発思春期，原発性無月経）にある（**図2**）．

— 1 —

● また，トップアスリートでは，続発性無月経，稀発月経，無排卵周期症などの月経異常が多い．こうした月経異常，特に運動性無月経の発現機転として3つの要因が考えられている．

1) 精神的・身体的ストレス

● 一般女性においても，転居，進学などの環境変化により続発性無月経をきたすことが知られている．アスリートでも重要な試合，選手選考の重圧，チーム内の人間関係などが精神的ストレスとなることは十分に想像される．
● 日常のトレーニングにおける身体的消耗度により月経異常の頻度を調査すると，消耗の激しい者で明らかに高率である．長距離ランナーでは1週間の走行距離や練習時間が長いほど，月経異常が高率となる．
● こうしたストレスは視床下部に作用し，ゴナドトロピン放出ホルモンのパルス（脈波）状分泌を減少させ，ゴナドトロピン分泌を低下させていることがわかっている．

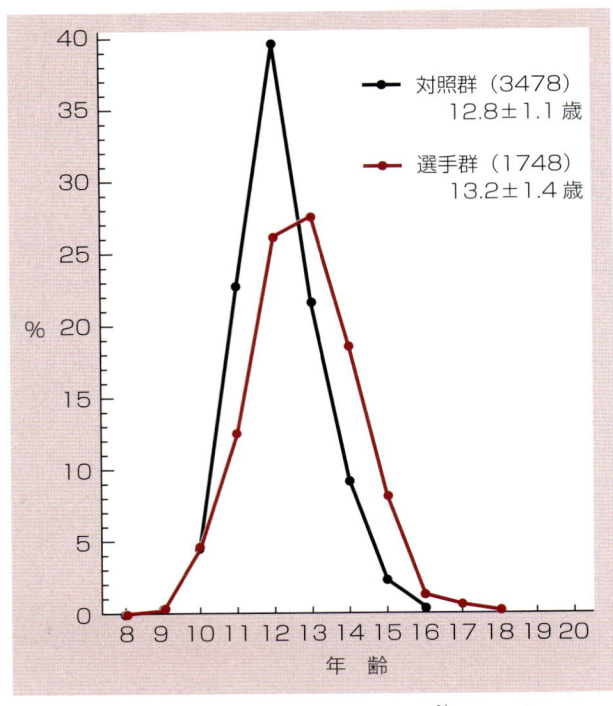

図2　初経発来年齢の分布（目崎[1]による）

2) 体重（体脂肪）減少

● 競技種目によっては，コンディション調節やプロポーション維持のために体重減少を図る選手が多い．体重減少とは体脂肪の減少が大部分である．体脂肪は体温の放散防止，エネルギー代謝，性ステロイド・ホルモンの代謝に関与している．体脂肪率により月経異常の頻度をみると（図3），体脂肪が少ないほど月経異常が高率であり，体脂肪率が15％を下回ると半数以上が，10％を下回るとほぼ全員が月経異常を有していることがわかる．

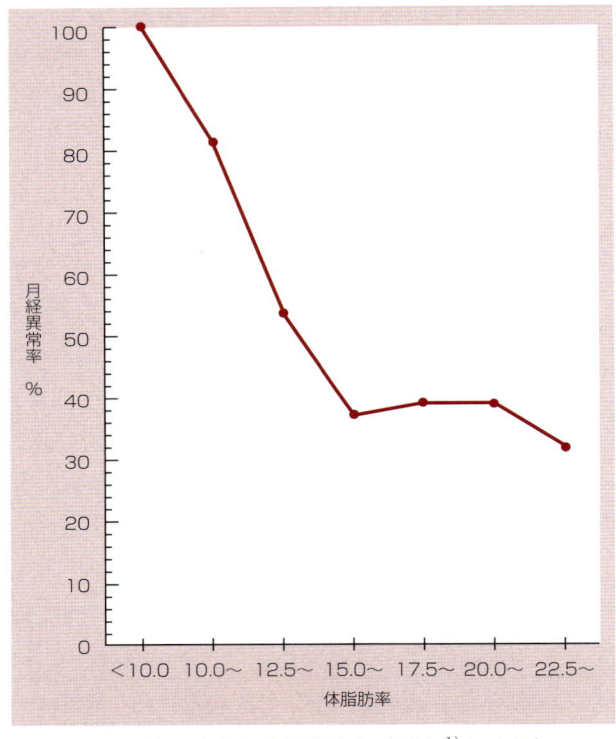

図3　体脂肪率と月経異常率（目崎[1]による）

3) エネルギー摂取量の低下

● 運動性無月経の要因として，近年 energy availability（食事摂取エネルギーから運動消費エネルギーを差し引いた「余裕度」）の概念が最も注目されている．この「余裕度」を増やすことで，練習量や体脂肪率をある程度維持しながら月経異常を予防できる可能性がある．

3. 運動性無月経の問題点と治療

● スポーツ活動に起因する月経異常であっても，無治療のまま長期間放置することには多くの問題点がある．まず，無月経は数年無治療のまま放置すると，血中のエストラジオール値が極度に低下する重症型に陥る．ただちに自然排卵を回復させるのは容易でないため，治療としては，まず低エストロゲン状態の改善のためのホルモン補充療法（HRT）が行われる．

● アスリートにとって，無月経に続発する直接的な問題点は骨密度の低下である．疲労骨折を起こしたスポーツ選手では続発性無月経などの月経異常が多いことが知られている．また，無月経のランナーの方が骨密度が低い傾向も示されている（図4）．骨密度の低下をきたし骨が脆くなると，さしたる強度のトレーニングでなくとも疲労骨折を起こしやすくなる．ホルモン補充療法を継続してもなかなか骨密度を上昇させることは困難である．思春期に適切な摂食による適切な体重管理がなされないと，本来骨密度が増加すべき時期に骨密度が増加しない若年アスリートが生み出されてしまう．今後は，思春期の摂食・体重管理がアスリートの骨粗鬆症予防に重要となると思われる．

● もうひとつ，無月経に続発する問題点として妊孕性の低下も懸念されるところである．1964年の東京オリンピック日本代表選手の引退後の性機能，妊孕性に関する調査によると，結婚後の不妊症率，妊娠や流産の回数は一般女性と同じである．また，引退後の実業団女子長距離選手を調査すると，ほとんどが半年程度で月経が再開しており，排卵障害が持続した例は少ない（図5）．したがって，月経異常を有するアスリートでも将来の妊孕性は概ね心配ないと考えられている．

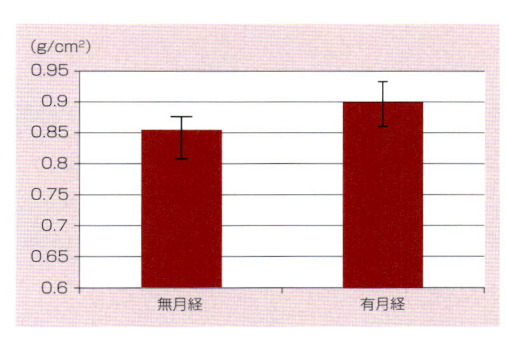

図4 長距離ランナーにおける月経の有無と腰椎骨密度

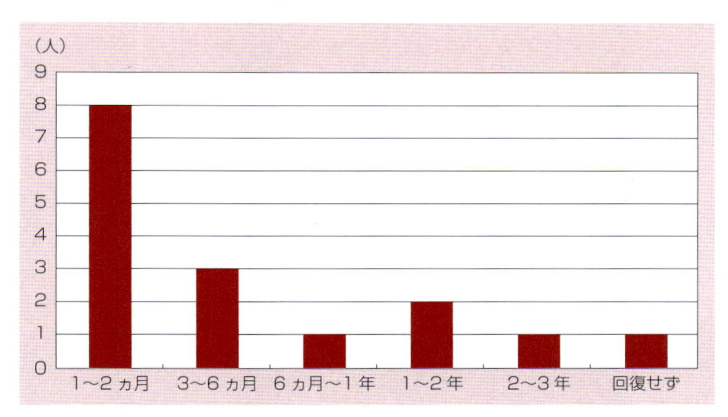

図5 引退時に無月経だった長距離ランナーが月経再開までに要する期間

4. 女性アスリートの三主徴

● 特に痩身が有利となるような女性競技，たとえば中長距離走，体操，新体操などの競技者で，摂食障害，無月経，骨粗鬆症の3つを思い，選手生活の続行が脅かされる事例が多いことが注目され，「女性アスリートの三主徴（female athlete triad）」と呼ばれるようになった．当初この概念が1992年に提唱された[2]ときは，摂食障害・無月経・骨粗鬆症が互いに連関して悪循環を形成するという仮説に基づいていた．しかし2007年からは，摂食障害の有無にかかわらず low energy availability が三主徴の主因であり，これが無月経，低エストロゲン状態の持続を介して骨粗鬆症の要因となるという考え方に改められた[3]．なるべく骨粗鬆症に陥る前に，こうしたアスリートを早期発見して，対策を講じることが求められている．

5. 性別検査と「高アンドロゲン女性競技者」

● 最後に，古くて新しい問題ともいえる性別問題について触れておく．一般に，体格的・筋力的に男性は女性にまさっているため，女性の間で行われる競技に男性が出場することはフェアではないと考えられている．

● そこでオリンピックをはじめ各種国際競技大会において女性証明検査が実施されてきた．しかしこの検査には女性のプライバシーや人権の問題があり，さらに確実な検査方法が確立できないことから廃止される方向となり，2000年シドニー五輪以降では全女子選手に対する画一的性別検査としては実施されていない．ただしドーピング検査時の視診により，疑わしい選手には個別に検査が要求されている[4]．

● この領域ではかねてからアンドロゲン不応症（精巣女性化症候群）などの性分化異常症の選手に対する取り扱いが問題となってきた．2009年世界陸上における「セメンヤ問題」をきっかけとして，2011年に国際陸連は「高アンドロゲン女性競技者」の概念を取り入れた新しい資格規定を導入し[5]，国際オリンピック委員会もこれに追随している[6]．同時に，性同一性障害により性転換手術を受けた選手の資格規定も定められている．今後女性スポーツに携わる者にとって，こうした最低限の知識が必要となるであろう．

おわりに

● スポーツ婦人科医として診療を行っていると，様々な問題点や悩みを抱える女性アスリートに遭遇する．女性アスリートの三主徴，女性としての成熟と競技パフォーマンス低下との葛藤，女性特有の疾患（卵巣嚢腫，子宮内膜症，乳癌），コーチとの人間関係など，悩みは様々である．女性として健康に成熟し，できれば結婚や出産を経て息長く活躍する女性アスリートが，今後一人でも増えてほしいと願うものである．

（難波　聡）

文　献

1) 目崎　登：女性スポーツの医学．文光堂，1997．
2) Yeager KK, et al.：The female athlete triad：disordered eating, amenorrhea, osteoporosis. *Med Sci Sports Exerc*, 25（7）：775-777, 1993.
3) Nattiv A, et al.：American College of Sports Medicine. American College of Sports Medicine position stand. The female athlete triad. *Med Sci Sports Exerc*, 39（10）：1867-1882, 2007.
4) Genel M, et al.：Gender verification of female athletes. *Lancet*, 366 Suppl 1：S41, 2005.
5) IAAF Regulations Governing Eligibility of Females with Hyperandrogenism to Compete in Women's Competition - In force as from 1st May 2011. http://www.iaaf.org/about-iaaf/documents/medical # hyperandrogenism-and-sex-reassignment
6) IOC Regulations on Female Hyperandrogenism. Games of the XXX Olympiad in London, 2012. http://www.olympic.org/Documents/Commissions_PDFfiles/Medical_commission/2012-06-22-IOC-Regulations-on-Female-Hyperandrogenism-eng.pdf

I. 女性アスリートのからだと心

2 女性アスリートのホルモン動態

はじめに

● アスリートにおいて，競技会に向けて疲労状態に陥ることなく，パフォーマンスや体調を良好な状態に整えるためのコンディショニングは重要である．女性アスリートでは，月経周期の異常をきたす，いわゆる「運動性無月経」が問題視されており，月経周期を考慮したコンディショニングが求められる[1]．

1. アスリートのコンディションとホルモン環境

● 内分泌系の作用は，内部環境の恒常性の維持，エネルギー代謝，成長，月経周期の調節など多岐にわたり，重要な生体内調節機構である．スポーツ現場においては，様々なストレッサー（トレーニング，環境，試合，栄養，心理，減量等）によってホルモン環境は容易に変化し，アスリートの心身のコンディションに影響する（図1）．

```
           ストレッサー
（トレーニング，環境，試合，栄養，心理，減量）
                  ↓
               視床下部
          ↓              ↓
       交感神経系         下垂体
          ↓         ↓     ↓     ↓
       副腎髄質   副腎皮質  精巣   卵巣
       アドレナリン コルチゾール テストステロン エストロゲン
       ノルアドレナリン DHEA*          プロゲステロン

      ・心拍数の増大  ・免疫系抑制   ・タンパク同化  ・骨代謝
      ・心拍出量の増大 ・睡眠障害    ・二次性徴    ・脂質代謝
      ・エネルギー代謝           ・気分      ・月経周期の調節
      ・覚醒/興奮

              アスリートのコンディション
         （トレーニング状態，パフォーマンス発揮，疾患）
```

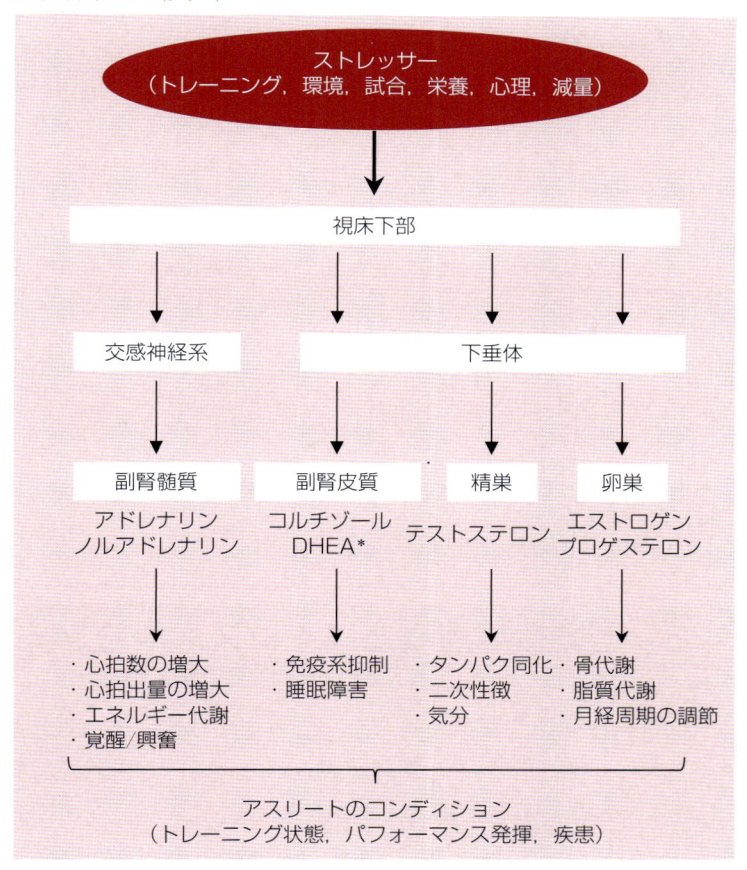

* DHEA：デヒドロエピアンドロステロン

図1 アスリートのコンディションとホルモン環境

2. 運動・トレーニングとホルモン応答

●内分泌系は自律神経系と並んで身体のストレス反応系として重要な働きを担っている．視床下部-下垂体-副腎系は，運動や心理ストレスなど様々なストレッサーに応答する．副腎から分泌されるコルチゾールは高強度の運動負荷に対して著明に増大する[2]．視床下部-下垂体-性腺系は，主に性ホルモン（女性ホルモンと男性ホルモン）分泌を調節している．タンパク同化ホルモンであるテストステロンはレジスタンス運動後に男性では増大するが，女性ではあまり変化せずホルモン応答に性差がみられる[3]．女子サッカー選手を対象とした，試合を伴う高強度のトレーニング環境下では，視床下部-下垂体系のホルモンは応答し，コルチゾールやプロラクチンが著明に増大する（**表1**）[4]．

●試合時における心理的緊張や身体的ストレスはホルモン環境の変化を導くと考えられる．

表1 女子サッカー選手における試合期間中の視床下部-下垂体系のホルモン変化

	試合前	試合期間			試合後3日目
		1日目	2日目	3日目	
コルチゾール（ug/mL）	10.0 ± 0.7	10.3 ± 2.8 (+3.0%)	22.1 ± 3.4** (+121.0%)	24.5 ± 4.0** (+145.0%)	11.1 ± 1.4 (+11.0%)
プロラクチン（ng/mL）	9.0 ± 1.8	8.6 ± 1.5 (−4.4%)	14.2 ± 2.6* (+57.8%)	15.6 ± 1.8** (+73.3%)	10.3 ± 1.7 (+14.4%)
テストステロン（ng/dL）	39.8 ± 6.0	32.0 ± 5.1 (−19.6%)	39.6 ± 5.4 (−0.5%)	35.7 ± 4.3 (−10.3%)	39.4 ± 5.5 (−1.0%)
DHEAS（ng/mL）	2286.0 ± 208.4	1851.0 ± 194.3* (−19.0%)	2423.0 ± 281.0 (+6.0%)	2641.0 ± 295.2* (+15.6%)	2038.0 ± 195.6 (−10.8%)
ACTH（pg/mL）	8.6 ± 1.1	6.0 ± 0.7 (−30.2%)	7.4 ± 0.8 (−14.0%)	9.5 ± 2.2 (+10.5%)	6.5 ± 0.7 (−24.4%)
LH（mIU/mL）	9.7 ± 2.9	8.1 ± 1.7 (−16.5%)	9.6 ± 2.0 (−1.0%)	13.9 ± 2.9* (+43.3%)	8.0 ± 1.6 (−17.5%)
FSH（mIU/mL）	6.2 ± 0.7	4.7 ± 0.6 (−24.2%)	4.6 ± 0.6 (−25.8%)	4.9 ± 0.5 (−21.0%)	5.4 ± 0.4 (−12.9%)
DHEAS/コルチゾール比	238.1 ± 29.2	223.9 ± 25.9 (−6.0%)	123.3 ± 14.8** (−48.2%)	138.5 ± 26.9** (−41.8%)	189.6 ± 12.5 (−20.4%)
テストステロン/コルチゾール比	4.1 ± 0.7	3.6 ± 0.5 (−12.2%)	2.0 ± 0.2** (−51.2%)	1.8 ± 0.2** (−56.1%)	3.5 ± 0.3 (−14.6%)

（文献4より引用改変）

DHEAS：デヒドロエピアンドロステロンサルフェート，ACTH：副腎皮質刺激ホルモン，
LH：黄体形成ホルモン，FSH：卵胞刺激ホルモン
*$p < 0.05$ vs 試合前，**$p < 0.01$ vs 試合前

3. 運動性無月経とストレスホルモン

●運動性無月経は，女性の生殖生理機能の異常をもたらすだけでなく，摂食障害や疲労骨折などと相互に関連し，女性アスリートの三主徴として問題視されている．運動性無月経を誘発する要因の1つとして視床下部-下垂体系の機能不全がある．運動性無月経アスリートの内分泌動態を調べた研究では[5]，正常月経アスリートに比べ安静時血中コルチゾール濃度が明らかに高値を示した（**図2**）．

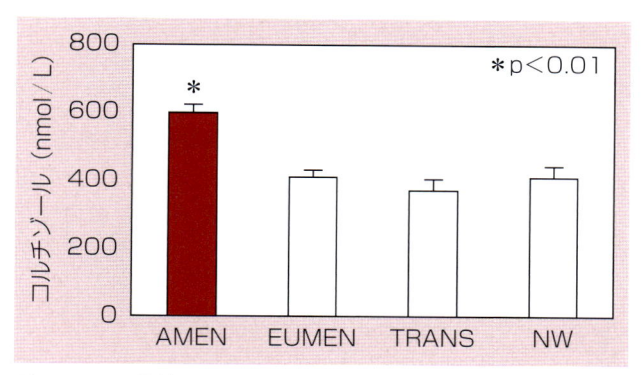

AMEN：運動性無月経アスリート
EUMEN：正常月経アスリート
TRANS：運動性無月経から正常月経へ回復したアスリート
NW：健常女性

図2　月経状態の違いによる血中コルチゾール濃度
（文献5より引用改変）

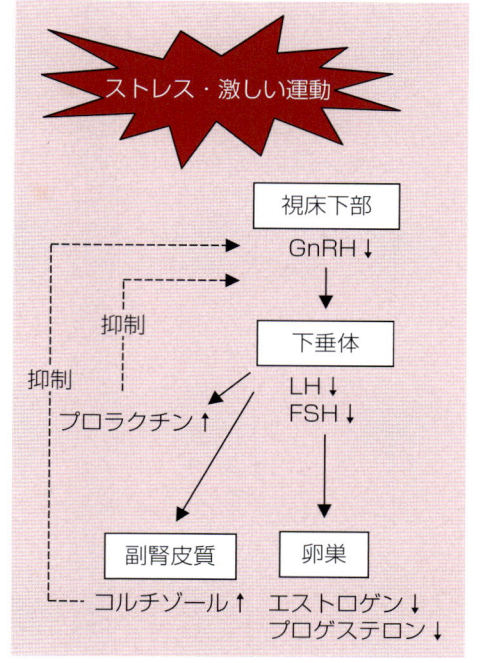

GnRH：性腺刺激ホルモン放出ホルモン
LH：黄体形成ホルモン
FSH：卵胞刺激ホルモン

図3　ストレスホルモン応答と運動性無月経

● 運動性無月経アスリートは，激しいトレーニング等によってストレスホルモンの分泌が亢進する．その一方，視床下部-下垂体-卵巣系の女性ホルモン（エストロゲンとプロゲステロン）分泌が抑制され，月経異常を引き起こしている可能性が示されている（図3）[6,7]．　　　　　　　　　　　　　　（相澤　勝治）

文　献

1) 目崎　登：女性スポーツの医学．文光堂，1997．
2) Buono MJ, et al.：Plasma adrenocorticotropin and cortisol responses to brief high-intensity exercise in humans. *J Appl Physiol*, 61：1337-1339, 1986.
3) 相澤勝治・他：一過性レジスタンス運動による血清 steroid hormone 応答．体力科学，50（3）：293-302, 2001.
4) Aizawa K, et al.：Changes of pituitary, adrenal and gonadal hormones during competition among female soccer players. *J Sports Med Physical Fit*, 46：322-327, 2006.
5) Ding JH, et al.：High serum cortisol levels in exercise-associated amenorrhea. *Ann Intern Med*, 108：530-534, 1988.
6) Loucks AB, et al.：Alterations in the hypothalamic-pituitary-ovarian and the hypothalamic-pituitary-adrenal axes in athletic women. *J Clin Endocrinol Metab*, 68：402-411, 1989.
7) Mesaki N, et al.：Hormonal changes during incremental exercise in athletic women. *Nippon Sanka Fujinka Gakkai Zasshi*, 38：45-52, 1986.

I. 女性アスリートのからだと心

3 女性アスリートのコンディション評価

はじめに
- 女性は，約1ヵ月に1度，月経を経験する．月経は，視床下部-下垂体-卵巣系のホルモンにより調整され，一定の周期（月経周期）をもって発来する女性特有の現象である．
- この月経周期に伴う卵巣ホルモンの変化は（図1），女性の自覚的なコンディションに影響を及ぼすだけでなく，スポーツ外傷や障害の発生頻度にも影響を与えることが報告されている[1]．したがって，女性アスリートのコンディション評価の際には，月経周期を把握しておく必要がある．

1. 女性アスリートと月経異常

● 女性アスリートは日々の激しいトレーニングに伴い，月経異常をきたすことが多く，なかでも最も重篤な月経異常である運動性無月経は，low energy availability（摂食障害の有無にかかわらず，利用可能エネルギーが不足している状態），骨粗鬆症とならぶ「女性アスリートの三主徴」の1つとして挙げられ（図2），女性アスリートの健康管理において重要な問題の1つとなっている[2]．日本国内トップクラスの女性アスリートを対象としたアンケート調査結果でも，無月経などの月経異常者が約20％を占めると示されたことから[3]，女性アスリートのコンディション評価の際には月経周期の時期に加えて月経状態も併せて把握しておく必要がある．

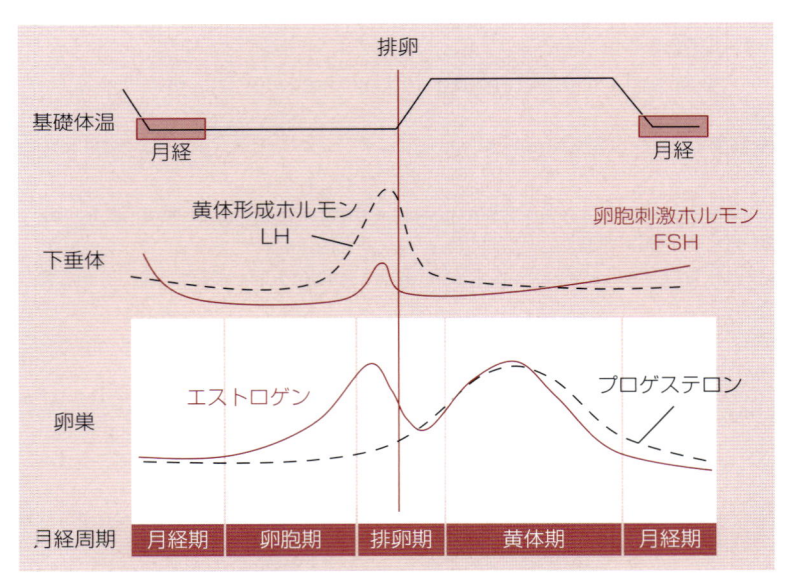

図1 月経周期に伴う各種ホルモンの変化と期分け

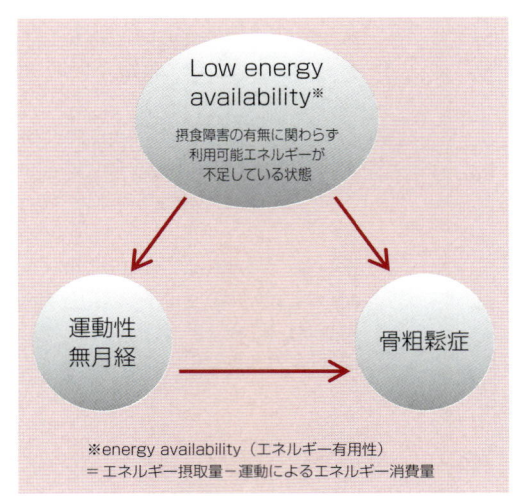

図2 女性アスリートの三主徴
（文献2より引用および一部抜粋）

2. 月経周期および月経状態の把握

●基礎体温（basal body temperature；BBT）を毎朝起床直後に測定することによって，月経周期や月経状態を把握することができる．正常月経者のBBTは排卵を境に，黄体期（高温相）に卵胞期（低温相）に比べ0.3～0.5℃程度増加する二相性を示す（図3上）．月経異常の診断には卵巣ホルモン（エストロゲンとプロゲステロン）の測定など専門医師の診察が必要であるが，BBTにも月経異常などの特徴が現れ，月経状態をある程度把握することができる．

●運動が誘因となる月経異常を総称して運動性無月経と定義されており，図4に示すように，無排卵性月経や36～89日の期間の間に不定期に月経が発来する稀発月経，3ヵ月以上月経がない無月経などが挙げられる．無月経になるまで，その経過には様々な月経異常が認められる[4]．

●一定の周期で月経は発来していても，黄体期におけるプロゲステロンの分泌量が低下する黄体機能不全者のBBTは，二相性は示すもののプロゲステロンの分泌が十分ではないため，黄体期（高温相）が10日以下になる．また，無排卵性月経者は定期的に月経が発来しているが，体温が一相性を示す．無月経者は少なくとも3ヵ月以上月経が発来せず，BBTは一相性を示す（図3下）．

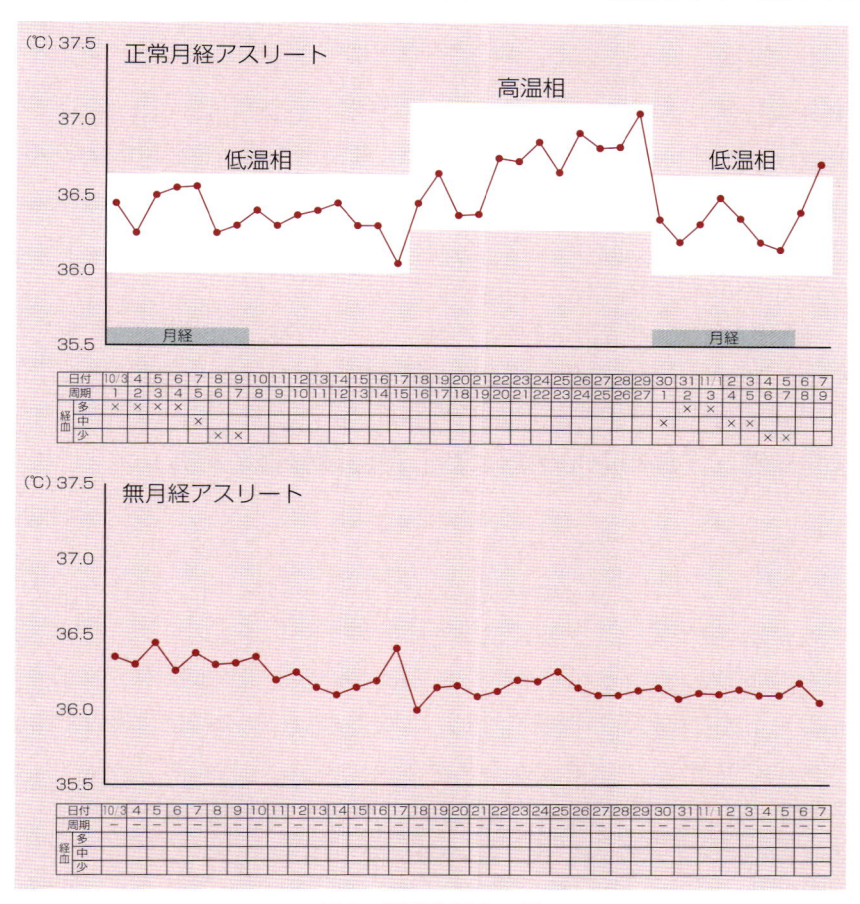

図3　基礎体温の一例

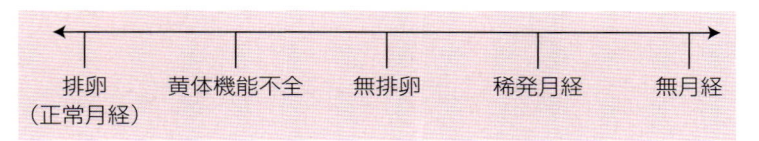

図4　女性アスリートの月経異常までの経過

（文献4より引用）

● このように，BBT を用いて月経周期や月経状態を把握することが可能である．日常的に活用しているトレーニング日記や主観的コンディションチェックシートなどに BBT を加え，継続的に記録して月経状態を把握することが女性アスリートのコンディション評価に大いに役立つと考えられる．

3. コンディション評価指標と月経周期および月経状態

1) 主観的コンディション指標

● 日本国内トップクラスの女性アスリートに対し，月経周期を4つの時期（月経期，卵胞期，排卵期，黄体期）に分け，各時期における主観的コンディションについてアンケート調査を実施した結果，卵胞期と排卵期に「コンディションが良い」の回答が多くみられ，月経期と黄体期には，約40％の者が「コンディションが悪い」「やや悪い」と回答した[3]．月経期や黄体期には，月経に伴う痛みを中心とした月経困難症や，精神的症状を主とした体調不良を訴える月経前症候群（premenstrual syndrome；PMS）といった症状を呈する女性が多いことから，これらの症状が主観的コンディションの変化に関与している可能性が高い．

● 一方，運動性無月経アスリートは，周期的なホルモン変動が小さいことから，PMS 症状などは現れず，正常月経アスリートに比べ主観的コンディションの周期的な変化は小さいと予想される．実際に，気分プロフィールテスト（POMS）を用いて評価される，疲労などを含めた総合感情障害指数は，無月経アスリートにおいては周期的な変化を認められなかった[5]．しかしながら，正常月経アスリートに比べると総合感情障害指数が常に高値を示していた[5]．

● すなわち，運動性無月経の発症に関わる要因の1つに精神的・身体的ストレスが関与していることから，主観的コンディションの変化には月経状態も関与している可能性がある．

2) 生理学的指標（安静時心拍数および心臓自律神経系機能）

● 心拍数は，心臓自律神経の副交感神経系と交感神経系により調整されている．安静時心臓自律神経系は，過度のトレーニングにより心臓副交感神経系活動が抑制され，数日の休養によりその活動程度が回復することが示されている[6]．競技現場ではアスリートのコンディション評価のための有効なツールの1つとして期待されている．

● 安静時心拍数や心臓自律神経系機能に対し，女性アスリートを対象に検討した知見は少なく，測定方法や測定時期などの違いにより統一した見解が得られていない現状がある．しかし，安静時心拍数は月経周期の時期により変化しないものの[7,8]，心臓副交感神経系機能はエストロゲンの高い排卵前期に亢進することが明らかになってきた[7]．

● 一方，正常月経アスリートと運動性無月経アスリートの安静時心拍数および心臓副交感神経系機能には違いがないという報告があるが[9]，無月経期間が長期化するほど運動性無月経アスリートの心臓副交感神経系機能が低下する可能性も示されている[10]．

● すなわち，女性アスリートの安静時心臓自律神経系機能の変化には，トレーニングによる疲労や体調変化に加え，月経周期の時期，月経状態，無月経継続期間なども関与している可能性があり，評価の際には注意が必要である．

3) 免疫学的指標

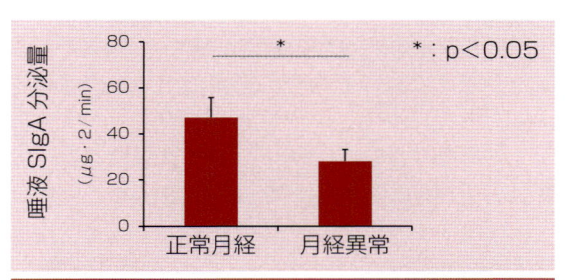

症状	正常月経	月経異常
人数	8	13
咽頭痛（%）	2（25.0）	3（23.1）
頭痛（%）	0	2（15.4）
鼻水（%）	1（12.5）	4（30.8）
せき（%）	1（12.5）	2（15.4）
発熱（%）	0	3（23.1）

図5　唾液 SIgA の分泌量と風邪の症状
（文献 12 より引用一部改変）

● 免疫機能の側面からコンディションを評価する指標として，分泌型免疫グロブリン A（secretary immunoglobulin A：SIgA）が用いられている．SIgA の低下は，上気道感染症（いわゆる風邪）の罹患と関係がある．エストロゲンは免疫機能を向上させ，SIgA もエストロゲンの影響を受けて増加する[11]．非侵襲的な指標である唾液 SIgA を用いて，正常月経アスリートと運動性無月経を含む月経異常アスリートを対象に免疫機能を評価した結果，月経異常アスリートの唾液 SIgA 分泌量が正常月経アスリートに比べて低く，咽頭痛や頭痛など，風邪の症状がより多くみられた（**図 5**）[12]．上気道感染症は，アスリートがコンディションを崩す要因の1つでもあるため，唾液 SIgA のように非侵襲的な指標を，月経周期および月経状態を考慮した女性アスリートのコンディショニングに活用することは非常に有用である．

（中村真理子）

文　献

1) 目崎　登：女性スポーツの医学．文光堂，1997.
2) Nattiv A, et al.：American College of Sports Medicine position stand. The female athlete triad. *Med Sci Sports Exerc.*, 39（10）：1867-1882, 2007.
3) 女性アスリートのコンディショニングブック．国立スポーツ科学センタースポーツ科学研究部女性競技者プロジェクト，2013.
4) De Souza MJ：Menstrual disturbances in athletes：a focus on luteal phase defects. *Med Sci sports Exerc.*, 35（9）：1553-1563, 2003.
5) Cockerill IM, et al.：Mood, mileage and the menstrual cycle. *Br J Sports Med.*, 26（3）：145-150, 1992.
6) Baumert M, et al.：Heart rate variability, blood pressure variability, and baroreflex sensitivity in overtrained athletes. *Clin J Sport Med.*, 16（5）：412-417, 2006.
7) Tanaka M, et al.：Influence of menstrual cycle on baroreflex control of heart rate：comparison with male volunteers. *Am J Physiol Regul Integr Comp Physiol.*, 285（5）：R1091-1097, 2003.
8) Nakamura M, et al.：Effects of regular aerobic exercise on post-exercise vagal reactivation in young female. *Eur J Sport Sci*, 2013. doi. org/10.1080/17461391.2013.774054
9) Wenner MM, et al.：Preserved autonomic function in amenorrheic athletes. *J Appl Physiol.*, 101（2）：590-597, 2006.
10) 中村真理子：女性アスリートのコンディション評価．日本臨床スポーツ医学会誌，19（2）：199-202, 2011.
11) Gómez E, et al.：Hormonal regulation of the secretory IgA（sIgA）system：estradiol-and progesterone-induced changes in sIgA in parotid saliva along the menstrual cycle. *Am J Reprod Immunol.*, 29（4）：219-223, 1993.
12) Shimizu K, et al.：Mucosal immune function comparison between amenorrheic and eumenorrheic distance runners. *J Strength Cond Res*, 26（5）：1402-1406, 2012.

I．女性アスリートのからだと心

4 月経周期とパフォーマンス

はじめに

- 競技場面において，月経は女性アスリートにとっての不安要素の1つになり得る．アスレティックパフォーマンスはきわめて多面的であり，月経の影響を考えるだけでも心理的要因や身体的要因，月経周期の時期や月経の状態など複数の要因があり，単純に1つの答えをあてはめることはできない．また，個人によってもその影響の出かたは様々である．
- 競技の特性や環境，個人の傾向を考慮したきめ細やかなコンディショニングやトレーニング計画を実行することによって，女性特有の機能である月経を強みに変えることができるかもしれない．

1. 月経周期によるホルモンの変化と身体の変化

●女性のスポーツ活動においては毎月の月経周期による身体の周期的変動を考慮する必要がある．月経周期は各器官から分泌されるホルモンにより微細に調節されているが，女性の月経周期の中で特に大きな変動を示すのが卵巣から分泌される卵胞ホルモン（エストロゲン）と黄体ホルモン（プロゲステロン）である．正常月経周期は**図1**のようなフェーズに分類される．これらのホルモンの周期的な変動は多くの生理学的パラメーターに複雑に影響している．

●月経周期の各フェーズにおける安静時の身体・生理指標についてみていくと，黄体期には基礎体温が高温相を示し，皮膚温，直腸温，食道温などがすべて上昇する[1]．安静時および運動時の心拍数，酸素摂取量（$\dot{V}O_2$），血中乳酸濃度，呼吸交換比（RER）などについては月経周期による明らかな差は認められないとする報告が多い[1〜4]．安静時の換気量（$\dot{V}_E$）は，黄体期に上昇するという報告があるが，これはプロゲステロンの中枢への作用や体温上昇による影響と考えられている[1,2]．また，体重や体組成には月経周期の時期による差はないというのが一般的である[2〜5]．

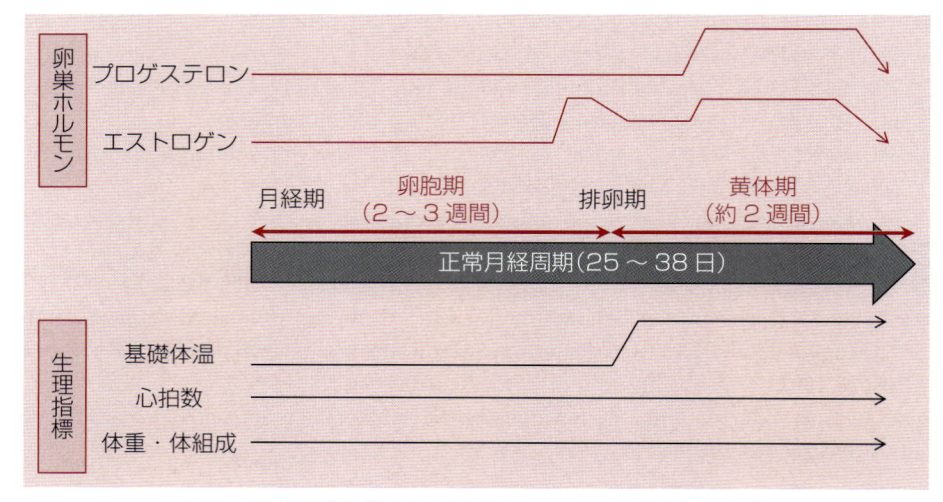

図1 月経周期の期分けと卵巣ホルモン，生理指標の変化

2. 月経周期とパフォーマンス

●女性アスリートの約半数が「月経はスポーツ活動に影響する」と考えており[6]，実際にパフォーマンスの発揮が月経周期の時期により異なるかという点は，アスリートや関係者にとって大変気になることである．これまで，月経周期により分泌されるホルモンの生理的作用やパフォーマンスの変化に関しては数多く研究されているが，矛盾する結果も多くはっきりとした関連性は認められていない．以下に，パフォーマンスと密接に関わる因子についての研究の動向を紹介する．

1）パフォーマンスの評価

(1) パフォーマンステスト

●クロスカントリースキーのテストレースで，最もタイムが良かったのは排卵後の期間（黄体期前期）と月経後（卵胞期）の期間であった[7]．
●水泳のタイムトライアルを実施した結果，月経周期による有意な差は認められなかった[8]．

(2) 筋力，筋持久力

●これまでの大半の研究で，筋力や筋持久力は月経周期の影響を受けないと報告された[2,9]．
●月経期に握力の記録が向上した[10]．
●排卵期に最大筋力が増加した[11]．

(3) 有酸素性能力

●これまでの大半の研究で，有酸素性能力の発揮に月経周期の影響はないとしており，疲労困憊までの運動継続時間や最大酸素摂取量には月経周期は影響しないということでほぼ一致している[2,12]．
●黄体期中期に，最大下運動時の換気量や酸素摂取量が高まった[1]．

(4) スプリントパフォーマンス

●間欠的スプリント走におけるパワーやスピードに月経周期は影響しなかった[13]．

2）パフォーマンス評価の展望とその限界

●上記のようにいくつかの矛盾する報告はあるものの，月経周期がアスリートの発揮する最大パフォーマンスに及ぼす影響は，それほど大きくないといえそうである．それではなぜ，アスリートの主観的評価と研究結果とに矛盾が生じているのか．常に高いパフォーマンスを発揮できるようトレーニングされたアスリートにとって，月経周期による変動はごく些細な影響であるかもしれないし，逆に0.1秒，1ミリを競う競技だからこそ，身体感覚の小さな変化が結果に影響するかもしれない．これには個人差があり，研究の限界があるといわざるを得ない．

3. パフォーマンスに影響する複合的要因

● 月経周期により女性の身体の内部ではダイナミックな変化があるが，運動という圧倒的な刺激はそれらをも打ち消してしまうともいえる．しかしながら，月経周期と関連して他の要因が加わった場合にはパフォーマンスに影響を及ぼすことがある．

1）暑熱環境下での長時間運動

● Janse DE ら[14]は，高温多湿環境下（室温 32℃，湿度 60％）での長時間運動において，疲労困憊までの時間が黄体期中期において卵胞期前期に比べ短くなったほか，最大下運動時の心拍数や毎分換気量（図2），自覚的運動強度（RPE）が高くなったと報告している．黄体期に基礎体温が高くなることと関連して換気応答が高まり，さらに高温多湿という厳しい環境条件が加わることにより，パフォーマンスにも影響が現れる可能性が考えられる．

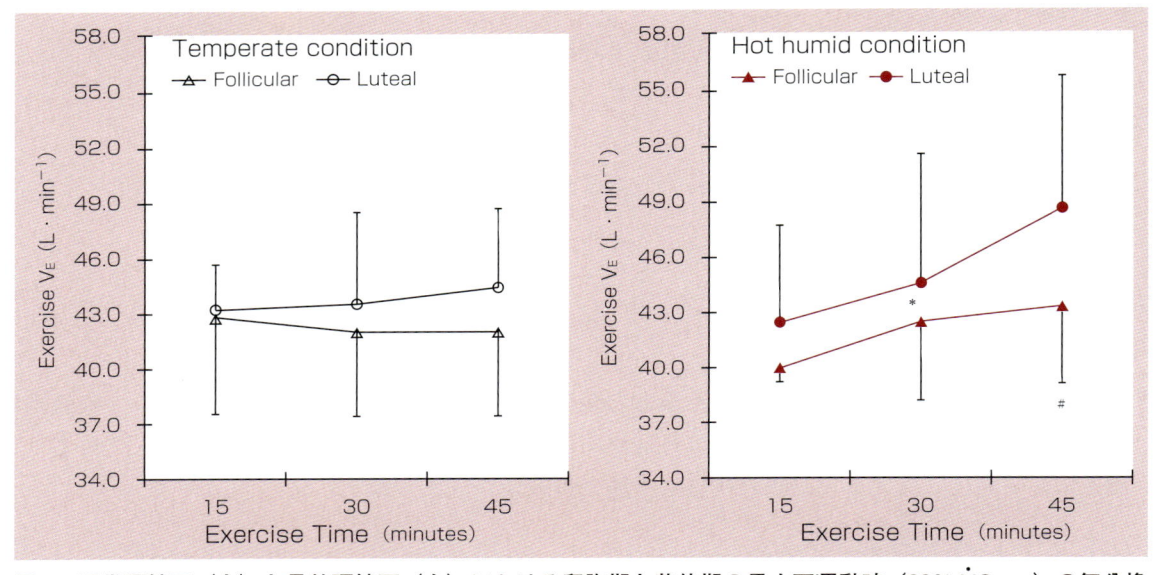

図2 通常環境下（左）と暑熱環境下（右）における卵胞期と黄体期の最大下運動時（60% $\dot{V}O_{2\,max}$）の毎分換気量（$\dot{V}_E$）の変化[14]
mean ± SD，＊：p＜0.05（月経周期×時間経過），＃：p＜0.05（ポストホックテスト）

2）強い月経痛やPMS症状

● ハンドボール選手を対象にしたわれわれの研究では，25m方向変換走の成績が月経期に低下した（表1）[5]．また，一般女性においても敏捷性や瞬発力が月経期に低下した[15]．この2つの調査ではともに，下腹痛（月経痛）のスコアとパフォーマンステストの成績との間に明らかな関連が認められたことから，痛みがパフォーマンスの低下の原因となっている可能性が考えられる．

表1 月経周期の各期における25m方向変換走の記録[5]

	月経期	卵胞期	黄体期
25m方向変換走（sec）	6.69 ± 0.27＊	6.46 ± 0.20	6.52 ± 0.19

mean ± SD，＊：p＜0.05 vs 卵胞期

●また，月経前の時期（黄体期後期）には，月経前症候群（premenstrual syndrome：PMS）の症状としてむくみや体重の増加が自覚されることがある．渡邊ら[16]の報告でも，PMSの女性では黄体期の体重（体水分量）に有意な増加が認められた．すなわち，月経痛やPMSなどの症状が強い場合には，それが原因の1つとなってパフォーマンスに影響を及ぼす可能性が考えられる．そのため，このような症状をいかにして軽減するかが女性アスリートの1つの課題であるといえる． （中村　有紀）

文　献

1) Hayashi K, et al.：Effect of menstrual cycle phase on the ventilatory response to rising body temperature during exercise. *J Appl Physiol.*, 113（2）：237-245, 2012.
2) Janse DE, et al.：Effects of the menstrual cycle on exercise performance. *Sports Med.*, 33（11）：833-851, 2003.
3) Vaiksaar S, et al.：No effect of menstrual cycle phase on fuel oxidation during exercise in rowers. *Eur J Appl Physiol.*, 111（6）：1027-1034, 2011.
4) Vaiksaar S, et al.：No effect of menstrual cycle phase and oral contraceptive use on endurance performance in rowers. *J. Strength Cond. Res.*, 25（6）：1571-1578, 2011.
5) 橋本有紀・他：月経周期と女子ハンドボール選手のパフォーマンスの関連．女性心身医学，6：108-115，2001.
6) 橋本有紀・他：運動が月経周期および月経に関する意識に及ぼす影響．女性心身医学，8：161-168，2003.
7) Fomin SK, et al.：Changes in the special working capacity and mental stability of well trained woman skiers at various phases of the biological cycle. *Sports Training Med. Rehab.*, 1：89-92, 1989.
8) Quadagno D, et al.：The menstrual cycle：Does it affect athletic performance？ *Phys Sportsmed.*, 19（3）：121-124, 1991.
9) Fridén C, et al.：Muscle strength and endurance do not significantly vary across 3 phases of the menstrual cycle in moderately active premenopausal women. *Clin. J. Sport Med.*, 13：238-241, 2003.
10) Davies BN, et al.：Variations in performance in simple muscle tests at different phases of the menstrual cycle. *J Sports Med Phys Fitness.*, 31（4）532-537, 1991.
11) 岩本陽子・他：月経周期に伴う等尺性随意最大筋力の変動．体力科学，51：193-202，2002.
12) 橋本有紀・他：月経周期とアスレチックパフォーマンス．日本臨床スポーツ医学会誌，14：190-196，2006.
13) Tsampoukos A, et al.：Effect of menstrual cycle phase on sprinting performance. *Eur J Appl Physiol.*, 109（4）659-667, 2010.
14) Janse DE, et al.：Exercise performance over the menstrual cycle in temperate and hot, humid conditions. *Med Sci Sports Exerc.*, 44（11）：2190-2198, 2012.
15) 中村有紀：女性スポーツにおけるコンディショニングと月経の関連．筑波大学人間総合科学研究科博士論文，2012.
16) 渡邊香織・他：月経前症候群における不定愁訴と体重および身体組成の関係．日本生理人類学会誌，2（4）：187-192，1997.

I．女性アスリートのからだと心

5 女性アスリートの心理的特徴

はじめに

- 体育・スポーツ心理学領域における女性，あるいは性差に関する研究はあまり多くなく[1]，その特徴は十分に明らかにされていないが，概して以下の6つの観点から捉えていることが多いようである．①性役割，②競技引退などの捉え方，③ストレス対処，④指導者との関係性，⑤食行動問題，⑥ボディ・イメージ．
- ここでは，筆者が日頃，大学生アスリートを対象にカウンセリングやメンタルトレーニングを行っている経験を中心に，女性アスリートの心理的特徴を表すこれら6つの観点について記述していく．

1．性役割

- 古代ギリシャで始まった競技スポーツでは，神にささげる宗教的な意味合いも強いが，競技者はすべて男性で，衣服を着用しなかったという[1]．現代では，競技スポーツでの女性の活躍が目立っているが，いまだにスポーツが男性的であるというステレオタイプは根強く残っているようである．体育専攻女子大学生のジェンダー・パーソナリティについて調査した研究[2]によると，「女性らしくありたい」ということとスポーツ参加の間には葛藤があることが確認されている．特に身体が筋肉質になることが一番の悩みであり，スポーツをしているときは男性らしさが増すという認識があると報告している．
- この結果から，女性アスリートはスポーツに関わる中で男性らしくなる自分を感じていることが考えられ，こういった傾向からひいては同性愛へとつながっていく可能性がある．この研究ではさらに，サッカー部所属女子学生が男性プロサッカー選手の外見を真似していることについて触れている．この点に関しては，女性アスリートはトレーニングを行うことで男らしい要素を獲得するが，多くの異性的特性をもつと同性の周囲から受容されにくくなるため，女らしさを強調するようになっていくのではないかという論[3]もあり，一概には判断できない．いずれにしても，競技スポーツ経験が女性性に大きな影響を与える可能性は否定できない．

2．競技引退などの捉え方

- 女性は男性よりも身体的な発達が早く，思春期など早い段階で競技力向上のピークを迎える選手が多いと指摘されている[4]．また出産など，男性にはないライフイベントも存在する．アスリートの人格形成やキャリアトランジションに関する研究は行われているが，これらは上記のような女性特有の課題を考慮していない．女性に焦点を当てたこの種の研究はほとんど行われていない．
- 近年では，比較的長い間競技を継続し活躍する女性アスリートや，引退年齢が遅い女性アスリート，既婚の女性アスリートも少なくない．こういった女性特有の心身の発達やライフイベントを扱った研究が望まれる．

3. ストレス対処

●高校運動部員を対象にスポーツ観（意味や価値）とその要因に関する調査を行った結果，男子運動部員と比較して，女子運動部員の方が有意に部活動や日常での苛立ち事が多く，部活動適応感が低く，競技スポーツへの態度や意識も低いことが確認されている[5]．この結果から，高校生という限られた年代であるが，女性競技者の方が男性より心理的な困難さを抱えていることが分かる．筆者の経験においても，女性アスリートの方が相談室に来談することが多いと感じる．これは上述のように，女性アスリートの方が競技において不適応感を抱える割合が高いためであると考えられる．

●しかし，相談の内容は男女間で大きく異なることはない．筆者の所属大学では，スポーツクリニック・メンタル部門という学生アスリートを対象とした心理相談室を設けている．ここでは，主に心理相談とメンタルトレーニングを行っている．どちらにおいても，大きな課題は競技力向上である．心理相談では，競技力向上に基づくスランプ，モチベーションの問題，所属部活動への不適応感が，主な相談内容となっている．これらのことから，アスリートが抱えるストレスの内容には男女間で違いがないものの，女子の方が比較的ストレスを感じやすい傾向があることが分かる．

4. 指導者との関係性

●女子スポーツの指導者，選手用に執筆された『女子スポーツハンドブック』[6]の中には，男性選手と比較した女性選手の心理的な特徴が記述されている．そこでは，女子選手の特徴の１つに自主性のなさと指導者への依存が挙げられている．この結果だけを見ると，女性が依存的であるから，主体性が欠如しているようにも受け止められる．しかし，それだけが問題なのであろうか．相談室で語られる女性アスリートの話を聴いていると，もう１つの問題として，指導者側の問題も考えられるのではないかと感じる．仮に，女性アスリートの主体性が比較的低いとしても，それは指導者との関係性を通してもたらされる可能性が高いことを受け止める姿勢が必要である．

●女性は男性に比べて身体の発達が早いことから，幼少期から才能を発揮し，全国でもトップレベルで活躍している選手がいる．来談した女性アスリートの中にも，幼少期から高校までは全国でもトップレベルの活躍をした選手が少なくない．彼女たちの多くが，「高校までは指導者の言うことを聞いていれば強くなれたが，大学では，自分でやらなくてはならず，どうしていいか分からない」としばしば語る．

●彼女たちの語りをさらに丹念に聴いていくと，彼女たちの才能に気づいた指導者は，効率を最重要視し，手取り足取り指導することが多いようである．それは，彼女たちが高校を卒業するまで継続する．このような選手が大学に入学した際，大学での自由で主体性が求められる競技環境に戸惑い，不適応感を訴えて来談する．彼女たちの語りからは，主体性を問われる経験が極端に少なかったことが分かる．

●彼女たちが持つ依存性を無視することはできないが，もう１つの可能性として，依存的にならざるを得ない競技環境が考えられる．彼女たちは主体性を問われる経験がほとんどない，もしくはそういった経験があっても両親や指導者など周囲にいる大人が手助けをし，彼女たちにとって，本当の意味での主体性を問われる経験とはならなかった可能性が考えられる．

5. 食行動問題

● 食行動の混乱や病的な減量行動は男性競技者にも出現するが，女性競技者においてより危険性が高いことが明らかにされてきた．アスリートの食行動について先行研究を概観した研究[7]によると，女性アスリートの過度な運動と結びついた慢性的なエネルギー制限，あるいは不適切な栄養素の摂取が「女性アスリートの三主徴」(female athlete triad, 以下FATと略）と呼ばれる深刻な健康障害を招くと，報告されている．FATとは，混乱した食行動，無月経，骨粗鬆症という，互いに関連する3つの健康問題を意味し，最終的には疲労骨折などを引き起こす重大な危険因子である．女性アスリートにとって食行動問題と健康・パフォーマンスは密接に関わっているといわれている．

● さらに，競技者の食行動問題に潜在する2つの背景を提示している[7]．1つは精神病理的問題や発達上の課題と類似した特徴を潜在させた競技者である．競技力の高いアスリートは完璧主義や要求水準が高い傾向にあることが指摘されている[8]．こういった特徴は摂食障害患者と共通している．

● 上述のような特徴をもったアスリートが競技でのスランプなど，何らかの「壁」に直面した際，完璧主義や承認欲求による表現の1つとして，危険を冒してまで体重や食事のコントロールに熱中する可能性が考えられる．それはまた，食行動問題を抱えたアスリートが「自分自身をどのように位置づけるのか」という競技者としての同一性の課題にもつながっていくと示唆されている．

● もう一方では，競技環境の中で強い心身の乖離を経験したアスリートの「歪んだ自己表現」として，この問題を捉えている．このことから，競技者にとっての身体経験と身体像，食行動とは，つながりが強いことが考えられる．アスリートにとっての身体像とは，単に体型や体重に関するものだけではなく，競技者としての同一性を支える身体，すなわち身体の機能性や能力，運動感覚，あるいはより包括的な身体への感情などが総じて含まれると考えられている．

● 以上2つの説明をまとめると，アスリートにとっての食行動やそれに関わる身体像の問題は，彼らが「自身をどう位置づけるか」といった同一性の問題と深く関わっている可能性が考えられる．このようなアスリートの問題行動の背後にある心性やパフォーマンスなどと併せて，すなわち，「アスリートがなぜそのような問題行動を呈さざるを得ないか」といった問題の背景について考えていく必要があるだろう．

6. ボディ・イメージ

● ボディ・イメージとは，「自分自身の身体についての概念であり，それはわれわれの現在および過去のすべての感覚的な体験から作られる知覚的な集合体と，われわれすべての経験や情動および記憶から構成される経験的な集合体との相互作用によって形成される」と定義されている[9]．われわれが身体に対して持っている意識的および無意識的なイメージを含んでいる．ボディ・イメージが将来的な食行動問題の発展に大きな影響を与えていることが確認されており，食行動に問題を呈する対象を扱う際には，必然的にボディ・イメージの問題も扱うことになる．

● 一般に，女性は男性よりも自己の身体を肯定的に捉えにくいと指摘されている[10]．競技者が有しているボディ・イメージの特徴を探索的に明らかにした研究[11]では，女性競技者は現在の体型イメージよりも顕著に細いイメージを理想としており，いわゆる痩せ願望が女性競技者に共通して存在していることを確認している．競技力向上のためには，多くの競技で筋肉量を増やすトレーニングを行

う．そのため，競技力向上を望むのであれば，必然的に筋肉質な大きな体型になることが多いと考えられる．先の研究で明らかになったように，女性競技者の多くが痩せ願望を持っているのであれば，彼女たちは競技力向上と，痩せることとの葛藤を少なからず抱えることになる．こういった葛藤も女性特有のものであり，今後はこういった視点からも女性アスリートをサポートする体制や研究が望まれる．

（江田　香織）

文　献

1) 阿江美恵子（杉原　隆・編著：生涯スポーツの心理学．）：スポーツ行動の性差とジェンダー．福村出版，pp154-162，2011．
2) 阿江美恵子：体育専攻女子学生のジェンダー・パーソナリティ．スポーツ心理学研究，31（2）：9-18，2004．
3) 山中麻耶：女性スポーツ選手にみる性役割ステレオタイプ．スポーツとジェンダー研究，5：65-71，2007．
4) 阿江美恵子：女性競技者の心理について．体育の科学，46：907-911，1996．
5) 青木邦男：高校運動部員のスポーツ観とそれに関連する要因．体育学研究，48：207-223，2003．
6) 日本体育協会・編：女子スポーツ・ハンドブック．ぎょうせい，1986．
7) 山崎史恵・他：スポーツ競技者の食行動問題—その独自の特徴と背景について—．臨床心理身体運動学研究，2：7-25，2000．
8) 中込四郎・他：運動選手のロールシャッハ反応．ロールシャッハ研究，31：85-94，1989．
9) ゴーマン（Gorman, W：Body Image and the Image of Brain. Warren H. Green Inc, 1969）：村山久美子・訳：ボディ・イメージ—心の目でみるからだと脳．誠心書房，1981．
10) 山口素子：SD法による身体イメージの測定．心理臨床学研究，6（2）：50-59，1989．
11) 山崎史恵・他：スポーツ競技者における食行動パターンごとの身体的特徴．体育学研究，43：150-163，1998．

Ⅰ．女性アスリートのからだと心

6 女性アスリートに対する整形外科的評価

はじめに
- スポーツ傷害の発生に関する危険因子は大きく外的因子と内的因子に分けられる．女性アスリートの傷害の発生を予防するための対策を考案するためには，その内的因子を明らかにすることが必要となる．

1．傷害発生に関与する内的因子

- 一般的に，スポーツ傷害の発生要因としては体重，筋力，最大酸素摂取量，神経-筋協調性，関節弛緩性，アライメント，骨量などが挙げられる（図1）．

1）介入効果が期待できる因子

- 傷害発生に関与する内的因子のリスクが高まった状態を図2に示す．また，これらの因子が互いに関与し合って，傷害が発生する．これらの因子のうち，性差が存在すると考えられるのは関節弛緩性，関節アライメント，骨量である．これらの個体特有の危険因子は何らかの介入によって改善させることは難しいため，介入効果が期待できる筋力，神経-筋協調性，最大酸素摂取量を改善させることによって傷害発生域から脱することが必要となる（図3）．

（1）体重

- 体重が増加することによって，運動時の下肢への荷重負荷量が増すため，下肢の傷害発生リスクが高まる．

（2）筋力

- 筋肉は運動の力源として働くのみならず，運動時の関節の安定性を提供するために重要である．関節の安定性寄与に働く際には遠心性の収縮様式をとることが多く，その際に筋・腱・骨付着部に発生する過大な張力によって障害が発生する．筋力の低下や不適切な伸張収縮様式によって外傷・障害発生リスクは高まる．

（3）最大酸素摂取量

- いわゆる体力，持久力の指標で，これが低下することによって持久力系競技実施時には疲労によって関節を安定させるための筋機能が低下し，傷害発生につながる．

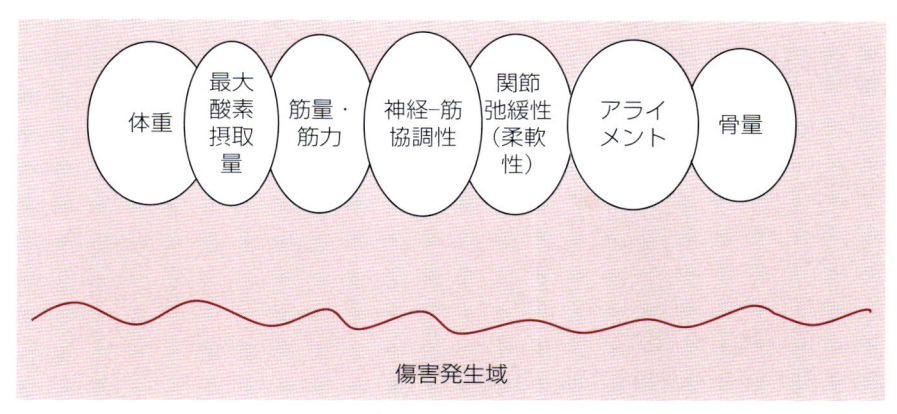

図1 スポーツ傷害の内的危険因子

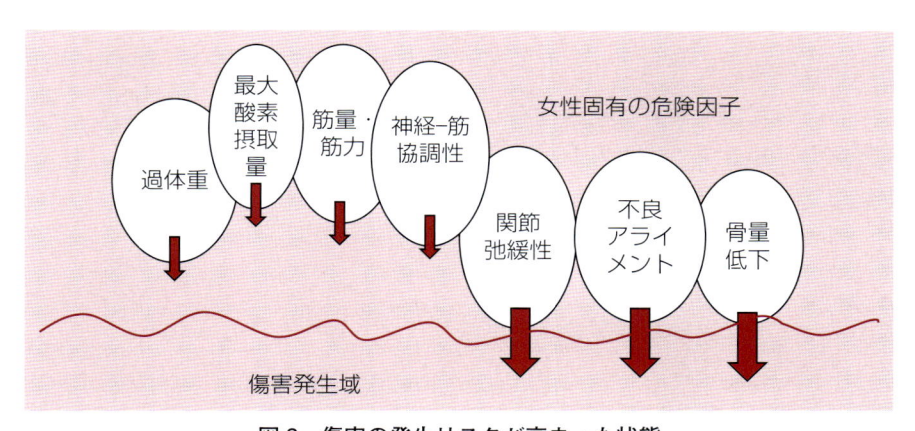

図2 傷害の発生リスクが高まった状態
女性に固有の危険因子として，関節弛緩性，不良アライメント，骨量低下が挙げられる．

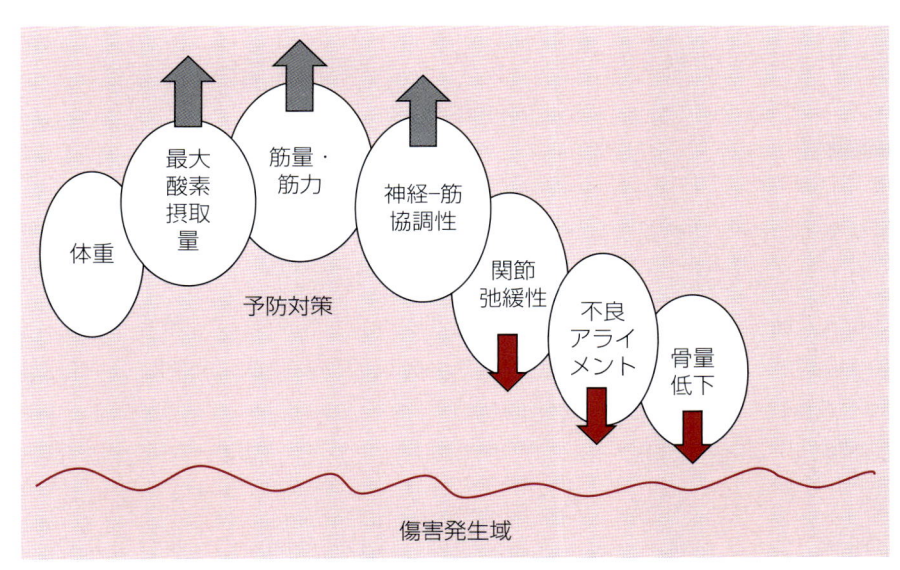

図3 危険因子への介入
改善可能な危険因子への介入によって傷害発生のリスクは低くなる．

（4）神経-筋協調性

●神経と筋の協調性を適切に評価することは難しいが，この機能が低下することによって必要なときに必要な筋収縮が起きず，関節の機能的安定性が低下し傷害の発生につながる．

2) 個体特有の危険因子

(1) 関節弛緩性

● 関節の可動域が広いことは運動実施に有利ではあるが，機能的安定性が適切に働かないと支持力が低下し傷害発生につながる．このような機能的不安定性を伴う関節可動域の広い状態は弛緩性を有すると表現され，傷害発生のリスクとなる．ちなみに，関節の機能的安定性に優れている可動域の広い関節は柔軟性の高い優れた関節と評価される．

(2) アライメント

● 関節を介した骨の配列をアライメントと呼ぶ．下肢のアライメントが不適切であると荷重時の関節不安定性が生じ，安定性を得るために機能的安定機構である筋腱の役割が増し，筋腱やその付着部の使いすぎ障害を引き起こす．また大きな外力が作用した際に関節安定性が保たれず足関節や膝関節の靱帯損傷を起こしやすくなる．

(3) 骨量

● 骨量が低下することによって疲労骨折発生のリスクも増すと考えられる．

2. 性差が関与する因子と評価方法

● 性差が関与する因子の評価方法について解説し，その予防対策について述べる．

1) 関節弛緩性

● ある競技を発育段階で長期間実施することによって，その競技に適した関節可動域が後天的に獲得される．このような可動性は高い競技パフォーマンスを発揮するために重要であり，その競技を実施することによって筋活動による機能的関節安定性が得られていれば，障害リスクにはなりにくい．しかし，関節の可動域の大きさには個体差があり，先天的に多関節に異常に広い可動域を有する（全身関節弛緩性）者がおり，その頻度は女性に高い．

● 全身関節弛緩性（general joint laxity）の評価方法として，図4に示す評価方法が広く用いられている．7項目のうち4項目で陽性の場合には全身関節弛緩性を有すると評価され，傷害の危険因子となる．関節弛緩性を有する選手に対してはその種目に必要な関節の安定性を高めるための筋力トレーニング，神経-筋機能の促通，運動様式の学習等の対策が求められる．

2) アライメント

● 女性に多く見られるアライメントの特徴として，以下が挙げられる．
・大腿骨頸部前捻角の増加
・膝蓋腱軸と大腿骨軸のなすQ角の増加

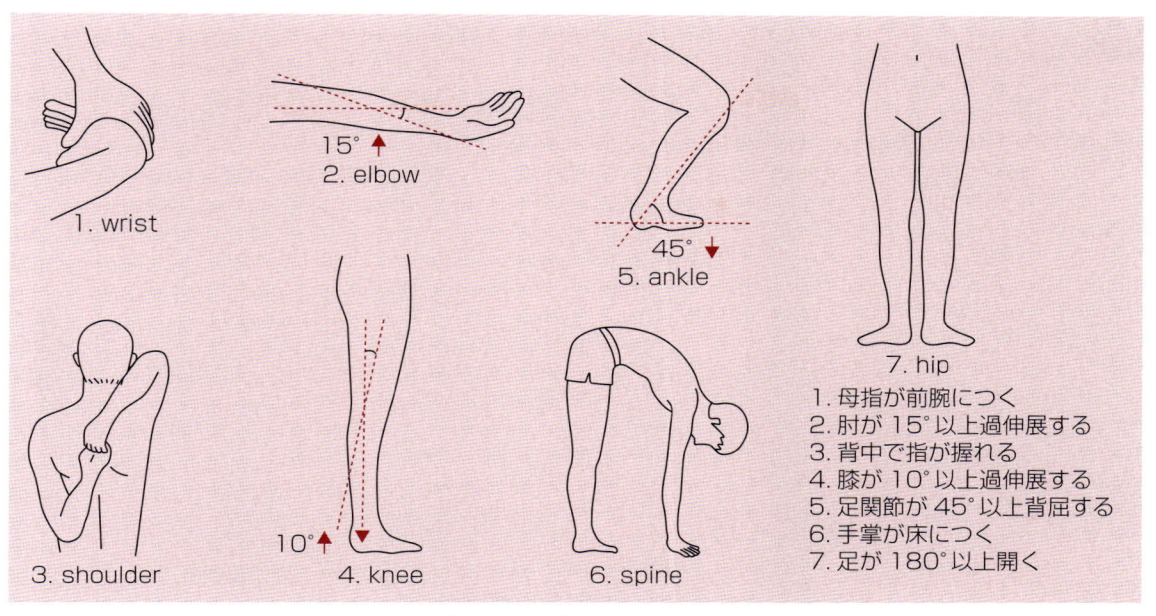

図4　全身関節弛緩性の評価方法（東大式）

- 外反膝
- 脛骨の外旋角度の増加
- 足部の回内角度の増加

● Q角の増加は膝蓋骨の外方牽引力が増すことによって膝蓋大腿関節に傷害を発生させる．また大きな外力が作用することによって膝蓋骨の外方亜脱臼や脱臼を起こすことになる．外反膝があると非接触型の前十字靭帯（ACL）損傷発生の危険性が高まり，下腿や足部の不良アライメントは，足関節捻挫や足部使いすぎ障害の発生リスクを高める．不良アライメントを有する場合の ACL 損傷予防対策としては様々な方法が考案され実施されているが，関節周囲筋群の強化，神経-筋機能改善，運動様式の指導に加えて，体幹深部筋群の強化と促通による運動時のバランス機能向上も求められる．足部の使いすぎ障害に対しては不良アライメントによる荷重部，筋腱付着部への負荷量を減ずるための足底板が用いられる．

3）骨量

● 女性アスリートの三主徴として，無月経，骨粗鬆症，摂食障害が挙げられる．持久系の種目で体脂肪量が減少することによって月経異常をきたし，エストロゲンの分泌不足によって骨芽細胞の活動性が低下し，骨量が減少する．特に不良アライメントを併せ持ち，下腿・足部の特定の部位に繰り返しストレスが作用することによって疲労骨折を起こす．その予防方法としては適切な食事と最適な練習方法が求められる．

（金岡　恒治）

I. 女性アスリートのからだと心

7 女性アスリートと栄養

はじめに
- 女性アスリートは良いコンディションを維持するために，各自に適したエネルギー摂取の目安を知り，栄養知識を身につける必要がある．
- パフォーマンスの向上に有利であると考えたり，美しいプロポーションを獲得するために，多くの女性アスリートが日常的にウエイトコントロールを実施している．

1. 女性アスリートのエネルギーバランス

- エネルギー摂取量とエネルギー消費量の差をエネルギーバランス（エネルギー出納）という．エネルギー摂取量と消費量の間で平衡が維持されていれば，体重は一定に維持されるため，ウエイトコントロールを実施する必要のないときには，エネルギー消費量に見合うエネルギー摂取をしてエネルギーバランスを維持する必要がある．

- しかし，ほとんどのケースで低体重かつ低体脂肪であることを目指しているため，極端な減食や脱水を日常的に実施したり，身体組成の変化には着目せずに短期間で体重のみを減らそうとする場合が多い．このような選手は日常的にエネルギー必要量に見合う食事摂取ができていないと考えられる．すなわち負のエネルギーバランス状態にあることが多く，それがエネルギー代謝やコンディションに影響を及ぼすことが報告されている[1]．

1）女性アスリートのエネルギー必要量の推定方法

(1) 通常練習期の食事

- スポーツ選手はエネルギーバランスを維持するために，1日のエネルギー消費量（total energy expenditure：TEE）を見積る必要がある．しかし，TEEを測定することは困難であるため，国立スポーツ科学センターのプロジェクト研究により図1に示した手順で推定エネルギー必要量を算出することができる[2]．まずは測定した体脂肪率の値から除脂肪量（fat-free mass：FFM）を求め，基

下の手順で個別にエネルギー必要量を計算しよう。消費量と同等のエネルギー量の食事を摂取することが大原則です。

STEP1 除脂肪量（FFM）（脂肪を除いた体重）を求めてみよう

体脂肪量(kg)＝ ◻︎（自分の体重 kg）× ◻︎（自分の体脂肪率 %）÷100

除脂肪量(FFM)(kg)＝ ◻︎（自分の体重 kg）− ◻︎（自分の体脂肪量 kg）

STEP2 基礎代謝量を求めよう

基礎代謝量(kcal)＝28.5×除脂肪量(kg)
（アスリート用）

STEP3 自分の種目の身体活動レベルを求めよう

種目系分類別身体活動レベル

種目カテゴリー	期別け	
	オフトレーニング期	通常練習期
持久系	1.75	2.50
筋力・瞬発力系	1.75	2.00
球技系	1.75	2.00
その他	1.50	1.75

※身体活動レベルとは1日の消費エネルギー量が基礎代謝の何倍にあたるかを示す数値

STEP4 自分の1日に必要なエネルギー量は？

1日に必要なエネルギー量＝基礎代謝量×身体活動レベル
＝◻︎ kcal

図1 エネルギー必要量の推定方法[2]

礎代謝量を計算する．そして，基礎代謝量に身体活動レベルを乗じるという手順である．その後の研究により，この式を使用すると推定エネルギー必要量を過大評価する可能性があることが示されており[3]，計算値はおおまかな目安として参考にしながら，早朝空腹時体重や身体組成の変化をモニタリングしながら食事管理を行う．

● 図1に従い，体重58kg，体脂肪率18%の球技を行う選手の計算例を示すと，1日のエネルギー消費量は2,714kcalとなった．これを1日3食でとる場合，1食当たりの目安は900〜1,000kcal程度であり，主食，主菜，副菜，牛乳・乳製品，果物を毎食ごとに揃えた栄養バランスの良い食事となるよう心がける．

(2) 減量期の食事

● 一般人と同様にスポーツ選手でも，エネルギーバランスのとれる摂取量から制限するエネルギー量が多いほど，体重減少量は多くなることが知られている．競技者を対象として，1日当たり1,000kcalと500kcalのエネルギーを制限した食事を摂取させた場合を比較したところ，エネルギー制限の度合いと組織減少量には関連があり，500kcalの制限の方が骨格筋量減少のリスクが少ない結果となった．そのため，減量時は1日当たり1,000kcal以上の制限ではなく，500kcal程度のエネルギー制限が望ましいと考えられる[4]．また，制限するエネルギー量が多いほど食事に含まれるビタミンやミネラルは不足しやすくなるので，エネルギー制限をしても栄養素密度は下げないよう，食品選択にも配慮する．

①朝食，②昼食，③夕食
図2　エネルギー制限をした献立例（1,600〜2,000kcal）
（東京都スポーツ文化事業団発行「Nutrition」より）

● 身長162cm，体重52kgの新体操選手が1日当たり800〜1,000kcalのエネルギー制限をして1,600〜2,000kcalに調整した1日の献立例を図2に示した．低エネルギーであるが，たんぱく質，ビタミン，ミネラルは豊富に含まれる栄養素密度の高い食事である．食品の重量とエネルギー量とは関連しないため，食品重量や品数は気にしなくてよい．

2) エネルギーアベイラビリティとは

● 近年，女性アスリートに骨粗鬆症，無月経，摂食障害の3主徴（female athlete triad：FAT）が

I. 女性アスリートのからだと心

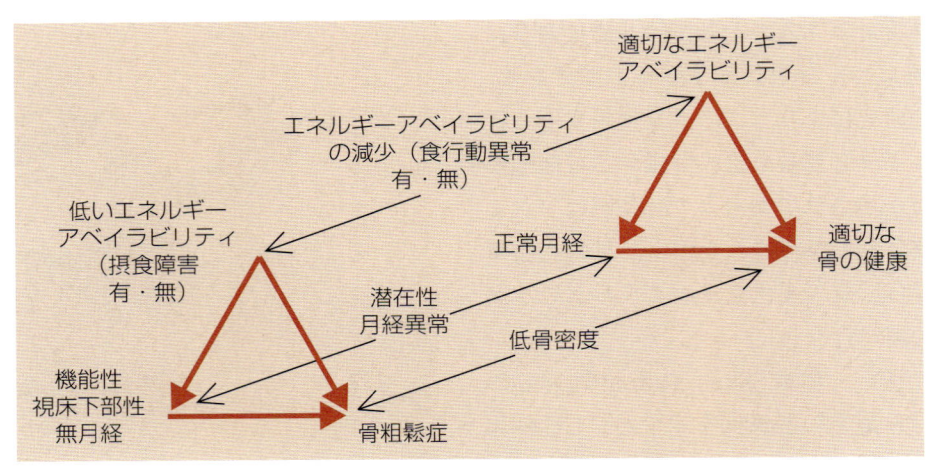

図3 女性選手の三主徴[5]の全体像

報告され，その原因としてエネルギーアベイラビリティ（energy availability：EA）の低下が挙げられている（図3）．

● エネルギーアベイラビリティとは，エネルギー摂取量からトレーニングにより消費されるエネルギー量を差し引いたもので，FFM当たりに換算して示される[5]．すなわち，日常生活で利用可能なエネルギー量である．

● たとえば，1日当たりのエネルギー摂取量が2,000kcal，トレーニングによるエネルギー消費量が800kcal，FFMが45kgの場合，EAは（2,000−800）/45＝26.7kcal/kg FFM/日となる．EAがFFM当たりで30kcalを下回ると，黄体形成ホルモン（LH）の分泌動態が乱れ，無月経の原因となると考えられる[6]．無月経（あるいは月経異常）になると，基礎代謝量の低下を招くことも報告されており，同様のエネルギー制限の食事をしても体重が落ちにくく，ウエイトコントロールを行う際に不利になると考えられる．トレーニング量の多いスポーツ選手が減量のために極端な食事制限を行うことは，むしろ逆効果にもなりかねない．

● EAはスポーツ現場では測定しにくい欠点があるが，指導者，公認スポーツ栄養士（または管理栄養士）および医・科学スタッフらが連携し，食事調査によるエネルギー摂取量の評価と，polar心拍計などを用いたトレーニングによるエネルギー消費量の評価を行い，EAを確認することが女性選手の減量時には必要である．

2. 減量時の栄養障害の予防

1）日常のコンディショニングと減量に伴うFAT予防

（1）身体組成のモニタリング

● 上述したように，FATを予防するためには適宜EAの評価を行う必要がある．その第一歩は身体組成の測定である．身体組成の測定方法には図4①②③に示すいくつかの方法がある．①精度が高く，研究で用いられている方法に二重エネルギーX線吸収法（DXA法）がある．部位別の身体組成の評

価も可能であり，骨密度評価も同時にできるが，誰でも簡便に測定できる方法ではない．②合宿や練習場に測定機器を持参して測定ができる方法には皮脂厚法（キャリパー法）がある．測定技能を身につけた者が一定の部位を測定すれば，個人内変動を評価することが可能である．一方，③チームや家庭でも測定可能なインピーダンス法（BIA法）は，トレーニング後や入浴後，食事直後など，体水分の変動が激しいときの測定は控え，食後2時間程度経過したトレーニング開始前（発汗前）のタイミングで測定するとよい．

●いずれの方法も，測定原理が異なるため，異なる方法で測定した値を比較することはできない．同じ方法で条件を揃えて測定を行い，体脂肪量とFFMの変動をモニタリングしていくことが大切である．

（2）減量時の正しい目標設定

●過去に記録を更新したときの体重を「ベスト体重」として，その体重まで落とそうとする選手も多い．しかし，減量において大切なことは，余分な体脂肪は減少させつつ，FFMは減少させないことである．表1に減量時の目標設定のしかたを示した．

●目標とする身体組成（体脂肪率）を設定し，減らすべき体重と減量ペースを算出する．そして，体脂肪1kgをおよそ7,200kcalとすれば，毎食当たりでどれだけエネルギー制限をすればよいか算出できる．女性スポーツ選手では目標設定自体に無理がある場合もあり，身体組成測定値を活かした正しい目標設定を行う．指導者との共通理解も必要不可欠である．

（3）具体的な食事調整法

●一般に，女性アスリートは菓子類や清涼飲料類の摂取が多い．清涼飲料水をお茶に替えるだけで1ヵ月に

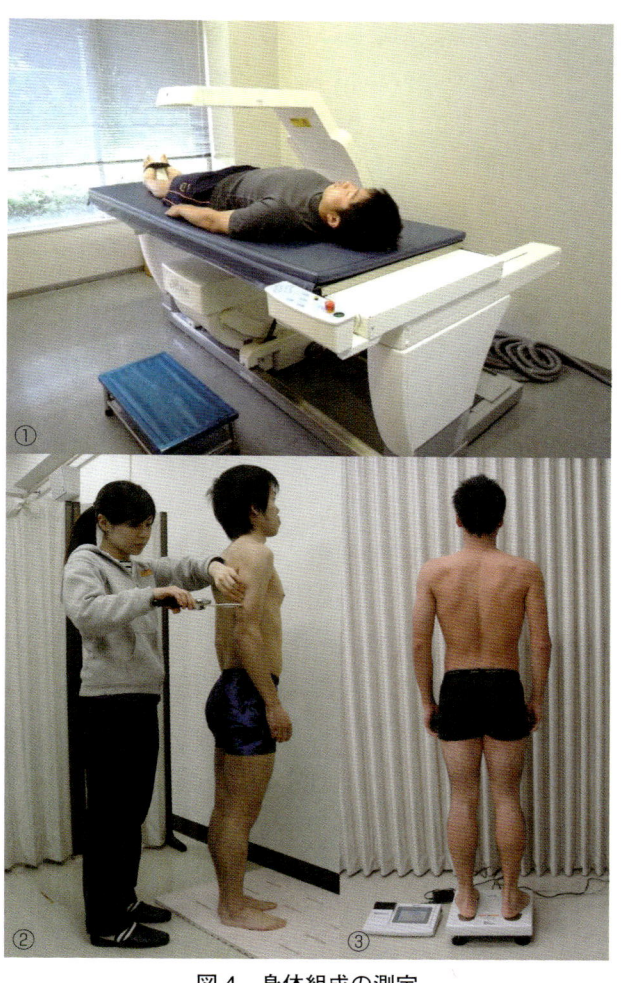

図4　身体組成の測定
①DXA法
②皮脂厚法（キャリパー法）
③インピーダンス法（BIA法）

表1　減量時の目標設定のしかた

①現在の身体組成を把握する．
　55kg，体脂肪率22%の場合
　体脂肪量＝55×22÷100＝12.1kg
　除脂肪量＝55－12.1＝42.9kg

②目標とする身体組成を設定し，目標体重を算出する．
　目標体脂肪率＝18%
　目標体重＝除脂肪量÷（1－0.18）＝52.3kg

③減らす体重を算出し，ペース設定をする．
　減らす体重＝55－52.3＝2.7kg
　体脂肪1kg≒7,200kcalなので，2.7kg×7200kcal＝19,440kcal
　1ヵ月半（45日）間で行う場合　19,440÷45＝432kcal

④具体的食事計画をたてる．
　1食に減らすエネルギーは　432kcal÷3＝144kcal
　（減らし方の例）
　・朝食のデニッシュペストリーをパン（ジャムつき）に替える…－150kcal
　・炭酸飲料500mLをお茶または水に替える…－255kcal
　・間食のチョコレート（1/2枚）を控える…－140kcal
　・夕食のから揚げを蒸し鶏にする（部位と調理法の変更）…－300kcal

2〜3kgの減量に成功したケースもある．また，減量のために極端に減食すれば空腹感が強くなり，間食したり，リバウンドを繰り返すという悪循環に陥ることもある．極端な食事制限は勧められない．減食する際に米飯や牛乳，主菜を抜く（あるいは減らす）などの方法をとる選手も多いが，これらはあまり減らさずに，余分な嗜好品や揚げ物など油脂類の多いおかずを減らせば，無理なく摂取エネルギーを低下させることが可能である．図5に示した素材・調理法・調味料の組み合わせからエネルギー量を考えて選択する．

素材（100g当たり）	料理法	調味料
超高エネルギー食品	天ぷら	バター
高エネルギー食品	フライ	マーガリン
	かき揚げ	マヨネーズ
中エネルギー食品	素揚げ	ドレッシング
	炒める	ソース
低エネルギー食品	煮る	ケチャップ
	生	ノンオイルドレッシング
ノンカロリー食品	焼く・ゆでる・蒸す	塩・こしょう

図5 素材・調理法・調味料の組み合わせ

2) 貧血予防

● 食事に含まれる微量栄養素は，エネルギー制限の度合いが大きくなると減少する傾向がある．特に鉄分やビタミン類は不足を招きやすく，貧血あるいは潜在性鉄欠乏を引き起こす危険が大きくなる．定期的に血液検査を実施し，ヘモグロビン（Hb）やフェリチンなどが低下していないかを確認する．

● 鉄はレバーや牛赤身肉，かつお，貝類，卵などに多く含まれているので，これらを用いた主菜や副菜を取り入れる．また，ホウレンソウや小松菜などの青菜，ひじきや切り干し大根，大豆製品などの摂取が勧められる．これらは低エネルギーで腹持ちもよく，食物繊維の給源ともなる．また，貧血予防のためにむやみにサプリメントや鉄剤などを多用することは避ける．使用に際しては栄養アセスメントを行い，計画的に用いるべきである．

3) 骨密度低下予防

● 貧血予防と同様に，骨の健康状態を維持するための食品選択も必要である．カルシウムの吸収が良い牛乳・乳製品は意識して摂取する．200mLの普通牛乳を低脂肪牛乳に替えた場合，5g程度の脂質がカットできるのに対し，鶏から揚げ（もも・皮付き）を蒸し鶏（むね・皮なし）にすれば，たんぱく質量は確保しながら約25gもの脂質がカットできる．牛乳の種類にこだわるより図5を参考にしながら主菜の素材，調理法，調味料の組み合わせによるエネルギー調整を行う方が効率が良い．

（田口 素子）

文 献

1) Maugan RJ, et al.: Changing size and body composition. In: Sports Nutrition. International Olympic Committee Published by Blackwell Science Ltd., Massachusetts, 2002, pp118-128.
2) 小清水孝子・他：スポーツ選手の推定エネルギー必要量．トレーニング科学，17（40）：245-250，2005．
3) 田口素子・他：除脂肪量を用いた女性競技者の基礎代謝量推定式の妥当性．体力科学，60（4），423-432，2011．
4) Parkin JW: Weight loss and gain in athletes. Current Sports Med. Repots, 4: 208-213, 2002.
5) ACSM position Stand: The female athlete triad. Med. Sci. Sports Exerc., 39 (10): 1867-1882, 2007.
6) Loucks AB, et al.: Energy availability in athletes. J Sports Sci., 29 (S1): S7-S15, 2011.

II. 傷害予防のための部位別トレーニングの実際

1 頭頸部の傷害予防

はじめに
- 頭頸部外傷は，激しいコンタクト（接触プレー）のある競技で多く，スキーやスケートの転倒，水泳の飛込み，棒高跳びの落下など，様々なスポーツ場面で起きている[1)2)]．
- 高校生年代において男性に比べ女性アスリートの方が脳震盪の発症率が高い[2)]．
- 脳や脊髄を損傷してしまうと，重篤な場合は死亡や大きな後遺症を残してしまう．したがって，予防に最善を尽くす必要がある．

1．頭頸部傷害の特徴

1) 発生メカニズム

●頭部外傷には，対人での頭同士の衝突や，地面・その他障害物へ激突して起こる直接損傷（**図1**），および頭部が激しく振られることにより，脳自体が頭蓋骨の中で加速的に振られ頭蓋骨と脳の衝突が起きたり，あるいは頭蓋骨と脳をつないでいる血管の損傷により発症する加速損傷（**図2**）がある．また，頸部外傷では，頭頂部からの軸圧や過伸展，屈曲が加わり，頸椎の脱臼，骨折などが生じる．特に，コリジョンスポーツでは，ルール上対人へのタックル行為などが認められているため，頭頸部外傷は多く発症する傾向にある[1)]．

2) 女性アスリートの特徴

●福林のスポーツ活動中の部位別外傷報告では，頭頸部外傷の発生率は，男性が全体の部位の5.8％，女性が3.1％と報告している[1)]．また，中堀らのサッカーにおける外傷報告（件/1000player hours）によると，2010年では男性の方が，2011年では女性の方が発症率が高い傾向にあった[4)]．また，Mallikaらは，高校生年代において，同一競技では女性アスリートの方が，発症率，再発率も高く，受傷機転にも違いがあることから，行動様式や体力面での問題点について検討しており，女性アスリートへの注意を促している[2)]．
●一般的にも女性は，男性に比べ肩幅が狭く，首が長い傾向にあり，いわゆるなで肩（円背）姿勢が多い．その

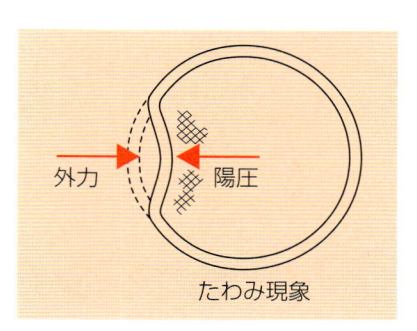

図1　直接損傷

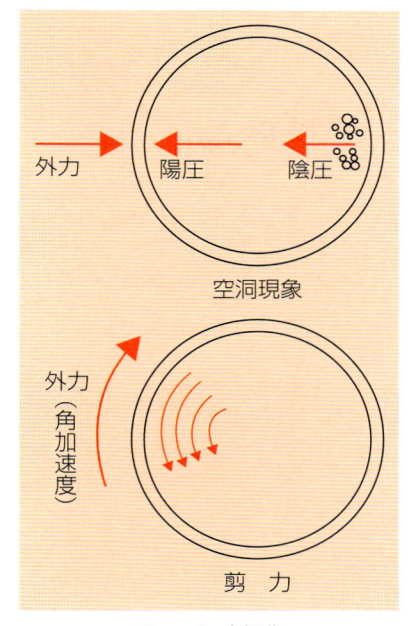

図2　加速損傷
（図1，2とも山下俊紀[3)]による）

ため，男性に比べ頸部の安定性に劣り，頭部が不安定な構造であると考えられる．その結果，同じ衝突や加速力である場合，女性の方がダメージの大きいことが推察される．

3) 競技による特徴

(1) ノンコンタクトスポーツ（非接触型競技）の特徴

●スキーやスピードスケート，競輪などでは，転倒によって，雪面や氷上，あるいはフェンスに衝突し受傷する事例が報告されている．そのとき，頭部がまともに障害物へ衝突すると，直接的に大きな外力が加わり，頭部，頸部へのメカニカルストレスによる損傷をしてしまう．普段から転倒をしない，安定した動作の獲得と，万が一転倒をした際にも，正しい受け身動作の獲得と頸部固定力の強化があれば予防につながる．

(2) コンタクトスポーツ（接触型競技）の特徴

●コンタクトスポーツを，筆者は大きく2つに分けている．1つは，ラグビーやアメリカンフットボールなどのようにタックルなどの衝突がルール上認められている競技（コリジョンスポーツ），もう1つはサッカー，バスケットボール，ハンドボール，水球など，ボールなどの争奪の際に対人との接触がある競技である．

前者では，コンタクトする場合，正しい姿勢（スキル）とそれを行うための体力が必要である．後者では，ノンコンタクトスポーツと同様，転倒時の受け身の姿勢やコンタクトがあった場合にも姿勢を崩さない，安定した体幹を養うことが予防につながる．

2. トレーニングの実際

1) 受け身動作の習得

●あらゆる競技で，転倒による頭頸部外傷の危険性がある．そこで，転倒時に，接触面への頭部あるいは背部への直接衝突を防ぐ，受け身動作の習得を行う（図3，4）．

●日常のウォーミングアップに取り入れ，運動習慣のない選手には補助をしながら行うとよい．

●スキーで転倒し，横滑りで頭部をフェンスなどに衝突するような競技では，手で頭を保護する等の必要があり，競技特性をふまえた指導が必要である．

図3　前回り受け身
頭頂部からの接地を防ぐ．②のように頭部から丸めるようにする．

図4　後ろ受け身
後頭部からの衝突や，背部を衝突し，その後，頭部が地面に衝突することを防ぐ．倒れても，頭が振られて強打しないように顎を引きつける．

2) コリジョンスポーツでの予防トレーニング

● アメリカンフットボールやラグビー等コリジョンスポーツでは，タックル姿勢の不良や，コンタクト時の頭下がり（ヘッドダウン）により，脳震盪や頸椎損傷が起きている．そのため，正しいコンタクト姿勢を習得することが予防につながる．
● 筆者は次のような段階でトレーニングを進める．
・Step1　ケガの起こりやすい姿勢の理解
・Step2　安定した姿勢を習得（柔軟性・正しいアライメントの認識）
・Step3　Step1姿勢で負荷を加える（アイソメトリックスから）
・Step4　競技特性をふまえた姿勢作り（支持基底面を小さく，体幹の動員を増やす）

① Step1：ケガの起こりやすい姿勢の理解

● 正しい姿勢と危険な姿勢を認識をすることは，予防のために最も重要である．頸部から下肢まで安定した姿勢を取ることが，頭部を保護するために必要である（図5, 6）．

② Step2：安定した姿勢を習得

● 図7のように，低く，安定した（脊柱が生理的弯曲を保つ）姿勢を取るために，足関節，腰部，肩甲帯の動的可動域が十分であるか確認する．制限がある場合は，可動域改善トレーニングを実施する（図8, 9）．

図5　危険なタックル
①ヘッドダウンタックル：頭が下がり，頸部を固定できない．②逆ヘッドタックル：相手の進行方向に頭の側部が衝突．首の力だけでは耐えられない．

図6　正しいタックル
腰より頭部が上にあり，脊柱が一直線に保たれている．頸部が安定している．

図7　姿勢の評価
オーバーヘッドスクワットの姿勢を正しく取れるように，柔軟性の改善を図る．

図8　足関節の可動域トレーニング
ダッグウォーク：足先を真直ぐに，足底すべてが地面に接地するように歩く．（10〜20m×3）

---

point!　円背姿勢，顎上がり姿勢などは頸部周囲筋力の低下をもたらすと同時に，生理的弯曲が崩れ，頭頂部からの衝撃緩衝力も低下するといわれている（ストレートネック）．そのため，部分的に頸部の筋力や周囲径を高めても，正しい姿勢を取れていなければ，頸部の保護は難しい．また，頸部の筋力はとても小さく，体幹と同時に働かせることで補うことができると考えている．

II．傷害予防のための部位別トレーニングの実際

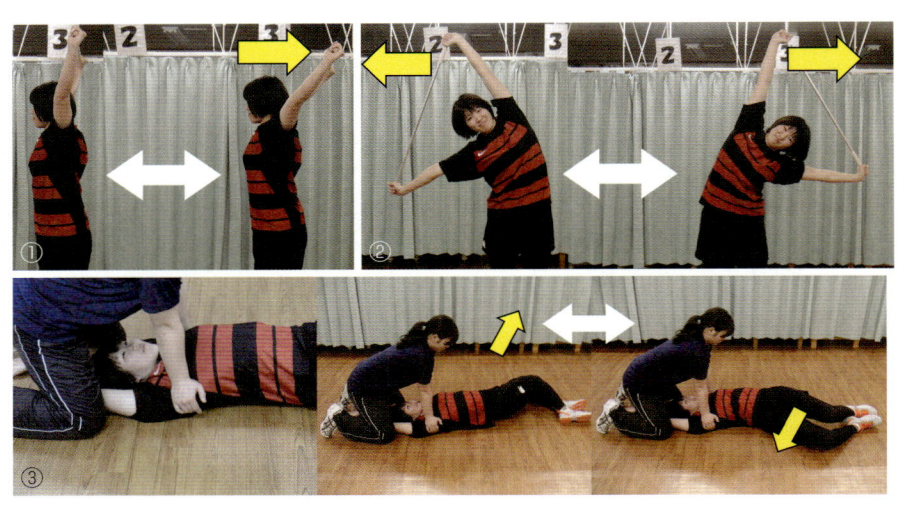

図9　上部脊椎と肩甲帯の可動域トレーニング
①プルオーバーストレッチ：棒やタオル等を持ち，腰が反らないようにして，腕を後方に引く．（リズミカルに20回×3）
②サイドベンドストレッチ：棒やタオル等を持ち，曲げていく．肘を十分に伸ばし身体を真横に（伸びきったところで3秒保持×10）
③ウイングストレッチ：肩甲骨を上から抑える．左の姿勢で，身体を左右に回旋させる．（3秒に1回のペース×10回）
腰が反らないように，また過去に肩の脱臼をしている場合は注意する．

③ Step2：チン-イン姿勢作り

●図10 ①のように，円背姿勢では生理的弯曲が崩れ，頭部の固定力が発揮しにくい．②のように，頭部から腰まで見かけ上一直線になる姿勢（生理的弯曲）を取り，安定した頸椎のアライメントを保持できるようにトレーニングを行う（図11, 12）．

④ Step3：筋力トレーニング

●正しい姿勢が取れるようになったら，負荷をかけてもその姿勢（Step2のチン-イン姿勢を保った状態）を保てるようにトレーニングを行う（図13〜16）．

⑤ Step4：競技動作をふまえたトレーニング

●より競技動作に近い状況で，正しい姿勢と筋力発揮ができるよう訓練を行う．特に，体幹と連動して身体全体の安定性を図ることが重要である（図17, 18）．

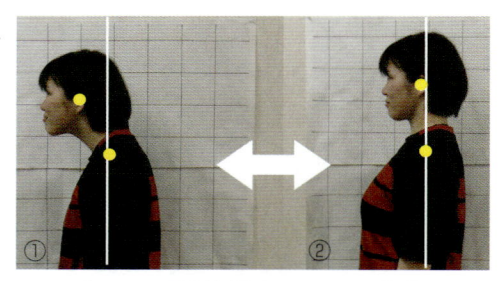

図10　円背姿勢とチン-イン姿勢

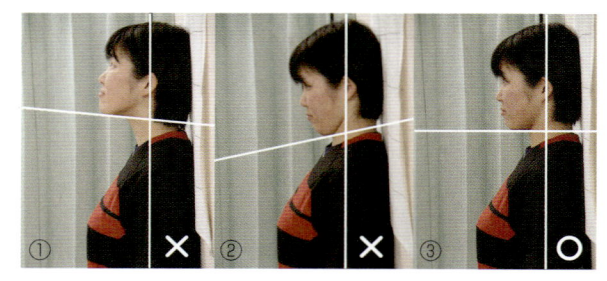

図11　チン-インエクササイズ
壁に，頭部，肩甲骨，殿部を接地させて，それぞれが壁から離れないようにして頭を後方に引きつける．（5〜10秒×10）
顎だけを引こうとすると，②のようになる．

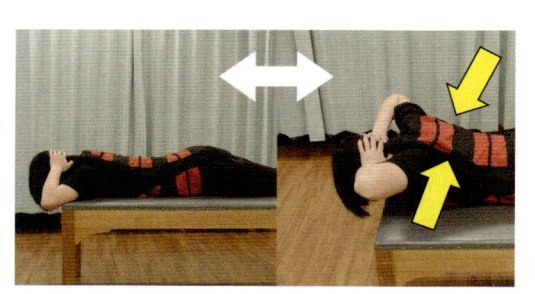

図12　肩甲骨引きつけ動作
円背姿勢では，チン-インも十分に行えない．上背部の可動域を出してから行うとチン-インしやすい．

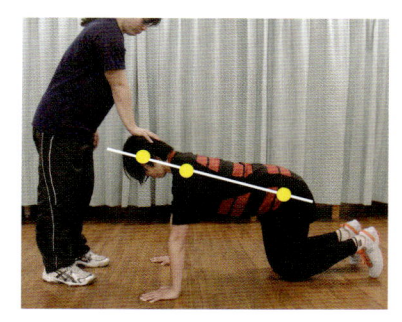

図13 ネックエクステンション
姿勢が崩れない程度に負荷をかける．腰が反らないように，体幹を保持．（5〜10秒×5）

図14 ネックサイドベンド
体が横に曲がらないように保持．（5〜10秒×5）

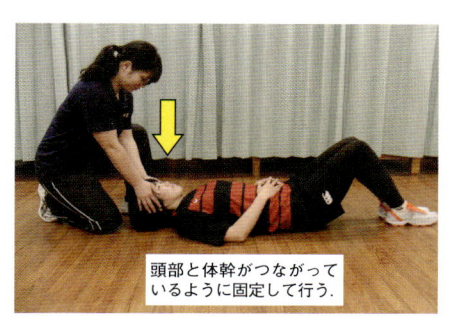

図15 ネックカール
首だけで上げようとせず，腹筋を使って首を上げるように意識する．（5〜10秒×5）

頭部と体幹がつながっているように固定して行う．

図16 回旋トレーニング
頭を少し上げて，軸がぶれないように，回旋させる．（3秒に1回×30〜100）

図17 リズミックスタビライゼーション
どの方向から押されても正しい姿勢を保持する．反応と筋力のトレーニング．（20回×3）

チン-インと脊柱の生理的彎曲を保つことを意識

図18 ネックウォーク
頭を押されても正しい姿勢を保ち，下肢から頭部まで力をつなげるようにして前へ進む．（10〜20m×3）

3）課題および今後の展望

● 女性スポーツでの頭頸部外傷に関する疫学調査や，女性特有の受傷機転などについて，十分に検証されているとはいえない．重篤な事故を予防するためにもさらに検討する必要がある．

（太田　千尋）

文　献

1) 福林　徹：スポーツ安全保険におけるスポーツ外傷発生調査．日本体育協会スポーツ医・科学研究報告 2010（2）：12-26, 2010.
2) Mallika M, et al.：Epidemiology of concussions among United States high school athletes in 20 sports. Am J Sports Med, 40（4）：747-755, 2012.
3) 山下俊紀：頭部外傷．黒澤　尚・他編；スポーツ外傷学Ⅱ　頭頸部．体幹．医歯薬出版，東京，2000, pp6-20.
4) 中堀千香子・他：スポーツ外傷・障害予防プログラムの開発・検証 3-1. サッカー．日本体育協会スポーツ医・科学研究報告 2011（2）：63-67, 2011.

Ⅱ. 傷害予防のための部位別トレーニングの実際

2 体幹の傷害予防

はじめに
- 昨今，体幹のトレーニングは大きな注目を集め，一般のマスコミにも多く取り上げられている．しかしコア，体幹といった言葉が独り歩きし，発展的な内容ばかりが取り扱われて，基本となるトレーニングなどはなかなか報道されない．
- 本書では体幹の運動器に対するトレーニング方法，そして得られる適応について今一度整理し，傷害予防のトレーニングに寄与することを目的とする．

1. 体幹部の特徴

● 体幹は，多くの骨が集合して支えられ筋の構造も複雑で，四肢がついている中枢である．トレーニング方法も四肢のトレーニング種目ではあまり見られないものがある．それらの目新しさが注目を浴びる要因となり，普遍的なトレーニング方法や事実をなおざりにしてしまっているものとも推察できる．

● 体幹の運動を司るものは，他の部位と同じ運動器にほかならなく，動力源たる筋肉は四肢と同じく骨格筋である．したがって，刺激（トレーニング）に対する適応（成長）もほぼ同じである．

2. 女性アスリートの特徴

● 骨格筋に対するトレーニングにおいて，男女で異なる要素には，女性では筋肥大のトレーナビリティが低いこと，月経周期の影響を受けることがあるが，それ以外に決定的なものはない．

● 微細な違いとしては，高重量を扱う種目があまり行われないこと，マルアライメント（誤ったフォーム）が起こりやすいことなどがある．

● 体幹トレーニングにおいて特に女性に多く見受けられるマルアライメントは，体幹の過伸展（屈曲も起こる），下肢のknee-inであろう（図1）．これらのマルアライメントはほとんど修正可能であり，正しいアライメントで体幹トレーニングに取り組むことにより，外傷・障害のリスクを軽減できる．

図1 女性の体幹トレーニング：よくみられるマルアライメント
①体幹の過伸展，② knee-in

3. トレーニングの実際

- 体幹のトレーニングを目的別に整理すると以下の通りである．また概念図で示すと**表1**のようになる．

1) 可動域の向上

- 体幹の可動域を広げるもので，トレーニングとしてではなく準備運動として扱われることが多い．しかし，体幹機能を向上させるために非常に重要なものであり，ここではトレーニングに含める．体幹は筋腱以外の組織が可動域の制限因子となりやすい部位なので，通常の柔軟体操や筋腱のストレッチとはやや異なる感覚を覚えることがある．
- 静的（スタティック）な方法と（**図2**①，②），動的（ダイナミック）な方法（**図3**）がある．

2) 筋力の向上

- 体幹の筋肉が発揮できる張力に関連した次の3要素（最大筋力，パワー，筋持久力）を向上させることである．目的ごとのトレーニングの設定条件の詳細を示す（**表2**）．

(1) 最大筋力向上

- 発揮できる最大限の力であり，以下の①筋肥大，②神経的要因の改善の2要素の結果として向上する．

①筋肥大

- 筋肉を太くすることである．発揮筋力は筋断面積と比例することから，筋肉を太く肥大させて，発揮可能な力

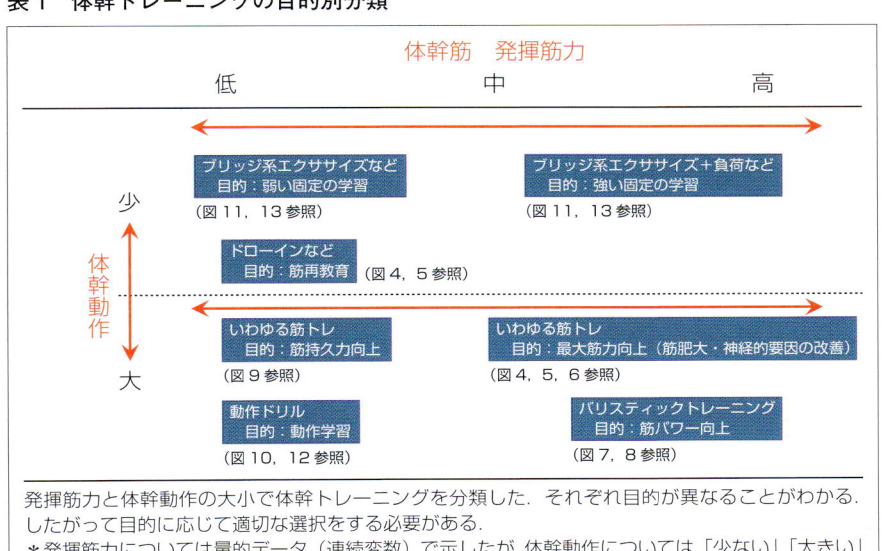

表1 体幹トレーニングの目的別分類

体幹筋　発揮筋力		
低	中	高
	ブリッジ系エクササイズなど 目的：弱い固定の学習 （図11, 13参照）	ブリッジ系エクササイズ＋負荷など 目的：強い固定の学習 （図11, 13参照）
	ドローインなど 目的：筋再教育（図4, 5参照）	
	いわゆる筋トレ 目的：筋持久力向上 （図9参照）	いわゆる筋トレ 目的：最大筋力向上（筋肥大・神経的要因の改善） （図4, 5, 6参照）
	動作ドリル 目的：動作学習 （図10, 12参照）	バリスティックトレーニング 目的：筋パワー向上 （図7, 8参照）

（縦軸：体幹動作　少→大）

発揮筋力と体幹動作の大小で体幹トレーニングを分類した．それぞれ目的が異なることがわかる．したがって目的に応じて適切な選択をする必要がある．
＊発揮筋力については量的データ（連続変数）で示したが，体幹動作については「少ない」「大きい」の2つに分けた（離散変数）．

図2　スタティックストレッチ
①体幹側屈，②体幹屈曲回旋

図3　体幹側屈．ダイナミックストレッチの1つ
反動を使うバリスティックストレッチ

II. 傷害予防のための部位別トレーニングの実際

表2　目的ごとの筋力トレーニングの条件

強化目的	負荷（%1RM）	回数	セット数	休息時間
神経系	85以上	6以下	2〜6	2〜5分
筋肥大	67〜85	6〜12	3〜6	30〜90秒
筋持久力	67以下	12以上	2〜3	30秒以下
パワー（単発）*	80〜90	1〜2	3〜5	2〜5分
パワー（多発）**	75〜85	3〜5	3〜5	2〜5分

*：ウエイトリフティングなど．　**：バスケットボール，バレーボールなど

図4　腹横筋再教育のドローイン
息を吐きながらお腹を凹ませる．

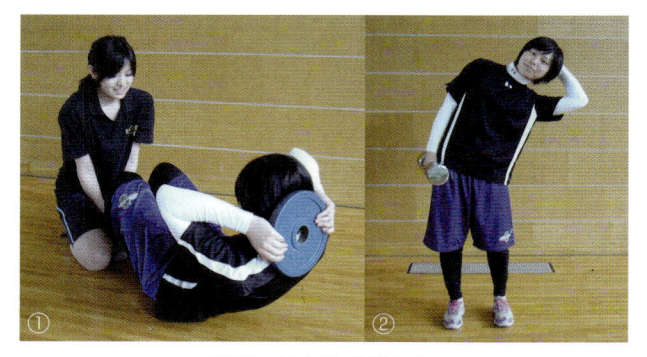

図5　いわゆる筋トレ
①荷重シットアップ．腹直筋の筋肥大や神経的要因の改善を狙い，最大筋力を向上させる．
②サイドベンド．腹斜筋群がターゲット．

図6　デッドリフト
高重量を扱いやすく神経的要因の改善を狙いやすい種目

を増加させる．トレーナビリティの高い要素であり，筋力向上のトレーニング計画において重要な位置を占める．初期には，筋収縮の学習を促すために筋再教育から行うこともある（図4）．

●中負荷から高負荷をかけ，反動を使わずに力が抜けないように丁寧に動作し（ストリクトフォーム），限界まで反復するように行う（図5）．これを数セット行う（表2）．

②神経的要因の改善（図6）

●ゴルジ腱器官の機能変化，大脳の抑制系の低減といった，神経系による抑制を低減させ，また運動単位の同期化，新たな運動単位の動員によって単位断面積当たりの発揮筋力を増加させることである．ただしトレーナビリティは少なく，多く見積もっても20〜30%の筋力向上しか見込めない．

●6回未満と，低回数しか反復できない高負荷をかけて，反動を使わずに力が抜けないように動作し，限界まで反復するように行う．これを数セット行う（表2）．

(2) 筋パワーの向上（図7，8）

●単位時間当たりの運動エネルギーである仕事率，すなわちパワーは力×速度で算出される．仕事率（パワー）＝仕事/時間，および仕事＝力×距離から，仕事率（パワー）＝力×距離/時間となり，また速度＝距離/時間なので，仕事率（パワー）＝力×速度となる．

図7　パワークリーン
反動を使って高速で動作するパワートレーニングの代表例，伸筋群がターゲット．

図8　メディシンボールスロー
反動を使って高速で動作するパワートレーニングの代表例，屈筋群がターゲット．

図9　自重で行うクランチとニートゥチェスト
高回数反復する筋持久力向上のトレーニングの例．

- 反動を使って最大限素早く動作する（バリスティックトレーニング，チーティングフォーム）．これを数セット行う（表2）．
- このパワーは瞬発力とも表現される．ピークパワーは等尺性最大筋力の約30％で得られる．そこで最大筋力の約30％程度の負荷を最大速度で挙上するトレーニングがパワー強化に重要とされるが，この程度の軽負荷ではパワーを形成する「力」も「速度」もほぼ伸びず，結果パワーは向上しにくい．あくまで「ピークパワーが算出される負荷が等尺性最大筋力の約30％」ということを忘れてはならない．
- 競技で加わる負荷を想定して，その負荷で高速で動作できるようにすることが重要であり（その負荷を動かせる速度の向上＝パワー向上≠「ピーク」パワーの向上），ピークパワーを競うことに絶対の意味があるわけではない．

（3）筋持久力の向上（図9）

- 長時間，あるいは高回数筋収縮を反復できる能力であり，ここでは全身持久力でなく局所的な筋持久力に着目している．低負荷で高回数反復することで強化されるが，最大筋力が向上することで相対的な負荷の低減になるため，結果として筋持久力が伸びる．

3）動作学習・改善

- 可動域が拡がり，大きな力で動けるようになっても，動作の質が高くなる保証はない．そこで動作を学習して動作の質を改善することを目的としたトレーニングも別に行う必要がある．

（1）動的（図10）

- 体幹は高い自由度と可動域を持つ部位であるため，様々な運動方向に大きく丁寧に動作することで，体幹が本来可能な動作を学習する．

（2）静的（図11）

- 体幹を中間位で固定する感覚を養成する目的で行う．体幹筋のアイソメトリック収縮によって体幹の姿勢を保持する．ブリッジをキープするトレーニングなどが該当する．あるいは手で負荷を加えるなど，強く固定する学習も重要である．

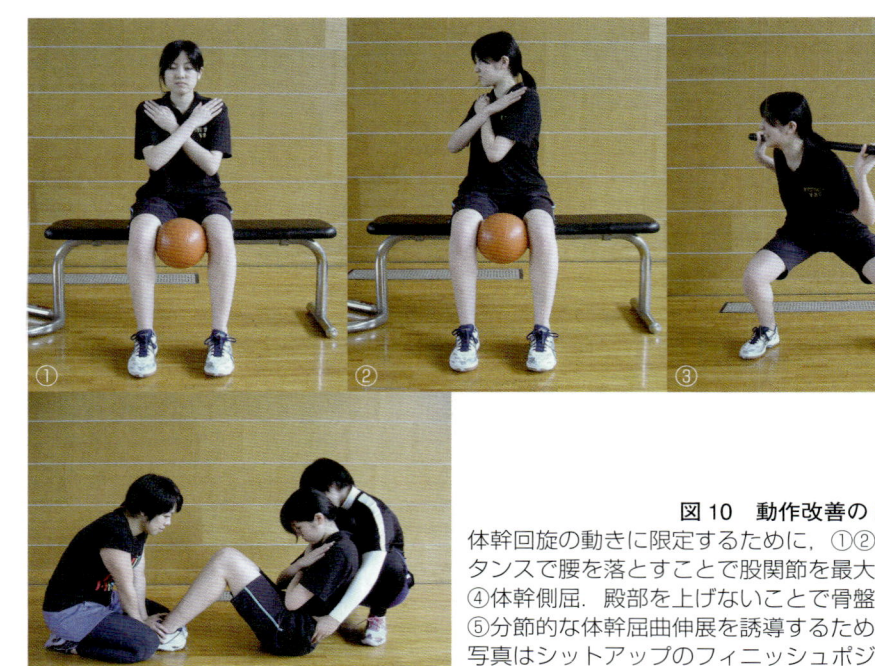

Ⅱ．傷害予防のための部位別トレーニングの実際

図10　動作改善のドリルエクササイズ
体幹回旋の動きに限定するために，①②大腿部にボールを挟んだり，③ワイドスタンスで腰を落とすことで股関節を最大外転屈曲位で骨盤を固定している．
④体幹側屈．殿部を上げないことで骨盤を固定する．
⑤分節的な体幹屈曲伸展を誘導するために，骨盤の動きをアシストして誘導する．写真はシットアップのフィニッシュポジションから戻るように，骨盤を徐々に後傾させるようアシスト・誘導して，下位腰椎から徐々に伸展することを促す方法．

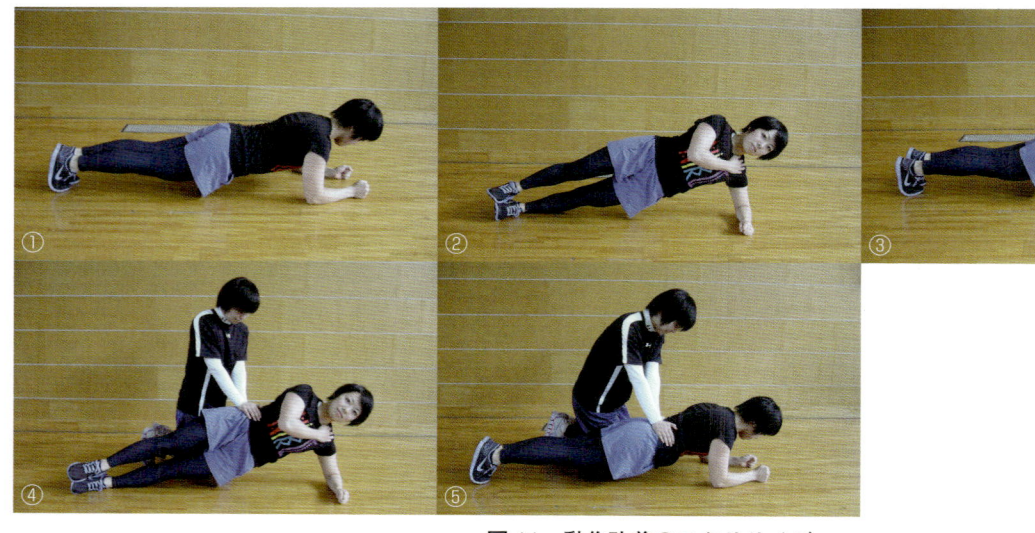

図11　動作改善のエクササイズ
①②体幹を中間位で固定する感覚を養うために，各種ブリッジをキープする．バリエーションとして，③バランスディスクを用いて不安定性を増す，④⑤徒手抵抗で強い負荷に抗して強く固定する感覚を養う方法などがある．

（3）四肢と組み合わせた動作

①動的（図12）

●図10のように体幹が大きく動いた状態に，四肢の動作を加える．体幹と四肢の運動連鎖を学習する．特に，胸椎・上肢の組み合わせ，また腰椎・骨盤・下肢の組み合わせとなる．

②静的（図13）

●体幹は図11のように静的であり，固定された状態を保持する．この状態に四肢の動作を加える．四肢の動作を安定して行うことができる土台となるように，体幹を固定する．体幹を固定して，四肢を自由に動かす学習ともいえる．あるいは高重量のバーベルを担いでごく浅いワイドスタンススクワット（トランクスクワット）をすることでも体幹を固定して地面を蹴る練習となる．

図12　動作改善のドリルエクササイズ
体幹の大きな動きと肩複合体や骨盤・股関節の関節運動を連動させる．

図13　動作改善のエクササイズ
①②体幹を中間位で固定した状態で四肢を自由に扱う感覚を養う．③高重量のワイドスタンスクォータースクワットは，体幹を強く固定して地面を蹴る動作の学習となる（トランクスクワット）．

4）まとめ

●近年，ブリッジをキープする種目（**図11**のトレーニング）こそが体幹トレーニングだとして頻繁に取り組んでいるケースを目にする．上述したようにこの種目は体幹を固定する感覚を養うもので，アイソメトリック収縮である以上，筋力向上には不向きである．この種目を長時間行ってオールアウトさせるよりも，負荷をかけてしっかりと動いて（「2）筋力の向上」参照）オールアウトした方が，筋力強化にとって効率が良い．ベンチプレスをキープするだけのトレーニングなど見かけないだろうし，自明の理である（筋肥大のための「特殊な」方法として止める場合はある）．しっかりとそれぞれのトレーニングが持つ目的を理解し，プログラムに取り入れるようにすべきである．

●またウエイトトレーニング（「2）筋力の向上」のトレーニング）をすると動作が硬くなる，などと批判的な意見が出ることがある．筋力向上のためのウエイトトレーニングは，あくまで筋力向上のために最も効率の良い運動方法なのであって，動作の質への直接的なアプローチではない．実るはずのない効果まで期待してトレーニングに取り組むべきではない．それぞれの種目が持つ効果・目的を明確にして，各種トレーニングに取り組むことを忘れてはならない．すべての目的を同時に叶える魔法のようなトレーニングなどなく，様々な目的を達成するためにそれぞれに特化された各種トレーニングを行い，最終的に統合していくことが必要であろう．　　（岡田　隆）

文　献

National Strength and Conditioning Association：Essentials of Strength Training and Conditioning. 3rd Edition, Human Kinetics, US, 2008.

Ⅱ. 傷害予防のための部位別トレーニングの実際

3 上肢の傷害予防

はじめに

- 上肢の中でも特に肩関節の傷害予防には，肩甲骨関節窩と上腕骨頭の位置関係を安定させる（求心位を保つ）ことに必要な運動機能を高めることが必要不可欠である．
- 肩関節は構造的に球関節であり，上腕骨頭の受け皿となる肩甲骨関節窩が上腕骨頭よりも狭いため，肩関節自体は極めて不安定で機能負担が大きくなる[1]．
- そこで，上肢のトレーニングとして主に肩関節周囲筋を中心としたトレーニング方法について紹介する．

1. 上肢の傷害の特徴と女性アスリートの特徴

1) 上肢の外傷・障害の特徴

- 投動作などのオーバーヘッドスポーツ動作においては，肩関節を酷使することで多大な負荷が加わり，さらに構造的球関節で不安定であるため，肩関節への負担が増大することが予想される．コンタクト系競技などでは，肩関節へ非生理的な負荷が加わることで肩甲骨関節窩と上腕骨頭が逸脱し，肩関節脱臼等が生じることになる．
- 不安定な肩関節を安定化させることは，オーバーヘッドスポーツなど肩関節をよく使用するスポーツ選手やコンタクト系競技選手にとっては重要である．そのためには，肩甲骨関節窩と上腕骨頭を求心位に保つこと，機能的関節である肩甲骨を安定化させること，さらに肩甲骨の安定化に関わる体幹を安定化させることが求められる．
- それぞれがしっかりと機能すること，そしてそれらが共同すること，すなわち肩関節の安定化に関わる機能の共同と分離をできるようにすることが重要となる．そしてそれに主に関わるのが筋力である．

2) 女性アスリートの特徴

- 筋力の中でも特に上肢の筋力では性差が大きく，下肢に比べて女性の方が上肢の筋力が劣ると報告されている．
- 筋力と性差については金久が過去の知見を整理して報告しており，筋量，筋力，rapid of force development（力の立ち上がり，以下 RFD）のいずれにおいても女性が男性を下回る[2]．
- ただし，トレーニング効果においては，性差はないという報告が多いことから，女性でも上肢の筋力トレーニングによって強化することは十分可能であると考えられる．
- すなわち，構造的不安定な肩関節を安定させるべく必要な上肢の筋力強化を図ることは，女性アスリートの上肢の傷害予防を図る上では必要不可欠になるわけである．

2. トレーニングの実際

1) 肩甲骨関節窩と上腕骨頭の安定に関わる筋力の強化

- 肩甲骨関節窩と上腕骨頭を安定させる肩関節の安定化機構の1つに腱板がある．腱板は周知の通り，棘上筋，棘下筋，小円筋，肩甲下筋の4つからなり，それぞれが上方，後方，前方から上腕骨頭を覆うように位置し，肩甲骨関節窩に上腕骨頭が正常な位置に納まるように保っている[3]．
- この腱板機能を高めるためには正しい姿勢であることが必要であるが，本人は正しく腱板トレーニングを行っているつもりでも，実際は負荷が強かったり，角度が適切でなかったり，そして過度な代償動作などによって正しくトレーニングされていない場合がある．

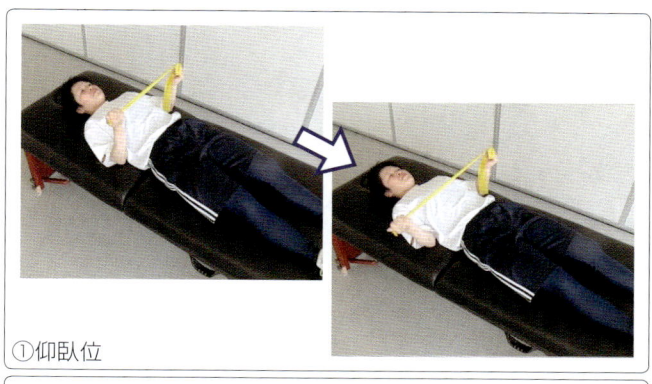

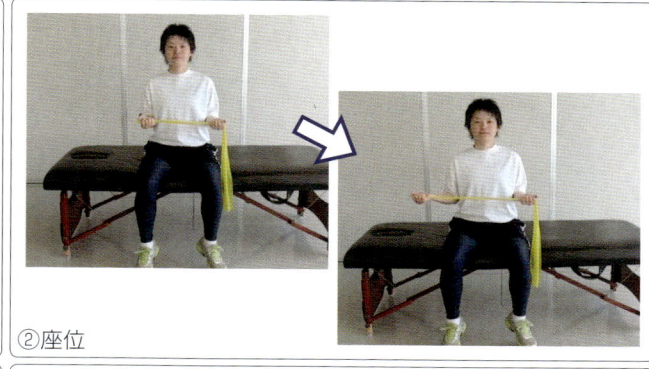

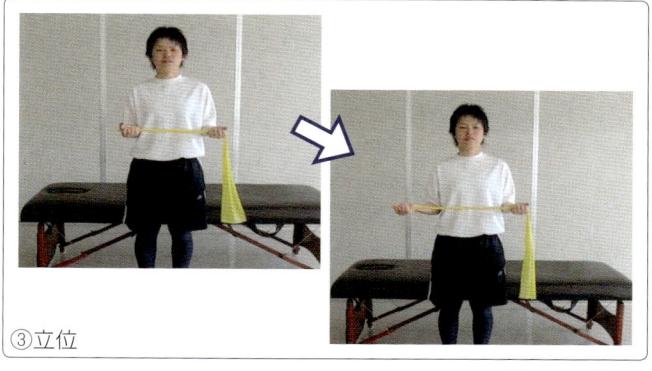

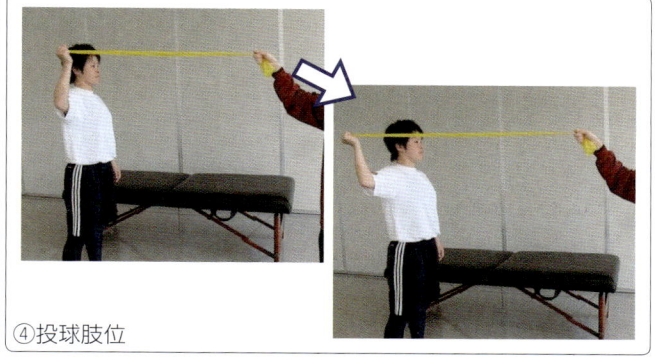

図1 段階的な腱板トレーニング

●筆者らの行った社会人野球選手に対する腱板トレーニングに対する意識調査においても，腱板トレーニング実施の留意点（手の向き，速度，強度）を意識して実施している者の方が，意識をしていない者よりもその効果を実感したと回答した者が多かった．その結果をふまえると，必要事項を理解して腱板トレーニングを実施することが，その効果を高めるためにも必要である．

●すなわち，選手が代償動作を起こさないようにするためにも，選手がトレーニングを実施している感覚がつかめるようにした段階的な腱板トレーニングが必要となる．

●段階的な腱板トレーニングは図1の①のように選手が仰臥位になった状態で行う．その際，上腕骨頭が前方移動せずに求心位を保ちながら腱板トレーニングを行う．ここで正しくできるようになったら，次は座位で同様な腱板トレーニングを行う（②）．

●仰臥位と同様な注意点を心がけ，さらに猫背姿勢にならないよう座位や立位で行う（③）．

●最終的には，スポーツ動作を意識し，たとえば投動作であれば，④に示すような姿勢での腱板トレーニングへと移行していく．

2）肩甲骨周囲筋のトレーニング

●腱板は胸郭上に浮遊している肩甲骨に付着しているため，土台となる肩甲骨が不安定になると（翼状肩甲骨などの肩甲骨の動揺性が確認された場合など），腱板機能に問題はなくても腱板に対する徒手抵抗で脱力現象が生じる場合がある．そこで肩甲骨周囲筋のトレーニングをして肩甲骨の安定化を図る[4]．

●図2は道具を用いずに，①肩甲骨上方回旋位で肩甲骨周囲筋トレーニング（Y字），②肩甲骨内転位で肩甲骨周囲筋トレーニング（T字），③肩甲骨下方回旋位で肩甲骨周囲筋トレーニング（W字）を行う．いずれも肩甲骨周囲筋のトレーニングではあるが，肩甲骨の位置が変わることで機能する筋が変わることを考慮してこのようにトレーニングを行う．

●また図3の①は，チューブを用いて肩甲骨を上方回旋位から下方回旋位に動かしながらの肩甲骨周囲筋トレーニングを目的とする．②は肩甲骨外転位から内転位に動かしながらの肩甲骨周囲筋トレーニングを目的としている．

●さらに，③では前鋸筋を狙って肩甲骨下制を意識したトレーニングを目的としている．

●以上のように，肩甲骨周囲筋のトレーニングといって

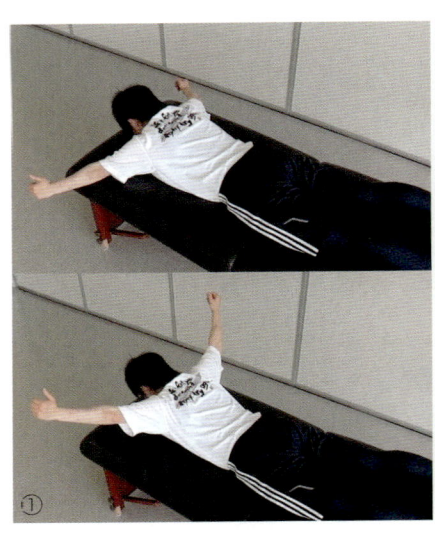

II．傷害予防のための部位別トレーニングの実際

①Y字肩甲帯トレーニング
（肩甲骨上方回旋位）

②T字肩甲帯トレーニング
（肩甲骨内転位）

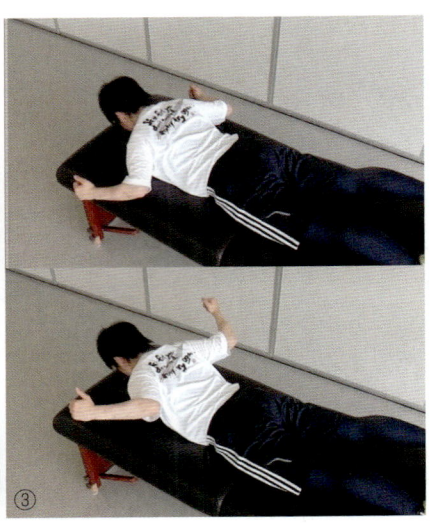

③W字肩甲帯トレーニング
（肩甲骨下方回旋位）

図2　3方向での肩甲帯トレーニング

どのトレーニングにおいても体幹部を安定させた状態で顎と胸をベッドから少し浮かせ，それぞれの方向に肩甲骨を寄せるようにトレーニングを行う．

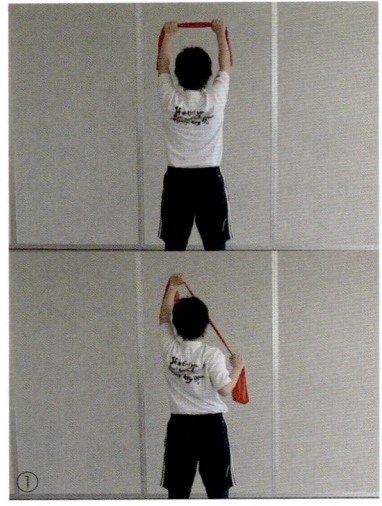

①チューブでの肩甲帯トレーニング
（肩甲骨上方回旋から下方回旋）

②チューブでの肩甲帯トレーニング
（肩甲骨外転から下方回旋）

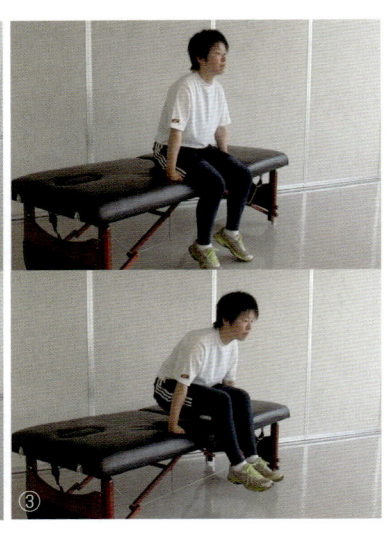

③前鋸筋トレーニング
（肩甲骨外転から肩甲骨下制）

図3　その他の肩甲帯トレーニング

それぞれのトレーニングは，腰部の過剰な伸展などの代償運動が起こらないようにして，肩甲骨を最大限動かすようにトレーニングを行う．

も肩甲骨の可動性範囲も広いため，どの位置や姿勢，そしてどのような肩甲骨の動きがあるかを考慮して肩甲骨の安定化を図るトレーニングを選択して行う．

3) 肩甲骨の安定化に関わる体幹と上肢を含めた筋力

●これまでに紹介した筋力を十分に確保し，さらにはそれを安定させる体幹筋力が確保されたのちには，それらが共同して機能し，上肢の力が発揮できるような筋力トレーニングを行う．

●このような姿勢を維持しながらの上肢の筋力トレーニング方法の1つであるペアトレーニングの方法について紹介する．

●図4は手押し車での肩甲骨周囲筋のトレーニングである．①では横に動き，②は前への動き，③は後へ進む方法である．肩甲骨周囲筋トレーニングの考え方と同じように，動き方によって肩甲骨の動きも変わってくることから，あえて違った動きをする．この際，殿部から体幹までの安定化を図り，過度な腰椎の伸展が起こらないように配慮する．

— 42 —

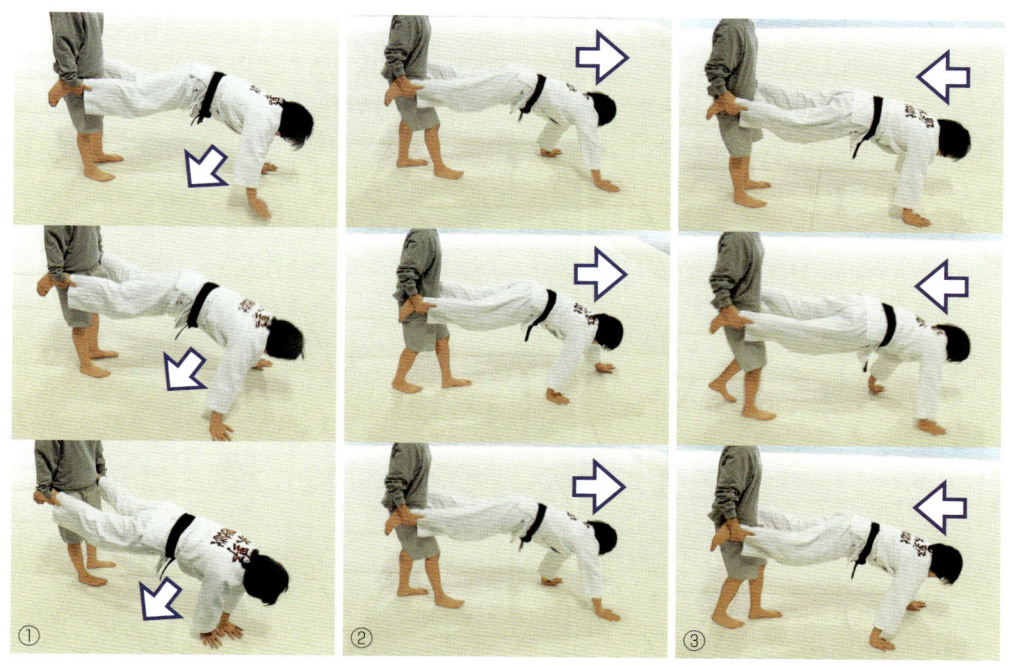

①横方向への手押し車　②前方向への手押し車　③後方向への手押し車

図4　手押し車での肩甲帯トレーニング

腹部が落ちないように，殿部から体幹までの姿勢を維持した状態で横・前・後方向へ肩甲骨を動かしながら肩甲帯のトレーニングを行う．

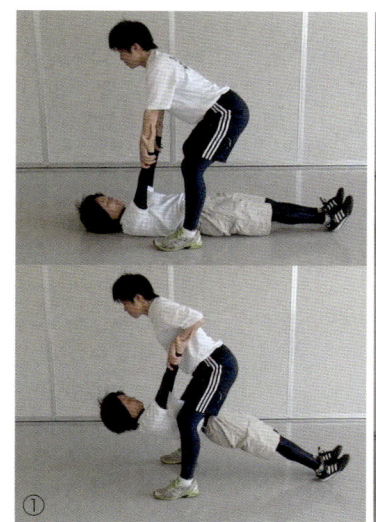

①ペア ベントロー　　　　②ペア 斜懸垂　　　　　　③ペア ショルダープレス
（相手を地面から持ち上げる）（自身の体を地面から持ち上げる）（相手の両足を持ち上げる）

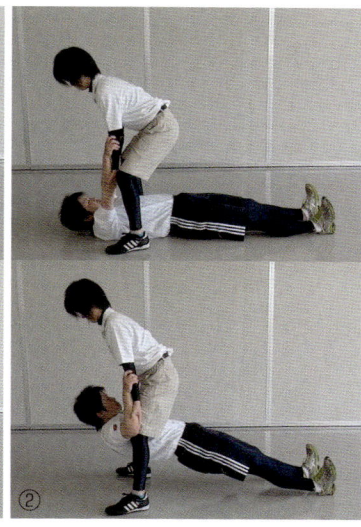

図5　ペアトレーニング

それぞれ，スタートポジションの姿勢を維持した状態で体幹・肩甲帯などの上肢を連動させて行う．

●図5は引く，押す，引きつける動作をペアで行うものである．いずれも顎が上がらないようにしつつ，過度な腰椎の伸展が生じないように姿勢を維持し，引く，押す，引きつける動作に関わる筋を共同させながら実施することを心がける．

4）RFD向上のためのトレーニング

●腱板や肩甲骨周囲筋の機能が単独で十分であったとしても，特に肩関節の脱臼などの外傷においては，高負荷にも耐えることができる筋力が必要であり，さらにその最大筋力が瞬時に発揮されることが望まれる．

Ⅱ．傷害予防のための部位別トレーニングの実際

● 山本は[5] 下肢のスポーツ傷害からの改善において RFD がその後の症状改善に大きく影響していると報告している．これは下肢に限らず，上肢においても同様であるため，最終的には上肢の RFD を高めることが重要である．筆者が行っている段階的な RFD 向上のためのトレーニングを図 6 に示す．

● Step 1 では膝立ちの腕立て伏せ①を行い，肩甲骨が浮き上がったり，腹部が落ち込んだりしないように行う．Step 2 ではさらに強度を高めるために，通常の腕立て伏せ②を行い，Step 1 と同様な注意点を守り行う．Step 3 では左右の手のどちらかを耳の横，もう一方をやや足側に下げて腕立て伏せ③を行う．Step 4 になると片手腕立て伏せ④を行い，脚は開脚してもかまわないが，開脚し過ぎないようにして行う．Step 5 からは伸張短縮サイクル，つまりプライオメトリック動作に入る．しかし，強度を低負荷から実施するため，膝支持の状態から腕立てジャンプを行う．Step 6 になると，膝支持から通常の腕立て伏せの姿勢からの腕立てジャンプを行

① Step1：膝立ち腕立て伏せ（補助付両手荷重）
② Step2：腕立て伏せ（両手荷重）
③ Step3：腕立て伏せ（手上下）（両手荷重）
④ Step4：片手腕立て伏せ（片手荷重）
⑤ Step5：膝立ち腕立てジャンプ（伸張短縮）
⑥ Step6：腕立てジャンプ（伸張短縮）
⑦ Step7：片手腕立てジャンプ（片手伸張短縮）
⑧ Step8：片手片足腕立てジャンプ（片手伸張短縮）

図 6　段階的な RFD 向上のためのトレーニング（Step1 〜 8）

う．その際，ジャンプから着地の際に腹部が落ちこまないように体幹を固定して行う．さらにStep 6では，腕立て伏せジャンプ中に左右の手を叩けるようにする．そうするとより強度も高く難易度も上がる．Step 7になれば腕立て伏せジャンプを片手で行い，Step 8では片手腕立て片足支持の状態で腕立てジャンプを行う．これらはトレーニングではあるが，これらを正しくできているかをチェックすることがRFDの習得レベルの確認にもなる[6]．

5）まとめ

●以上のように，上肢のトレーニングで重要になるのは，肩甲骨関節窩と上腕骨頭の安定に関わる筋力の強化，機能的関節の肩甲骨胸郭関節に関わる肩甲帯筋力の強化，肩甲胸郭関節の安定化に関わる体幹と上肢が共同した筋力の強化，そして，筋力の立ち上がりであるRFDを向上させることである．ただし，上肢の中でも肩関節は動きが多様であり関わる筋は多数あるため，目的とする動きを考慮した上で段階的なトレーニングを実施することが必要である．

（笠原　政志）

文　献

1) 山本龍二：肩周辺機構．関節外科，9：75-84，1990．
2) 金久博昭：骨格筋量および筋力における性差．体育の科学，62（12）：905-911，2012．
3) 筒井廣明：不安定肩に対する腱板機能訓練．関節外科，12：372-381，1993．
4) 鈴木一秀：肩甲帯機能が腱板機能に及ぼす影響の筋電図学的検討．肩関節，23（3）：373-376，1999．
5) 山本利春：測定と評価〜現場に活かすコンディショニングの科学〜．ブックハウスHD，東京，2001，pp106-110．
6) 笠原政志：上肢の筋力〜器具を用いない筋力評価法〜．スポーツ損傷予防と競技復帰のためのコンディショニング技術ガイド．臨床スポーツ医学，28（臨時増刊号）：67-75，2011．

Ⅱ. 傷害予防のための部位別トレーニングの実際

4 下肢の傷害予防

はじめに

● 女性アスリートにおける下肢の傷害は，足関節捻挫，膝の靱帯損傷，半月板損傷，大腿前面の肉離れなどが競技を問わず多いといわれる．それらは正しい動作が習慣としてできていないことや，また正しい動作時の筋力やバランス力の低さが原因となっている．ここでは3つの大切な動作に着目し，それらのチェックポイントや具体的なトレーニング法を紹介していく．

1. 下肢の傷害発生の特徴

1）エクステンサー・スラスト

● 「走る」「跳ぶ」といった下肢の中心となる動作時，股関節と膝関節は伸展，足関節は底屈しながら地面を押して身体を移動させていく．その際に効率よく力を伝えるためには正しいダイナミック・アライメントであることで筋力を最大限に使うことができ，また，関節に無駄なストレスをかけないことから傷害も予防できる（図1）．

2）エキセントリック・コントロール

● 「止まる」「減速する」「方向転換」といった動作時，特に大腿四頭筋を中心にエキセントリック収縮を行うことでブレーキをかけたり動きのタメを作ることができる．エキセントリック収縮は非常に大きなパワーを使うことからアライメントやフォームを崩してしまったり，代償的にそれらを変化させてしまったりすることもある（動作癖）．そうしたことでパフォーマンスが上がらない，あるいは傷害の原因になっていることも非常に多い（図2）．

図1 エクステンサー・スラスト
①沈み込み，②伸び上がりと，代表的な悪い例：③正面，沈み込み，④横円背，沈み込み，⑤前傾バランス，伸び上がり

図2 エキセントリック・コントロール
①ストップ吸収，②カッティング吸収（しっかりと内転筋・外転筋で踏んばれている）と，悪い例：③ストップ後傾，④ストップトゥイン（「摩擦抵抗」によるストップ動作：一種の動作癖），⑤カッティングスウェー，体が流れている

3）片脚バランス

●「ジャンプの着地」動作において，足関節の内反捻挫をはじめ非常に重篤なスポーツ傷害が起こる．特に前十字靱帯（ACL）損傷は，女性アスリートの傷害において大変大きな問題とされる．片脚着地時の骨盤のブレや回旋，また体幹の崩れによって下肢にメカニカルストレスが加わることで受傷する．たとえ受傷しなかったとしても，バランスの崩れからパフォーマンスは低下する（図3）．

図3 片脚バランス（着地や接地時，片脚でのバランス能力）
①バランスがとれた片脚立ち，②バランスがとれたスクワットと，悪い例：③トレンデレンブルグ，④デュシャンヌ，⑤体幹の崩れ，回旋

2. トレーニングの実際

●エクステンサー・スラスト（伸展しながら押し込んでいくような動作），エキセントリック・コントロール（ブレーキをかけるエキセントリック収縮），片脚バランスについて正しい動きの確認トレーニング，その後段階的トレーニングへと進める．

1) エクステンサー・スラスト

●**正しい動きの確認トレーニング**：スクワットカーフの正しい動きを確認する（図4）．
●**段階的トレーニング**：段階的に図5に示す通り，スクワットカーフメディシン，スクワットジャンプ，スクワットジャンプメディシンへと進む．

図4　正しい動きの確認トレーニング（エクステンサー・スラスト）

①スクワットカーフメディシン，②スクワットジャンプ，③スクワットジャンプメディシン
図5　段階的トレーニング（エクステンサー・スラスト）

2) エキセントリック・コントロール

●**正しい動きの確認トレーニング**：図6に示す通り，正しい動作であることを確認する．
●**段階的トレーニング**：弱い場合と強化する場合の段階的トレーニングを弱いものから図7, 8, 9に示す．

①フロントランジ，②サイドランジ
図6　正しい動きの確認トレーニング（エキセントリック・コントロール）

4. 下肢の傷害予防

①スプリットスクワット，②前傾スプリットスクワット：（発展）台，③前傾スプリットスクワット：バランスディスク
図7　段階的トレーニング（エキセントリック・コントロール）(1)

①フロントランジ，②フロントランジ：メディシン，③スプリットジャンプ
図8　段階的トレーニング（エキセントリック・コントロール）(2)

①サイドランジ，②サイドランジ：メディシン，③サイドステップ，④サイド・ベンチ・ホップ
図9　段階的トレーニング（エキセントリック・コントロール）(3)

3）片脚バランス

●**正しい動きの確認トレーニング**：図10に示すように，正しい動きの確認をする．

●**段階的トレーニング**：骨盤の横ブレを防ぐ，股関節外転筋力の強化を図11に，同じく内転筋力の強化を図12，13に示す．

①片脚スクワット，②片脚ランディング
図10　正しい動きの確認トレーニング（片脚バランス）

外転筋マニュアル・レジスタント
図11　股関節外転筋力の強化（骨盤の横ブレを防ぐ）

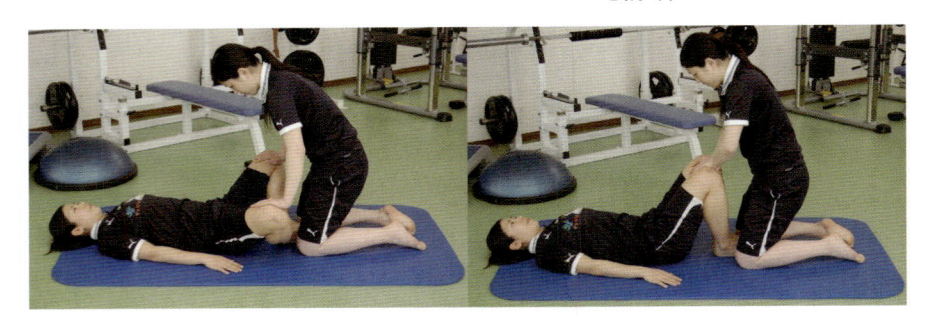

内転筋マニュアル
図12　股関節内転筋力の強化（骨盤の回旋を防ぐ）

①片脚スクワット，②片脚スクワット：バランスディスク，③④ランディング
図13　段階的トレーニング（片脚バランス）

point!　インパクトが強くないものに関しては今回裸足でトレーニングを行っている．特に荷重して踏ん張る，バランスを取る場面では足趾がしっかりと働くことが重要なので確認することは重要である．また足趾が十分に使えることで足部アライメントや機能は改善され，ひいては傷害予防，パフォーマンスアップにもつながる．

（山本　晃永）

III. 種目別の傷害予防トレーニングとその実際

1 チアリーディング

競技特性

- チアリーディングとはスポーツの応援活動から始まった競技である.
- 自由演技は2分30秒の演技時間中にスタンツ・ダンス・モーション・タンブリング・ジャンプなどの要素を含み，8名以上16名以内のチームで行われる．競技ではスタンツ中心の，よりアクロバティックな演技になる.
- 女性の競技人口が圧倒的に多く，日本チアリーディング協会に登録している全8,480名のうち男子選手は30名程度（2009年3月時点）であった.
- 近年，子ども年代においても競技人口が急増しており，注目度の高い「スポーツ」といえる.

1. チアリーダーの身体特性と傷害の特徴

1) 身体特性

(1) チアリーダーのポジション

- 競技チアリーディングの中心であるスタンツ演技では主に3つのポジションに分かれる．上で演技を行うトップ，下でトップの体重を支えるベース，トップとベースを支持してスタンツの安定性を高めるスポッターである（図1, 2）.

(2) チアリーダーの身体特性（表1）

- トップの体重は下で支える選手の直接的な負荷になるため，体格の小さい選手が選ばれる．身長ではベース，スポッターの順に大きい．スポッターの選手はより高い位置でトップの脚を支えることでスタンツの安定性が増すため，身長の高い選手が選ばれる[1~3].

図1 スタンツ演技とポジション，および競技専任スポッター
スタンツの高さは2.5人分までと安全規定によって定められている．競技専任スポッターと呼ばれる男性スタッフは大会演技中にスタンツからの不意な落下の際にサポートに入り，選手を重篤な傷害から守る重要な役割を果たす.

図2 パートナースタンツ
ベースの手関節に大きな負担がかかる．またトップをキャッチする際の打撲，衝撃吸収時の膝や足関節の靱帯損傷・腰痛症にも注意が必要である.
（(社)日本チアリーディング協会より写真提供）

III．種目別の傷害予防トレーニングとその実際

表1　チアリーダーの体格の特徴

	選手全体	トップ	ベース	スポッター	体格差
身長 (cm)	158.1 ± 7.3	153.4 ± 3.9	158.3 ± 3.2	163.8 ± 13.0	トップ＜ベース＜スポッター
体重 (kg)	49.9 ± 5.1	45.1 ± 3.5	51.6 ± 3.8	53.5 ± 4.9	トップ＜ベース≦スポッター
BMI	20.0	19.2	20.6	19.9	トップ＝ベース＝スポッター

(文献1より作表)

表2　チアリーディング競技者とその他の採点種目競技者との体力測定値の比較

	チアリーディング	体操	新体操	シンクロナイズドスイミング	フィギュアスケート	非競技者
身長 (cm)	158.1 ± 5.6	147.8 ± 4.6	164.1 ± 1.6	162.1 ± 3.8	155.8 ± 6.6	156.4 ± 4.1
体重 (kg)	50.8 ± 5.1	39.7 ± 3.2	48.8 ± 5.6	53.4 ± 3.8	47.8 ± 3.7	49.2 ± 4.3
握力 (kg)	30.2 ± 4.8	24.2 ± 3.9	28.6 ± 4.7	29.4 ± 3.5	27.5 ± 2.7	25.6 ± 5.5
背筋力 (kg)	109.6 ± 22.9	85.5 ± 10.6	82.3 ± 30.9	97.1 ± 9.1	91.8 ± 13.1	80.2 ± 13.3
垂直跳び (cm)	44.5 ± 5.3	46.3 ± 4.1	41.3 ± 2.1	45.9 ± 5.9	44.3 ± 3.0	37.3 ± 4.4
立位体前屈 (cm)	22.2 ± 5.5	27.3 ± 1.6	29.9 ± 5.5	29.7 ± 3.9	21.5 ± 2.9	12.3 ± 6.2

青：チアリーディング競技者で有意に高値，赤：チアリーディング競技者で有意に低値，黄：有意差なし (文献3より一部改変して作表)

表3　チアリーディングにおける傷害発生部位とその内容　(件)

	捻挫	慢性疼痛	打撲	骨折	筋挫傷	創傷	疲労骨折	脱臼	その他	合計
頭頸部	5	2	6	0	3	3	0	0	2	21
顔面	0	0	9	10	0	13	0	0	0	32
肩関節・上腕	3	6	2	1	2	0	1	2	7	24
肘関節	9	1	2	0	0	0	0	0	0	12
手・指関節	39	30	0	5	0	1	0	0	1	76
胸腰背部	4	62	10	10	0	0	4	0	9	99
股関節・大腿	0	9	2	1	14	0	0	0	0	26
膝関節	6	7	0	0	0	1	0	0	7	21
下腿・足関節・足部	67	7	7	7	9	0	6	0	3	106
その他	0	0	0	0	0	0	0	0	2	2
合計	133	124	38	34	28	18	11	2	31	419

紫：特徴的な傷害発生部位と内容 (文献1より一部改変して作表)

(3) チアリーダーの体力特性（表2）

● 非競技者と比較すると，いずれの要素も優れている．他の採点種目競技者との比較では，柔軟性が劣り，背筋力が強い傾向が認められる．これは他人を持ち上げ支えるための筋力が必要であるチアリーディングでの競技特性を反映している．一方で，柔軟性獲得による傷害予防や，演技力向上の可能性の余地がある[3]．

2) チアリーダーの傷害の特徴

(1) チアリーディングにおける傷害の特徴（表3）

● 部位別に傷害発生の内容を検討すると，足関節の捻挫が最も多く，次に腰背部の慢性疼痛，そして手関節や指の捻挫および慢性疼痛が続く[1,4,5]．外傷と障害の発生割合はおおよそ3：2で外傷が多く，体操競技と特徴が似ている[1,4]．

(2) 受傷場面の特徴（図3）

● スタンツでの受傷が約3/4を占める[1,4,6]．スタンツは危険度や負荷が高いと同時に，演技や練習に占める実施時間の割合が多いことも影響していると思われる．

(3) ポジション別による傷害の特徴

● ポジションの役割が異なるため，ポジション別に傷害の特徴が表れる（図4）．

①トップ

外傷が多く，地面に着地する際の足関節や膝関節の靱

帯損傷，落下による打撲などが特徴的である[1, 4]．特に高所からの落下による頭頸部外傷は予防が必須である[6, 7]．練習ではサポート選手が，大会では競技専任スポッターがつくことで落下事故から選手を守る（図1）．

また，演技内容を体力・技術力に見合った構成にして，スタンツを「崩さない」ことも重要な予防対策になる．障害では着地の繰り返しによる下腿の疲労骨折が多い．

衝撃吸収の高い競技用マットの使用により，落下・着地時の衝撃負荷が軽減され，外傷・障害の予防効果が高い[7]．

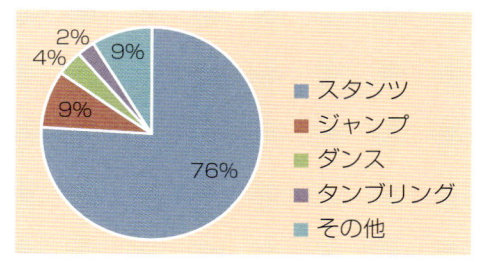

図3　チアリーディングにおける外傷・障害の受傷場面　　　　（文献1より作図）

② ベース

トップに比べて障害の発生割合が高い．手関節背屈位でトップを支持することによる三角線維軟骨複合体（TFCC）損傷や腱鞘炎など，手関節や指の外傷・障害が最も多い．

トップの体重を支持したり，キャッチの際に急激な負荷がかかったりすることによる腰痛症や前十字靱帯（ACL）損傷が好発する[1, 4]．

③ スポッター

トップをキャッチする際にトップの後頭部と顔面が接触し，顔面の外傷が起こることがある．また，ベース同様にキャッチ動作が原因の腰痛症が多い[1, 4]．

④ その他の演技

ジャンプの着地時のACL損傷，タンブリング演技中の上肢の脱臼・骨折や頭頸部外傷などが挙げられる[1]．

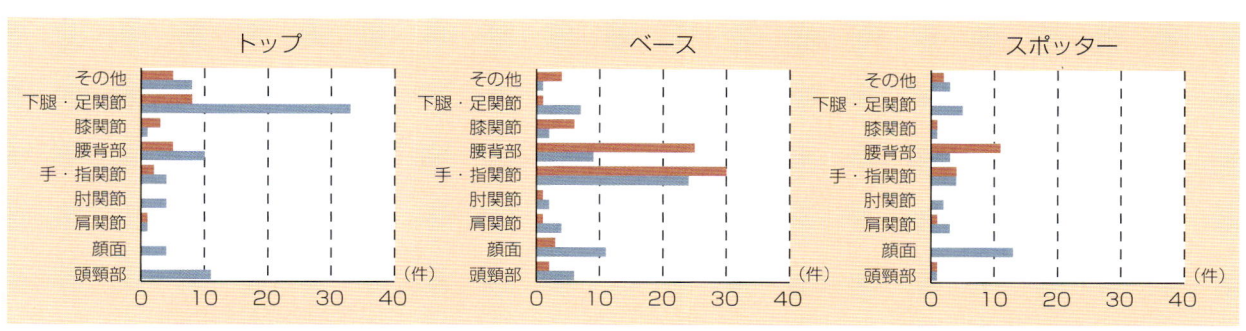

図4　スタンツのポジション別外傷・障害発生部位　　青：外傷　　赤：障害　　　　（文献1より作図）

2. 傷害予防のためのトレーニング

チアリーディング競技においては，全身にわたって外傷や障害が発生する．特にジャンプの着地やベースのキャッチ動作時に強い衝撃が加わって受傷する腰痛症は，すべての選手にとって予防が重要である．

1）腰痛症の予防

（1）発生メカニズムの理解

● 慢性的な腰痛症はスタンツにおいて主にベースやスポッターがキャッチを行う場面で起こる．また全体で演技を行うジャンプの着地動作でも起こる．

● ジャンプの着地時には地面から大きな衝撃が加わり，スクワット動作にて衝撃を吸収する．一方，キャッチ動作では足が接地した状態で人を受け止めるが，上肢への大きな負荷をスクワット動作にて吸収するため，ジャンプの着地と似た負荷が腰部にかかる[8]．

（2）スクワット動作の獲得

● 腰部障害の原因となるスクワット動作の観察は主に矢状面で行う．動作の観察のポイントとして，スクワットの動き出しが膝関節優位になっていないかに着目する（図5）．
● 膝関節優位の場合，早いタイミングで足関節の背屈が制限される．その状況で上から落下する選手をキャッチ

Ⅲ．種目別の傷害予防トレーニングとその実際

図5　矢状面からのスクワット動作の観察

point!　動き出しが膝関節優位になっていないか，チェックする．

図6　ディープスクワットの評価

表4　大学生チアリーダーの functional movement screen 結果

項目名	矯正が必要な選手の割合(%)
ディープスクワット	46
ハードルステップ	85
インラインランジ	62
ショルダーモビリティ	8
アクティブストレートレッグレイズ	8
トランクスタビリティプッシュアップ	62
ロータリースタビリティ	100

point!　矢状面では大腿骨が地面と水平よりも深く，かつ頭上の棒が足の幅の範囲におさまるか，前額面ではつま先と膝が正面を向いたまま動作ができているかをチェックする．

すると，脚がうまく使えずに体幹の屈曲による衝撃吸収が必要となるため，腰を痛める可能性が高くなる．
●チアリーディングでは着地やキャッチも演技の要素の1つである．次の演技に素早く移行するため，深く沈んだ衝撃吸収姿勢を取れないことも多い．
●そこで，動き始めから股関節の屈曲動作を行うことで，浅いスクワット姿勢のときにも大腿部の筋発揮が可能となり，衝撃吸収に下肢の筋を動員できる[8]．
●チーム全体で正しいスクワット動作に取り組むことは，腰痛症の予防はもちろん演技のシンクロ性を向上させるといった競技力向上へのメリットもある．

(3) チアリーダーの身体の特徴と修正ポイント

● Gray Cook が提唱している functional movement screen（FMS）は全身にわたる関節の movement（可動性，固定性，柔軟性）を評価できる（図6）[9]．
●大学生チアリーダー13名のFMSを行った結果（表4），肩関節の可動性，下肢後面の柔軟性は高かった．上肢の力強さは中程度であり，股関節屈曲の可動性と体幹の安定性が低かった．

●劣っている movement に対してはそれを矯正するコレクティブエクササイズを実施することで傷害の予防につながる[9]．

(4) 体幹のトレーニング

●安定したスタンツを行うためには体幹の固定性は必須である．安定したスタンツは崩れることによる不意の落下が少なくなり，急なキャッチ動作による腰痛やトップの落下事故も防ぐことができる．
●体幹の固定性を高めるプランク姿勢（腕立てや肘つき）の維持は効果的である．しかし，実際の演技場面では体幹を固定しながら上肢や下肢の動きを伴うことがほとんどである．そのため，腕や脚を動かし，四肢の動きに耐える形で体幹の筋を鍛えることで，より実践的なトレーニングになる（図7〜9）．

(5) 肩関節・股関節のトレーニング

●スポーツにおける腰痛症の予防において，腰に負担をかけないように隣り合う関節の可動性を確保することも重要である．

— 54 —

- 上肢の動きを多用するチアリーディングでは肩の可動性低下が腰への負荷を増大させる（図10）．したがって，肩や胸椎の可動性を確保することは腰痛予防に効果的である（図11）．
- また，股関節屈筋群の柔軟性低下は体幹伸展時の腰椎への負荷を増大させる．チアリーダーはハムストリングスの柔軟性が高く，体前屈や開脚のストレッチは練習前後によく行う．
- 一方で，大腿部前面や股関節屈筋群の柔軟性は不足し，股関節屈曲時の「つまり」を訴える選手も多い．ジャンプの着地，キャッチの衝撃吸収時にはこれらの筋がエキセントリック収縮するため，筋疲労も起こりやすいと考えられる．
- 腰痛予防のためには股関節屈筋群の継続的な柔軟性改善のためのトレーニングが効果的である（図12）．

図7　体幹の固定性を高めるためのトレーニング（plank with arm lift）
頭から下肢までを一直線に保つ．体幹のラインを崩さないように腕を片方ずつ交互に持ち上げる．足幅を狭くするほど強度が高くなる．上肢のトレーニングにもなる．

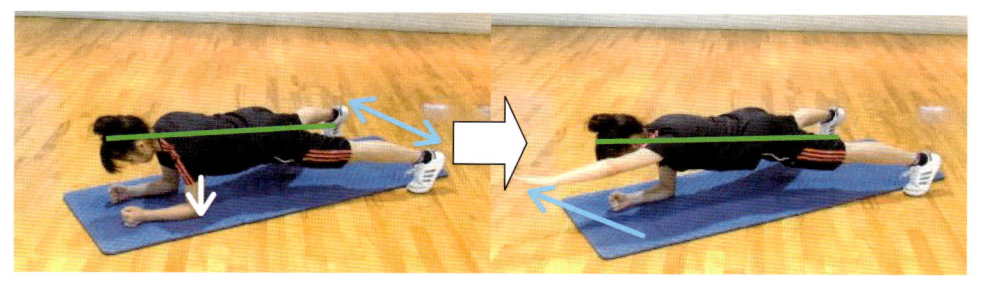

図8　体幹の固定性を高めるためのトレーニング（pillar bridge with arm lift）
plank with arm lift よりも強度が高い．足幅を狭めると負荷が高くなる．

図9　体幹の固定性を高めるためのトレーニング（plank with leg lift）
頭から下肢までを一直線に保つ．体幹のラインを崩さないように足を片方ずつ交互に持ち上げる．大殿筋の収縮を確認しながら股関節を支点にして行う．足幅を広げると負荷が高くなる．また，肘をついた姿勢になるとさらに負荷が高くなる（図8参照）．

図10　肩関節の可動性と腰椎の固定性との関連
A：肩の可動性が十分確保され，腹筋群も機能し，正しい姿勢が取れている．
B：腹筋群の固定は確保されているが肩の可動性が低い．
C：肩の可動性を腰椎で代償している．このとき腹筋群は体幹を固定できていない．
D：実際の演技ではより大きな可動性と固定性が必要となる．

図11 肩関節と胸椎の可動性を高めるためのトレーニング
(90/90 stretch with arm sweep)
常に腹圧を高めた状態で行う．ただし息は止めないように．可能な限り肩を大きく回すが，同側の膝が床から離れないように気をつける．

図12 大腿前面〜股関節屈筋群〜広背筋の柔軟性を高めるためのトレーニング
大殿筋を収縮させ，拮抗筋である股関節屈筋群が相反性神経支配の影響で弛緩することを利用して柔軟性改善の効果を高める．体幹の腹圧は高めたまま行う．

2）課題および今後の展望

● 国内外を問わず，チアリーディングの外傷・障害に関する疫学研究が少なく，予防のために必要な情報が不足している．
● チアリーディングに必要な体力特性についての情報も少ないため，演技に関する生理学的・運動学的な分析を行うことによって，より科学的な技術指導やトレーニング指導が行える．
● 子どもの競技人口が増加しているため，安全基準と並行して成長期の障害予防の教育も必要である．

（倉持梨恵子）

文　献

1) 倉持梨恵子・他：チアリーダーにおける外傷・障害：動作・ポジション別での比較．臨スポーツ医，19（6）：701-706，2002．
2) 鵜澤紀子・他：表現系スポーツおよびダンスによる損傷の種目別分析．日本体育大学紀要，34：27-35，2004．
3) 錦織由紀・他：チアリーディング競技者における体力特性の検討．目白大学短期大学部研究紀要，37：231-244，2000．
4) 後藤芳子・他：チアリーディングの安全性に関する調査研究（1）―ポジションと活動歴からみた傷害について―．梅花女子大学文学部紀要人間科学編，36：15-29，2002．
5) Shields BJ, et al.：Cheerleading-Related Injuries in the United States：A Prospective Surveillance Study. J Athl Train, 44：567-577, 2009.
6) Shields BJ, et al.：Epidemiology of Cheerleading Fall-Related Injuries in the United States. J Athl Train, 44：578-585, 2009.
7) Shields BJ, et al.：The Potential for Brain Injury on Selected Surfaces Used by Cheerleaders. J Athl Train, 44：595-602, 2009.
8) 倉持梨恵子・他：チアリーディング競技での腰痛を誘発するキャッチ動作の特徴．ヒューマンサイエンスリサーチ，10：241-252，2001．
9) Gray Cook：Movement Functional Movement Systems. USA-California On Target Publications, 2010, pp87-106, 373-385.
10) Bagnulo A：Cheerleading injuries：A narrative review of the literature. J Can Chiropr Assoc, 56：292-298, 2012.

III. 種目別の傷害予防トレーニングとその実際

2 新体操

競技特性

- 新体操は優美さ，スピード，柔軟性，筋力が必要な美への追求を目指した競技である．日本で新体操（Rhythmic Gymnastics）と呼ばれるようになったのは1968年からであり，オリンピックで正式種目になったのは1984年のロサンゼルスオリンピックからである[2]．
- 新体操競技には団体体操と個人体操がある．現在，女子の新体操はすべて手具と呼ばれる道具を用いて行われている．競技時間は個人が1種目1分30秒，団体が1種目2分30秒である．
- 新体操競技は，減点があるためにミスができず，また審判員に演技をアピールするという要素も加わる．演技全体の完成度を高めるために，何度も通し練習を繰り返して行う必要があり，そのために練習時間も長い．

1. 新体操選手の身体特性と傷害の特徴

1）身体特性

- 優美さを競う競技であり，動きのしなやかさと美しさを音楽に合わせて演技として表現するため，胸腰椎（特に胸椎）の可動域，肩関節の可動域，股関節，足関節の可動域が大きい．
- 手足が細くて長いこと，動きとしてそれらを美しく見せることが要求されるため，体型を維持するために体重制限が厳しい．
- 団体体操では集団全員で演技を合わせる必要があるため，全体の練習時間が個人体操に比べて長い傾向がある．

2）傷害発生状況

- 新体操で発生する傷害では，外傷より障害が多い．競技レベルの新体操選手70名を対象とした8ヵ月間の傷害調査では，新体操選手の1,000時間当たりの傷害発生件数は1.08件であり，傷害発生部位は足関節と足部が38.9％，ついで腰部が22.2％である[1]．
- ジュニア期の新体操選手の傷害調査においても，足関節捻挫が最も多く，次いで腰痛，膝痛，足趾部の疲労骨折である[4]．
- 111名の新体操選手の傷害数では足関節・足部の傷害および腰部の障害が大部分を占めている（図1）[3]．
- 大学新体操選手では，肩甲下部から腰部にかけての張りや違和感と足部の慢性的な痛みを訴える例が多い．

3）足部・足関節の傷害の特徴

- 足部・足関節の傷害は，ジャンプ動作が多いことや演技の中でつま先立ち姿勢が多いことが要因である．
- 軸足は常に同側のため，下腿三頭筋の発達にも左右差がみられる．ジャンプの着地も片側で行うため，傷害を発症する部位は限定されることが多い．

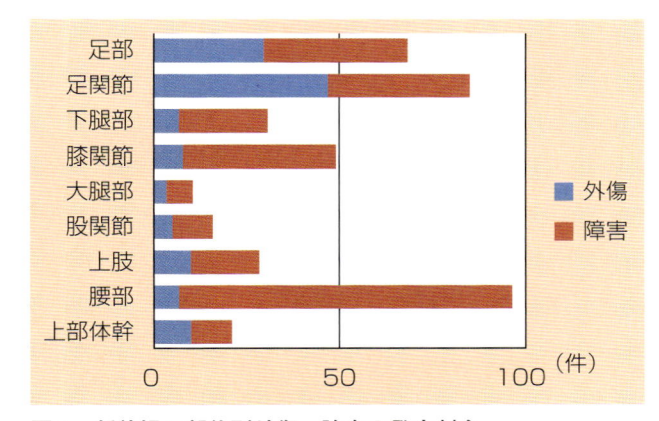

図1 新体操の部位別外傷・障害の発生割合
（文献3より一部改変し引用）

— 57 —

- 足関節捻挫を繰り返す選手は少なくない．中足骨の疲労骨折，三角骨障害，外反母趾なども多くみられている．
- 足関節は完全に底屈できないと競技に支障がある．

4）股関節痛・腰痛の特徴

- 新体操では胸腰椎の伸展動作は肩関節の屈曲，股関節の伸展とともに行われる．そのため肩関節が固い選手や，腹筋が弱い選手ではさらに下部胸椎・腰椎を過伸展させることになり，障害が多くなる．
- 選手の訴えは，胸腰椎移行部の痛み，疲労感や張り感が多く，下部腰椎から仙骨部にかけての訴えは少ない．
- ジャンプ動作や片脚支持での回転動作が多いため，殿部の張りも強い．
- 演技にはジャンプ等の動的な要素と，ある姿勢をとったままで瞬間的に静止するという静的な要素が組み合わされており，その多くが開脚姿勢で行われる．そのため，股関節周囲筋に疲労がたまりやすい．
- 立脚側の股関節に軸圧等の大きな負荷が加わる技も多い．股関節が詰まる感じがするという訴えもみられる．

2．傷害予防のためのトレーニング

1）下肢傷害予防のためのトレーニング

- まず傷害全体を予防するために，柔軟性の獲得および維持が大変重要な部分を占める．通常ランニング等で筋温を上げた後に，柔軟性のトレーニングを必ず行う（図2～5）．
- 足部・足関節の安定性向上のため，チューブにより足趾や足関節（特に腓骨筋）のトレーニングを行う．
- 中殿筋が弱いことが多く，中殿筋を鍛え，うまく使えるように指導するとともに，側臥位での中殿筋の徒手による抵抗運動トレーニングで神経の促進を促す．
- 新体操特有の基本的な動作を通して，下肢操作能力，動的柔軟性および安定性，全身バランス能力の向上を目的にトレーニングを行う．

図2　新体操選手の下肢の柔軟性

図3　新体操選手の股関節の柔軟性

図4　新体操選手の胸椎の柔軟性

図5　柔軟性のトレーニング

図6　バランスディスク使用による姿勢保持

図7　通常の大ジャンプ

図8　回転からの大ジャンプ

●バランスディスクやバランスボールといった不安定な要素を活用した姿勢保持のトレーニングを行う（図6）．
●ジャンプの空中姿勢や着地姿勢，一連の技のつながりにおける姿勢において，膝関節や足関節の良肢位指導を反復することが重要である（図7，8）．
●着地動作では，静的なアライメント評価とあわせて着地時の足幅や膝の位置，knee-in & toe-out といった下肢の異常なダイナミック・アライメントに注意を促す．

2）傷害予防のための体幹トレーニング

●傷害予防トレーニングでは，柔軟性の獲得と同時に体幹の安定性強化が重要になる．特に新体操競技ではジャンプや回転時に軸がぶれないようにすること，また動きの中で急激に身体を締めて静止するといった動きの際にも軸の安定が必要になる．

●新体操では可動域が大きくストップ＆ゴーが多い分，脊椎の分節的安定性を高めるためのローカル筋トレーニング（スタビライゼーションエクササイズ）で体幹筋を強化することが重要になる．

（1）腹部引き込み動作（ドローイン）の確認

●トレーニングを行う前に，ドローイン（Ⅱ-2 体幹の傷害予防参照）の確認を行い，体幹を安定することの意義，深部筋を意識することの徹底を図る．

（2）臥位での体幹トレーニング

●ハンド・ニーの対側上下肢挙上での安定保持が基本である．エルボー・トゥ，バックブリッジといった支持系のブリッジ系トレーニングとともに，下肢の動きを加えて体幹を安定させるトレーニングを実践する（図9，10）．

図9　ヒップリフト

図10　脚伸展でのヒップリフト
体幹を安定させゆっくりと正確に行う．

Ⅲ．種目別の傷害予防トレーニングとその実際

図11　バランスディスクを用いたエルボー・トゥ
挙上した上肢を動かす．

図13　BOSU 使用による動的安定性トレーニング

図12　バーレッスン
肩関節・胸椎・股関節の動的柔軟性の獲得を目的．一定のリズムとともにメンバーと合わせて行う．

●指先や足先まで意識を払いながら，動作を一つひとつ丁寧に行うことが重要である．
●スタビライゼーションエクササイズを BOSU やバランスディスクを用いながら不安定な要素を加えて実践していく（図11）．
●同様に上肢や下肢の動きを加える中で，上肢・体幹・下肢が安定して維持できるよう，トレーニングを行う．

(3) 立位での体幹安定性獲得のためのトレーニング

●立位時においても脊柱のニュートラルポジションの保持，ドローインを実践する．
●両脚でのスクワット動作やランジ，ジャンプ動作等，基本的な動きの確認を行う．
●新体操特有のしなやかさ，美しさの獲得のためには専

門的なトレーニングであるバーレッスンが重要である（図12）．
● 動きづくりと動的安定性のトレーニングとして，ゆっくりとした動きの中で体幹と上肢・下肢を連動させながら安定させる必要がある．
● 動作の難易度を上げるために，バランスディスクやBOSUなどの不安定な器具上での姿勢保持を意識したトレーニングを行う（図13）．
● 新体操のステップやジャンプの中で動的な安定性をトレーニングする（図7，8）．

3）課題および今後の展望

● 新体操の傷害予防トレーニングをまとめた．傷害予防のためには，①柔軟性の獲得，②正確な動作の実施（動的安定性の獲得），③体重（体型）の維持が重要になる．
● 競技の特性から，指導者との十分な連携が特に必要である． 　　　　　　　　　　　　（後関　慎司・泉　重樹）

文　献

1) Cupisti A, et al.：Injury survey in competitive sub-elite rhythmic gymnasts：results from a prospective controlled study. *J Sports Med Phys Fitness*, 47（2）：203-207, 2007.
2) 加茂佳子：浅見俊雄，宮下充正，渡辺融・編：現代体育・スポーツ大系18 体操・ダンス．講談社，東京，1984，pp220-223.
3) 草木雄二・他：スポーツ競技復帰と理学療法　競技別傷害特性と理学療法の実際　新体操．理学療法，17（8）：773-780，2000.
4) 林ちか子・他：ジュニア女子新体操選手の全身関節弛緩性と損傷との関係．日本臨床スポーツ医学会誌，18（1）：67-74，2010.
5) Cupisti A, et al.：Low back pain in competitive rhythmic gymnasts. *J Sports Med Phys Fitness*, 44（1）：49-53, 2004.
6) 澤野靖之・他：新体操選手の柔軟性と腰椎可動性について．理学療法学，31（Suppl. 2）：38，2004.

III. 種目別の傷害予防トレーニングとその実際

3 体操競技

競技特性

- 女子体操競技には跳馬，段違い平行棒，平均台，ゆかの4種目がある．選手は4種目すべてを演技しなければならない．
- 2001年に跳馬の形状が変更され，ゆかと踏切板には金属性のバネが取り付けられるなど，器具の進歩により技が高度化してきた．
- 2006年のルール改正において，それまで10点満点だった点数の上限がなくなった．これにより，高い点数を得るためには高難度の技を数多く実施することが求められるようになり，選手の身体的負担が増加した．
- 国際体操連盟は，オリンピックを含むシニア大会への出場を16歳以上と定めている．

1. 女子体操選手の身体特性と傷害の特徴

1）身体特性

- 競技開始年齢が低く，選手の低年齢化が問題視されている．2003年から2012年までのオリンピックと世界選手権大会における個人総合メダリストの平均年齢は約17歳4ヵ月であった．
- 女子体操選手には，筋力，持久力，柔軟性，スピード，パワー，バランスなど様々な身体能力が必要である（図1）．Sleeperら[1]が6～18歳の女子体操選手を対象に行ったフィットネステストの結果を見ると，ほぼすべての項目で競技レベルが高くなるにつれ，記録が良くなっていることが分かる（表1）．このことから競技力向上には，あらゆる身体能力の向上が必要であることが示唆される．

図1 女子体操選手の柔軟体操と筋力トレーニングの風景
女子体操選手には様々な身体能力が必要である

表1 女子体操選手のフィットネステストの結果[1]

競技レベル※	4	5	6	7	8	9	10
対象数（人）	12	9	16	21	11	19	17
年齢（歳）	10.4 ± 2.3	9.9 ± 1.5	10.7 ± 1.1	12.0 ± 1.6	13.7 ± 1.8	14.6 ± 1.3	15.2 ± 1.8
身長（cm）	140 ± 11.0	137 ± 8.4	139 ± 6.9	146 ± 10.9	154 ± 3.4	157 ± 5.7	154 ± 6.2
体重（kg）	33.3 ± 9.1	32.3 ± 4.7	33.8 ± 3.9	39.8 ± 8.2	46.2 ± 9.8	49.0 ± 5.8	50.7 ± 10.7
クライミングロープ(回)	16.64 ± 6.8	16.91 ± 3.8	16.35 ± 5.3	15.35 ± 10.0	12.15 ± 3.2	11.97 ± 3.0	11.10 ± 1.7
垂直跳び（cm）	33.33 ± 4.9	31.50 ± 5.7	40.69 ± 6.6	42.74 ± 5.2	44.45 ± 5.1	44.42 ± 3.2	47.82 ± 6.2
懸垂腹筋（回）	11.08 ± 6.9	7.67 ± 9.5	17.69 ± 8.3	13.14 ± 9.4	15.73 ± 8.6	24.11 ± 8.0	26.94 ± 10.0
肩関節柔軟性	0.67 ± 0.15	0.63 ± 0.13	0.80 ± 0.18	0.85 ± 0.23	0.80 ± 0.28	0.70 ± 0.12	0.87 ± 0.23
敏捷性（秒）	20.73 ± 0.9	20.89 ± 1.6	19.29 ± 0.7	19.23 ± 0.9	18.66 ± 1.2	18.24 ± 0.8	18.04 ± 0.7
懸垂（回）	5.25 ± 3.4	5.11 ± 4.9	8.63 ± 3.7	7.52 ± 4.1	7.00 ± 2.8	8.26 ± 2.4	12.29 ± 2.9
左右・前後開脚	−0.38 ± 0.27	−0.15 ± 0.48	−0.10 ± 0.35	−0.15 ± 0.45	−0.05 ± 0.27	−0.02 ± 0.38	0.06 ± 0.33
腕立て伏せ（回）	18.42 ± 5.6	13.22 ± 7.0	26.38 ± 7.6	22.95 ± 9.4	22.45 ± 8.0	27.42 ± 6.9	33.12 ± 6.5
20ヤード走（秒）	3.74 ± 0.3	3.55 ± 0.3	3.37 ± 0.2	3.28 ± 0.2	3.21 ± 0.2	3.09 ± 0.2	3.01 ± 0.2
倒立（秒）	3.67 ± 5.6	3.69 ± 2.6	11.72 ± 14.6	11.31 ± 19.2	15.38 ± 17.8	42.38 ± 31.7	58.18 ± 32.3

※競技レベル：米国体操協会（United States Association of Gymnastics）が定める技術と能力の基準で，4が最も低く，10が最も高い

2）傷害発生状況

- 女子体操競技では全身にわたり多様な傷害が発生する.
- 特に足関節と膝関節に傷害を負う選手が多い．Marshallら[2]が女子大学体操選手を対象に行った16年にわたる傷害調査によると，調査中に発生した傷害の26.2％は足関節捻挫と膝の外傷である．また，競技会中に発生した傷害の約1/3はゆかで起こり，ゆか以外の種目では終末技の着地で多く発生している.
- 倒立のように上肢だけで自分の体を支える，後方倒立回転とび（以下，後転とび）のように，上肢でゆかを突き放すなど，体操競技では上肢が下肢のような働きをする場面が多い．女子選手は男子選手ほど筋力が発達していないため，その大きな負荷に耐え切れず，肘関節や手関節に傷害が発生する.
- 体を大きく反る動作（体幹の伸展）や反対に体を完全に二つ折りにする動作（体幹の屈曲），宙返りひねりの連続，着地など，女子体操競技では様々な場面で腰部に大きな負担がかかる．そのため，筋損傷などの突発的外傷に加え，腰椎分離症や椎間板障害などの慢性障害も発生する.

3）足関節傷害の特徴

- ジャンプや着地の際に，過度の内がえしや背屈が強制されて，足関節の靱帯を損傷するケースが多い.
- 足関節靱帯損傷が慢性化すると背屈制限をきたすことがある．背屈制限が生じると，代償動作としてつま先を外へ向けた足部回内位でジャンプや着地をするようになり，骨棘や遊離体の形成，シンスプリントなど，様々な二次的障害を引き起こす要因となる.

4）膝関節傷害の特徴

- 膝関節傷害は特に宙返りひねりの着地で発生することが多い．宙返りひねりは，体幹と下肢が同じ方向を向き，両脚が揃っているものが理想的である（図2①）．一方，体がねじれ，体幹と下肢が異なる方向を向き，両脚が離れている宙返りひねりは，着地の際に膝関節を捻る危険性が高い（図2②）.
- また，着地姿勢がいわゆるknee-in & toe-outになると傷害発生のリスクは高まる（図3②）．これには，前述した足関節背屈制限の代償動作に起因するものもある.

5）肘関節と手関節傷害の特徴

- 側方倒立回転とび（以下，側転）や後転とびなどの突き放し動作により，成長期の肘関節や手関節へ荷重ストレスが繰り返される．そのため，肘関節では上腕骨小頭遠位での離断性骨軟骨炎，手関節では骨端軟骨障害や月状骨の骨軟骨欠損，三角線維性軟骨損傷などが生じる[3].

6）腰部傷害の特徴

- 約40～60％の女子体操選手に椎間板変性が見られる．また，その割合は競技レベルが上がるとともに増加する傾向にある[4].
- 着地の際には体重の5～13倍の地面反力が生じる[5]．この衝撃を下肢で吸収し，腰部にかかる負荷を和らげる着地方法を身につけることは，腰部傷害の予防につながる.

①理想的な宙返りひねり
②体がねじれ，両脚が離れており，着地の際に膝関節傷害を生じる危険性が高い

図2　宙返りひねり
体幹と下肢の向きと両脚が揃っているかどうかに注目

①正しい着地姿勢
② knee-in & toe-out の着地姿勢

図3　着地姿勢

2. 傷害予防のためのトレーニング

1) 女子体操競技における傷害予防ポイント

● 傷害予防の最大のポイントは，体操の基礎技術を習得させることである．正しい基礎技術が身につくと，体操による大きなストレスを複数の関節に分散させ，個々の関節にかかるストレスを減らすことができるので，傷害の予防につながる．また，傷害の多くは技術不足に起因するが，基礎技術を身につけさせることは技術の向上につながるので，傷害発生のリスクを減らすことができる．さらに傷害を負った後の競技復帰においても，第1段階として基礎技術を習得させることは，再発予防の観点からも有効である．

● 傷害予防に必要な基礎技術は，基本姿勢，着地動作，倒立，突き放しの4つである．

● 基礎技術が習得できない場合は，その原因（筋力，柔軟性など）を考え，それに対してアプローチをしていく．

● 体操競技の演技では，その大部分において手か足がゆかや器具に着いた状態である．そのため，どの部位の傷害においても常に閉鎖性の運動連鎖を考慮しながら問題点を見つけ出し，トレーニングプログラムを作成することが重要である．

2) 体操の基礎技術の習得

(1) 基本姿勢

● 体操競技の基本姿勢とは，倒立や宙返りひねりなど，あらゆる技に共通して必要な伸身姿勢である（図4）．一般的なスタビライゼーショントレーニングの姿勢と類似しているが，大きく異なる点は，胸を軽く丸めて背中の中央（下位胸椎あたり）を背側へ突き出させること，および骨盤を後傾させることである．

● 基本姿勢が傷害予防に果たす役割の例として，宙返りひねりが挙げられる．基本姿勢を保ちながら宙返りひねりを行うと，体幹と下肢が同じ方向を向き，両脚が揃うので，着地の際に膝関節を捻るリスクを減らすことができる．

● 基本姿勢を習得させるトレーニングの第1段階は，仰臥位にて行わせる（図5）．

① 全身に力を入れ，指先からつま先まで一直線になるように意識をさせる．

② 両腕は肘関節を伸展し，手は頭の上で組ませ，伸びをするように肩甲帯を挙上させる（頭方へ移動させる）．

③ 胸を軽く丸め，背中の中央は床面を押すように背側へ突出させる．体操競技の専門用語では，この姿勢を作ることを「胸をふくむ」といい，反対に胸部が伸展することを「胸がおちる」という．

④ 腹部をへこませ（ドローインさせ）腹圧を高めさせる．

⑤ 骨盤を後傾し，腰部を床に着けさせる．

⑥ 股関節はやや外旋させ，殿部の筋群を収縮させる．

⑦ 両脚を揃えて膝関節を伸展，足関節を底屈，足趾を屈曲させる．

⑧ この基本姿勢を最低でも1分間保持できるようにさせる．

● 仰臥位が習得できたら，次は肘を着いた腹臥位へと移行する（図6）．

図4 正しい基本姿勢での美しい倒立

図5 基本姿勢作りのトレーニング（仰臥位）

図6 基本姿勢作りのトレーニング（肘を着いた腹臥位）

図7 基本姿勢に必要な筋力を強化するトレーニングの一例（側臥位での脚挙げ）

● この他に，体を伸ばした仰臥位，腹臥位，側臥位の3肢位で，脚挙げと上体起こしを行わせる（図7）．このとき，常に基本姿勢を作りながら行わせることが重要である．

（2）着地動作

● 正しい着地動作を身につけることは，足関節と膝関節の傷害予防に必要不可欠である．また理想的な着地動作では，着地の衝撃は下肢で吸収されるので，腰部への負担が軽減され，腰部傷害の予防にもつながる．

● 着地動作に必要な基礎筋力が身についていない場合は，スクワット，ランジ，片脚ジャンプなどのトレーニングを行わせる．

● スクワットは着地動作に似ているが，実際の演技でそのまま行った場合は減点の対象となる．スクワットは基礎筋力獲得のために行うもので実際の着地動作とは異なるということを選手に理解させる必要がある．

● 減点が少なく，傷害予防の観点からも理想的な着地動作とは，着地の衝撃を吸収しながらも，膝関節を屈曲し過ぎず，できるだけ立位に近い状態で行われるものである．特に上体が下を向いた低い姿勢での着地は大きな減点となるので，上体を起こすように心がける．またスタ

図8 ハーフカットのフォームローラーを用いたスクワット

point! 着地動作を意識して通常のスクワットよりスタンスをやや狭めて立ち，上体を起こしたまま，できるだけゆっくりと行うことである．

ンスが広過ぎても減点の対象となるので，両脚は揃えるか，こぶし1つ分が入る程度の幅にする（図3①）．

● ハーフカットのフォームローラーを使用したスクワットは，バランス能力と足関節背屈可動域の向上も同時に期待できる（図8）．

● 選手が十分な筋力を獲得し，平面での着地動作を習得したら，徐々に高い所からの着地へと移行する（図9）．

図9 平均台の上からジャンプ着地

Ⅲ．種目別の傷害予防トレーニングとその実際

図10　壁を腹側にした倒立
床面を押し返すように，肩甲帯を挙上させる．

図11　肩関節屈曲を伴った肩甲帯の挙上と下制
基本姿勢を保持しながら行わせることが重要である．

図12　側転
肩関節を中間位かやや内旋させて突かせる．

また，前方，後方，そしてひねりを加えるなど，できるだけ実際の演技に近い状態で行わせる．
●トレーニングの際は，knee-in ＆ toe-out の不良肢位とならないように指導する．

（3）倒立

●倒立を習得することは，後述の突き放し動作の獲得につながる．
●理想的な倒立姿勢は，基本姿勢に肩関節屈曲を加え，手からつま先まで一直線となった姿勢である（**図4**）．体重は肩関節に乗るように意識させる．
●倒立の習得には，壁を腹側にした倒立が有効である（**図10**）．
●倒立で最も重要な技術は，体全体が天井方向へ伸び上がるように，肩甲帯を挙上させて床面を押し返すことである．この技術を獲得するために，肩関節屈曲を伴った肩甲帯の挙上と下制のトレーニングが有効である（**図11**）．トレーニングは，基本姿勢を保持して行わせ，「胸がおちない」ように注意する．

（4）突き放し

●側転や後転とびの突き放し動作は，倒立に近い姿勢で行うのが理想だが，手の突き方は異なる．倒立のように肘関節を伸展させて突くと，脱臼や軟骨損傷を起こす危険性がある．筋力の少ない選手ほど，肘関節伸展位で骨性の支持に頼った突き方になるので注意が必要である．
●肩関節を中間位かやや内旋気味にして手を突かせると肘関節伸展位を避けることができ，手関節や肘関節のクッションが使えるようになる（**図12**）．しかし，衝撃を吸収しようとして肘関節を屈曲すると，突き放しが不十分になり，次の技につながらないので，肘関節屈曲はあまり意識せず，手を着いたら，すぐに突き放すイメージがよい．
●突き放す動作は上肢全体を使って行わせる．具体的には手関節掌屈，肘関節伸展，肩甲帯挙上を同時に行うが，なかでも肩甲帯の挙上を特に意識して行わせることが重要である．
●肩関節に内旋制限があると，前腕の回内で代償するため手関節や肘関節にかかるストレスが増える．
●基礎筋力を身につけるために，手関節と肘関節周りの筋力トレーニングを行う．例として，リストカール（**図13**），バイセップスカール，トライセップスカール，腕立て伏せ，四つ這いでの手関節背屈（**図14**），肩甲帯の挙上と下制などがある（**図11**）．
●より体操に近いトレーニングとして，四つ這いでの腕立てジャンプを行う（**図15**）．肩関節は軽度内旋させ，手をカタカナの「ハ」の字となるように着かせる．このトレーニングのポイントは，手を着いたら肘関節は軽度屈曲させるだけで直ちに突き放すこと，および肩甲帯での突き放しを特に意識して行うことである．四つ這いで十分な突き放し動作ができるようになったら，次は立位で壁に向かって同様のトレーニングを行う．その後は徐々に立ち位置を壁から離していくことで，段階的に負荷を増やしていく．

図13　リストカール

図14　四つ這いで手関節背屈
胸をふくませて行わせることがポイント

図15　突き放しのトレーニング
肘関節は軽く屈曲させる程度．特に肩甲帯で突き放すことを意識させる．

3) 課題および今後の展望

● わが国の女子体操選手を対象にした研究データは少ない．より効果的な傷害予防のために，傷害発生状況の調査やパフォーマンス向上と傷害予防を兼ね備えた動作の分析，オーバーユース障害を予防するための年代別の適切な練習量など，今後，様々な検討を行うべきだと考える．

● どんなにレベルが高い選手でも，少しのミスが傷害につながる．日々の反復練習によって心身ともに疲労が蓄積しやすいので，常に集中力を持って練習することの重要性と，そのための適切なコンディショニング方法を選手に教育していく必要がある．

● 体操の技はどれをとっても傷害の危険性を伴う．これまでも安全性を重視した練習方法の開発や環境の整備が行われてきたが，より優れた傷害予防を今後も探求し続けることが重要だと考える．　　　　　　　（山口　貴久）

文　献

1) Sleeper MD, et al.：Measuring fitness in female gymnasts：The gymnastics functional measurement tool. *Int J Sports Phys Ther*, 7：124-138, 2012.
2) Marshall SW, et al.：Descriptive epidemiology of college women's gymnastics injuries：National collegiate athletic association injury surveillance system, 1988-1989 through 2003-2004. *J Athl Train*, 42：234-240, 2007.
3) Dwek JR, et al.：MR imaging of overuse injuries in the skeletally immature gymnast：spectrum of soft-tissue and osseous lesions in the hand and wrist. *Pediatr Radiol*, 39：1310-1316, 2009.
4) 小山浩司・他：椎間板変性を有する大学女子体操競技選手の身体的特徴．日本臨床スポーツ医学会誌, 19：591-597，2011.
5) Wade M, et al.：Investigation of spinal posture signatures and ground reaction forces during landing in elite female gymnasts. *J Appl Biomech*, 28：677-686, 2012.

Ⅲ．種目別の傷害予防トレーニングとその実際

4 ラクロス

競技特性

- フィールドプレーヤー11人，ゴーリー1人の計12人で行われる．フィールドプレーヤーはクロスと呼ばれるスティックを持ちマウスピースを付けることが義務づけられているが，目を保護するアイガードは任意での着用となる．
- ゴーリーはフルフェイスのヘルメットとグローブ，胸当て，サイパットを付けフィールドプレーヤーよりも大きなクロスを使用する．
- フィールドの大きさは縦110m×横60mで，試合時間は25分ハーフの計50分間で行われる．なお，ハーフタイムは10分間で，それ以外に各チーム2分間のタイムアウトを2回とることができ，試合中の選手交代は自由に行うことができる．

1．女子ラクロス選手の身体特性と傷害の特徴

1) 身体特性

- 女子大学生選手における1試合の平均移動距離は4,428.4mという報告がある[1]．また1分当たりの移動距離を算出した場合88.6mであり，これは女子大学生サッカー選手の89.8mとほぼ同値であり，運動強度（心拍数，酸素摂取量，エネルギー消費量，METS）も同程度と報告されている[2]．
- 競技中のシュートスピードは女子大学生選手では70km/h前後である．

2) 傷害発生状況

- 関東大学女子リーグに所属する大学の3シーズンの傷害を提示する（図1）．下肢の傷害の発生件数が他の部位に比べ圧倒的に多い（図1①，②）．NCAA（National Collegiate Athletic Association：全米大学体育協会）の傷害報告データと比較しても同様の結果である[3]．
- 受傷機転を外傷と障害とに分類したデータ（図1③）の比較では，全障害中，外傷の方が若干多いものの，障害も多く発生している．これは競技特性に加え，女性選手特有のアライメントや筋力不足[4]，関節弛緩性の問題などが関与していると考えられる．

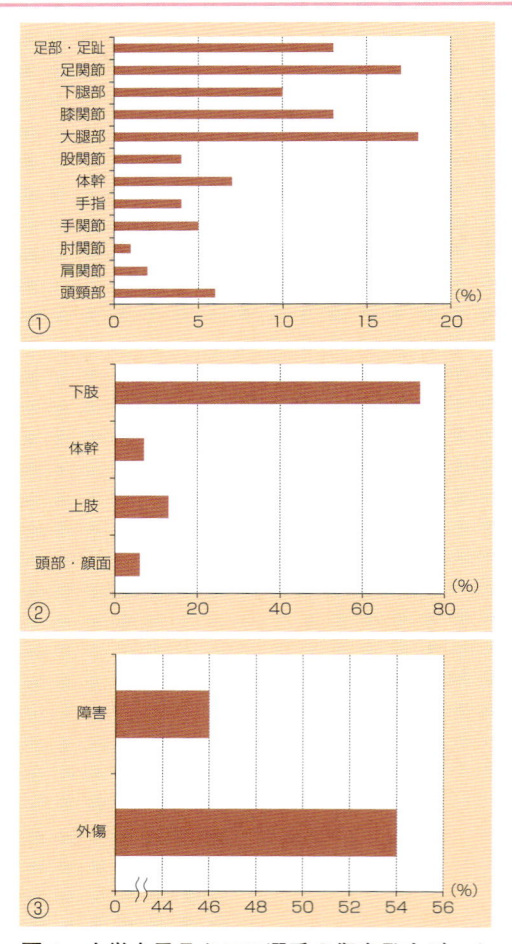

図1 大学女子ラクロス選手の傷害発生データ

3）足関節捻挫の特徴

- 発生件数が最も多く，また，多くの場合が足関節内反捻挫（外側靱帯損傷）である．
- 切り返し動作やジャンプの着地時に発生することが多い．
- 足関節捻挫に限らずスポーツ傷害は多くの要因（身体的要因，環境的要因，心理的要因）が相まって発生するため，傷害予防トレーニングやアスレティックリハビリテーションを実施する際には多面的なアプローチが必要となる．

4）前十字靱帯損傷の特徴

- 細かなステップワーク，カッティングやターン動作を多用するラクロス競技においては，そのほとんどが非接触型での発生である．
- 前十字靱帯（ACL）を損傷してしまうと，膝関節の不安定性や膝崩れ感（giving way），二次的な半月板の損傷などを生じるため，スポーツ復帰には手術療法を適応するのが一般的である．
- 手術後から競技復帰までの期間は6〜8ヵ月程度を要する．

2．傷害予防のためのトレーニング

- スポーツ現場において，予防トレーニングに多くの時間を割くことは現実的には困難である場合が多い．
- 練習前後で簡単に行えるセルフコンディショニングの指導やウォーミングアップの中に予防の要素を取り入れることが，継続してトレーニングを続けるポイントとなる．

1）足関節捻挫予防

（1）予防トレーニングの動機づけ

- メディカルチェック実施時に不安定性が認められる選手や足関節捻挫の既往がある選手には，特に継続的なトレーニングの実施が重要であることを説明する．

（2）関節可動域の獲得

- 関節可動域の獲得は予防の観点，競技パフォーマンスの観点，どちらにおいても重要な項目であり，競技復帰時には必ず獲得すべき項目の1つとなる．この項目が獲得されていないと，地面に落ちたボールを拾うグランドボール（通称：グラボ）の際に腰が高くなり，うまく拾えないばかりか腰痛などの二次的な傷害の発生の要因ともなりうる（図2）．
- グラウンドレベルでは用具が十分に揃っていない場合も多く，そのようなときは壁などを利用するとよい（図3）．

①良い例．
②足関節の背屈可動域が制限されているために腰部の屈曲が強くなっている．

図2　グランドボールを取るときの実際

図3　足関節背屈可動域獲得のセルフエクササイズ
重心を少しずつ前方に移動していく．

III. 種目別の傷害予防トレーニングとその実際

(3) 競技特異的動作を考慮したトレーニング

● 競技特性上，細かなステップ動作を多用するが，正確な動作の学習・獲得を行うことが競技レベルの向上および傷害予防につながる．足関節捻挫の場合，特に横方向への動きの適応が重要となる．
● はじめはクロスのない状態で正確なステップ動作の獲得を行う（図4）．スピードが早くなると足関節にかかる負担も多くなるので注意が必要である．
● 次の段階ではクロスを持った状態で行う．

2) 前十字靱帯損傷予防

(1) 予防トレーニングの動機づけ

● ACL を損傷してしまうと長期の離脱を余儀なくされるため，損傷してからどうしようではなく，損傷しないようにするためにはどうしたらよいかという教育をしていく．

図4　横方向へのステップ動作
進行方向側の足が接地した際に外側に荷重がかかりすぎないように注意する．

図5　ノルディックハムストリングス
膝関節 90°屈曲位の状態でパートナーに足部を固定してもらい，少しずつ体を前方に傾けていく．10〜20°前傾しハムストリングスの収縮を感じたら元の位置に戻る動作を繰り返す．

図6　横方向のバランストレーニング
骨盤の傾きや膝・つま先の向きに注意しながら柔らかく着地するよう指導する．

(2) 筋力トレーニング

●股関節周囲の筋力不足が膝関節のアライメントに及ぼす影響は大きく，特に股関節伸展筋，外転・外旋筋などの強化は，多くの予防プログラムで推奨されている．

●図5はノルディックハムストリングスと呼ばれるトレーニングで，ハムストリングスのコンセントリック，エキセントリックな筋収縮を行わせる運動であり，ハムストリングスの有効なトレーニング法である[5]．

●このトレーニングは筋肉に与える負荷が大きいため，十分な筋力を獲得していない場合やオフシーズン明けに実施をすると肉離れを起こすことがある．段階を踏んで実施する．

(3) バランストレーニング

●着地時のアライメントに注意をしながら行う．はじめは間隔を狭くし正確に行える幅から始め，徐々に幅を広げていく（図6①）．正確な動作で行えるようになったらクロスを持った状態でも同様の動作を行う（図6②）．

●着地時に意識するポイントとしては，膝を曲げて止まるのではなく股関節を曲げて柔らかく止まるように意識させる[6]．

●女性アスリートは骨格的な特徴などから，特にknee-in & toe-outのアライメントを呈しやすいため，正しい動作の教育をトレーニング実施前に行う．

3) 課題および今後の展望

●疫学的な調査の継続，競技特性に即した傷害予防プログラムの立案，実施，評価を行い，多くのラクロス選手が傷害なくプレーできる環境作りをしていくことが必要となる．

（関戸 健一・泉 重樹）

文　献

1) 大橋信行・他：女子ラクロスの基礎的研究―その1 試合中の移動距離について．東京経営短期大学紀要, 13：49-60, 2005.
2) 飯田晴子・他：女子ラクロス競技中の生理学的運動強度に関する研究．日本女子体育大学紀要, 31：148-153, 2001.
3) Dick R, et al.：Descriptive epidemiology of collegiate women's lacrosse injuries：National Collegiate Athletic Association Injury Surveillance System, 1988-1989 through 2003-2004. *J Athl Train*, 42：262-269, 2007.
4) 板倉尚子・他：女性のスポーツ障害とその対策．*Monthly Book MEDICAL REHABILITATION*, 137：156-160, 2011.
5) 浦辺幸夫・他：膝前十字靱帯損傷予防プログラムへの取り組み－高校女子バスケットボール選手を対象に．月間スポーツメディスン, 20（4）：11-17, 2008.
6) 大見頼一：傷害予防に役立つ指導のポイント．月間トレーニング・ジャーナル, 34（11）：44-47, 2012.

III. 種目別の傷害予防トレーニングとその実際

5 ソフトボール

競技特性

- ソフトボールは，DP（指名選手）を含め10人で行われ，スターティングプレーヤーは，交代しても一度に限りリエントリー（再出場）できる．試合は7回の攻防で得点を競い，7回終了時に同点の場合は8回からタイブレーカーとなり，無死2塁からの攻撃となる．
- 本塁から外野フェンスまでの距離が，女子は67.06m以上（男子は76.20m以上），投本間（投手板から本塁まで）は，女子は13.11m（男子は14.02m），塁間は18.29mである．
- 最も一般的なピッチャーの投法はウィンドミルで，女子の国際的なトップレベルの投手では105～110km/hを超え，体感的には，野球に換算すると160km/hを超えるスピードになる．女子日本代表の上野由岐子投手は120km/hを超える記録を出している．

1. 女子ソフトボール選手の身体特性と傷害の特徴

1）身体特性

- 2008・2012年に実施された女子日本代表選手の国立スポーツ科学センター（JISS）アスリートチェックの結果と，通年のベスト記録および全競技の平均・ベスト記録を示した（表1）．最右欄はNTS事業（全国中学生中央研修会）で実施した中学生90名の体力測定の結果である．
- ソフトボールでは，ボールや人の動きに対して瞬時に反応し，急発進・急加速・急停止および方向転換といった瞬発的・躍動的な動きが要求されるため，敏捷性や最大疾走運動能力，パワー発揮能力の各項目において好記録を出している．

2）傷害発生状況

- 女子日本代表の活動期間中に発生・残存した傷害の分類では，打撲・挫創が46.2％と最も多く，次いで皮膚損傷29.0％，捻挫19.3％，肉離れ3.4％，骨折・脱臼2.1％であった（図1，2）．打撲はおもに，死球・自打球など打球・送球が当たったり，交錯プレーなどによる．皮膚損傷は，下肢ではスライディング，手指部ではボールやバットとの摩擦による．肩関節の外傷では，ダイビングやヘッドスライディングにより過伸展や脱臼に至る．骨折は手指部への死球，足部は交錯プレーで足を踏まれたことによる．
- 1984年に実施された高校ソフトボール部員（男子519名，女子206名）の部活動の実態，現在および過去に被った外傷・障害についてのアンケート調査[1]では，外傷頻度は突き指が最も多く，次いで皮膚損傷，打撲，捻挫，肉離れ，骨折，脱臼，頭部外傷，歯の折損，アキレス腱断裂などで，その他の過去の外傷・障害報告でもほぼ同様の傾向を示している．このデータと図1のデータを合わせて，傷害の分類で対比させたものが図2である．
- 打撲や皮膚損傷のように，プロテクター類を装着する以外，発生を防ぐ手立てのない傷害を除くと，捻挫・過伸展および肉離れが好発する．

3）足関節捻挫の特徴

- 足関節捻挫は，走塁時のベースの踏み損ねや，急激な切り返し動作，スライディング，捕球動作時，ピッチャーの踏み込み動作などによる内反捻挫が多い．
- 長打でベースを駆け抜ける際（図3）は，ベース手前

5. ソフトボール

表1 JISSアスリートチェック測定結果からみる女子日本代表ソフトボール選手の体格と体力特性

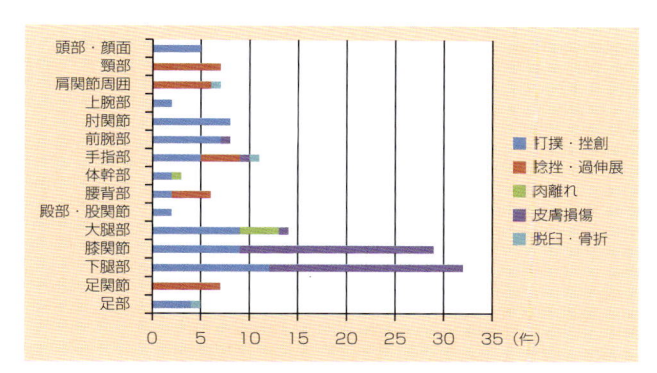

			2012年 (17名) 平均値	2008年 (22名) 平均値	2005〜 2012年 【ベスト記録】	JISS測定 全競技平均・ 【ベスト記録】	2009年NTS (中学生90名) 平均・【ベスト記録】
体格	身長(cm)		164.5	165.7			159.4
	体重(kg)		61.7	65			55.9
	体脂肪率(%)		17.6	19.6			23.2
瞬発力	垂直跳び	腕振りあり(cm)	41.7	43.1	【53.5】	39.0【64.2】	
		腕振りなし(cm)	37.5	38.6	【45.6】	34.1【55.5】	
	全身反応時間 (光マットスイッチ)	単純反応(msec)	308	293	【191】	307【191】	
		選択反応(msec)	378	361	【256】	375【237】	
敏捷性	20m走タイム(sec)		3.22	3.32	【2.94】		3.65【3.37】
	30m走タイム(sec)		4.52	4.65	【4.15】	4.90【4.15】	5.06【4.73】
	最高速度(m/sec)		7.87	7.60	【8.63】		7.20【7.98】
	反復横跳び(回)1m幅		60	61	【71】	55【71】	55【64】
筋力	体幹回旋トルク 180deg/s	絶対値(右)(Nm)	109	111	【151】		
		絶対値(左)(Nm)	104	110	【147】		
		体重あたり(右)(Nm/kg)	1.78	1.71	【2.44】		
		体重あたり(左)(Nm/kg)	1.74	1.69	【2.20】		
	最大挙上重量	ベンチプレス(kg)	51.6	53	【72.5】		
		スクワット(kg)	99.8	96	【150.0】		
	メディシンボール投げ	前方投げ(全身)(m)	10.6	11.2	【13.7】	9.7【14.6】	6.93【10.7】
		チェストパス(m)	4.7	4.1	【5.3】		

図1 2006年〜2008年度女子日本代表チームにおける強化合宿・大会遠征期間中に発生・残存した傷害の受傷部位および分類

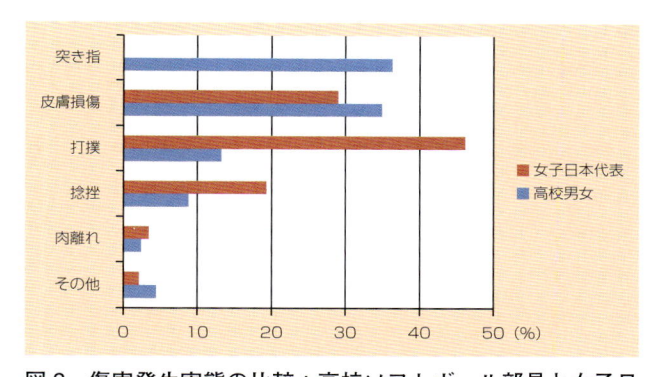

図2 傷害発生実態の比較：高校ソフトボール部員と女子日本代表における傷害の分類

でやや曲線的な走路を取り，極力減速せずにベースを踏んで駆け抜ける．18.29m四方のベースを周回するには，体を内側に傾けるなど，重心のコントロールを伴った走り方の習得が必要である．厚みのあるベース周辺で，ほぼ直角の方向転換をしなければならず，さらにとっさの状況判断で急制動・方向転換などを余儀なくされる場合も多い．天候によっては，土砂が緩くなったり，ゴム製のベース上が濡れて滑りやすくなることも，足関節捻挫のリスクとなる．

● スライディング（図4）による足関節捻挫は，高校・

図3 ベースランニング　　図4 スライディング

Ⅲ．種目別の傷害予防トレーニングとその実際

大学などではしばしば見られるものの，日本代表レベルの熟達した選手であれば，非接触外傷で受傷するケースはほとんど見られない．

4) 大腿部肉離れの特徴

- 肉離れも比較的好発する（図5）．ダッシュ時や捕球時の急な動き出しやブレーキ動作による．トレーニング期のハードな走り込みなどでの発生も報告がある．
- 女子日本代表での大腿部肉離れはすべてハムストリングスであった．一方，2012年の日本リーグ所属チームトレーナー対象の外傷に関する簡易アンケートでも，ハムストリングスが最も多かったほか，大腿直筋および股関節内転筋の肉離れの報告もあった．

図5　2006年の世界選手権において，実際に発生した大腿部肉離れ
2塁ベースカバーに入った野手の左足が横にすべり，左大腿二頭筋の肉離れを起こした．

point!　天候によって土砂が緩くなり，急加速や急制動時に足が流れて受傷しやすくなるため，ウォームアップでは，その日のグラウンドコンディションに応じたスタートの切り方や止まり方の感覚をつかむような動作準備をすべきである．

2．傷害予防のためのトレーニング

1) 足関節捻挫予防

- 足関節捻挫を予防するための補強・強化ポイントとして，固有感覚受容器，特にポジショニングセンスの覚醒，神経-筋の活性化，動的可動性（柔軟性）の確保，動的安定性の強化，制動力の強化などが挙げられる．これらの要素を含むトレーニングを，日々のウォーミングアップの中に取り入れることによって，しなくていいケガを未然に防ぐ効果が期待できる．これらのトレーニングは，動作を鍛えるトレーニングであるので，CKC（閉鎖性運動連鎖）エクササイズを多用する．

(1) ダイナミック・モビリティ（図6）

- 相反性抑制反射を活用し，主働筋を能動的に収縮させて，その拮抗筋を緩める（アクティブ・ストレッチ）．これらの動作で，足関節底背屈の動的可動域を確保するとともに，つま先まで意識を通わせる．
① ヒール・トゥ・レイズ：つま先立ち～つま先を引き上げる動作（CKCでの足関節底背屈動作）を反復．
② ヒール・ウォーク：踵歩き．お尻を後ろに突き出したり，つま先が外に開いたりしないように注意．
③ トゥ・スナップ：脛の筋肉でしっかりつま先を引き上げ，そこから弾くようにつま先で地面を叩く．

point!　スパイクを履く前に，スパイクに頼らない「足回り」をアップシューズの段階で鍛えることが大事である．

①ヒール・トゥ・レイズ　　②ヒール・ウォーク　　③トゥ・スナップ

図6　ダイナミック・モビリティ

(2) バランス&ダイナミック・スタビリティ（図7）

　閉眼することで，眼からの位置・空間認知情報を閉ざし，"体内センサー"固有感覚器の需要を高める（①）．その場でのSL（シングルレッグ）バランスから，重心移動を伴うバランスへと移行していく（②〜⑤）．

① **アンクル・サークル**：片足を浮かせ，眼を閉じ，バランスを取りつつ足関節を時計回り・反時計回りに回す．
② **SLスタティック・バランス・4ポジション**：遊脚の位置を股関節屈曲位・伸展位・外転位・屈曲外旋位と変化させ，クォータースクワット程度の深さに軽くしゃがみ，3〜5秒静止バランス．
③ **SLクォータースクワット・4ポジション**：遊脚の位置を，②同様に4ポジションに変化させ，各3〜5回クォータースクワット．外転は外に蹴り出しつつしゃがみ，外旋も開脚しつつ軸脚をknee-inさせずにしゃがむ．
④ **マルチディレクショナル（多方向）・ランジ**：四方八方に一歩足を踏み出す⇔戻る，の繰り返し．
⑤ **ウエイト・シフト（八方のSLバランス）**：重心をコントロールしながら前後左右および斜め前後に一歩踏み出し，SLバランス1〜2秒静止．特に，後ろと斜め後ろのバランスは難易度が高い．

(3) 補強トレーニング（図8）

① **グルート・コンボ**
　骨盤の動的安定性を強化し，knee-inなどにみられる代償運動を予防するためには，中殿筋の強化が欠かせない．アウフバウトレーニングのような股関節周囲筋を鍛えるOKC（開放性運動連鎖）エクササイズなどのほか，荷重した状態，つまりCKC（閉鎖性運動連鎖）でのエクササイズが有効である．
　a. **ラバーバンド・サイド**：輪っか状のラバーバンドを足関節より上にかけ，肩幅間隔を保ちつつ，細かく横に歩く．膝を屈曲，または伸展して行う．
　b. **スケーター・スティック**：スケーター姿勢で横に交互に跳ぶ．制動力強化が狙いのため，片脚で1〜2秒しっかり着地バランスを取る．（スティック＝「くっつける」の意）
　レベルアップ⇒別のチューブを殿部に回し，横から引っ張ることで，レジストとアシストの負荷を両脚にかけることができる．
② **スケーター・バリエーション**
　a. **連続スケーター**：着地で静止せず，連続的な横跳び
　b. **ジグザグスケーター**：斜め45°に前進または後退．着地で静止するパターンと連続跳びパターン．
③ **コーン・タッチ**
　a. **インプレイス（その場）**：左右のコーンに手を伸ばすことで，足部小趾側へのストレスに慣れる．
　b. **シャッフル**：コーンの距離を離し，サイドシャッフル移動の端でのコーン・タッチ．
　c. **ミックス**：シャッフルやダッシュの動きを混ぜた高速の動きの中でのコーン・タッチ．
　＊タッチをすることで，減速動作および低姿勢での方向転換動作の学習をする．
④ **カッティング**：ジグザグ走の中で，アウトサイドカット（外側の足での切り返し）とインサイドカット（内側の足）．
⑤ **SLホップ**：前後方向および左右方向の片脚連続ホップ（10秒前後）．
⑥ **傾斜歩き**：坂道やトレッドミルを用いて，内・外反ストレスがかかるように傾斜に対して体を横向きにして歩く（ゆっくりとしたキャリオカの動きやシャッフルなどを含む）．
⑦ **ベースランニング，ベースの踏み方**：ベース手前7〜

①アンクル・サークル　　②SLスタティック・バランス・4ポジション／SLクォータースクワット・4ポジション

図7　バランス&ダイナミック・スタビリティ

Ⅲ. 種目別の傷害予防トレーニングとその実際

①グルート・コンボ：a. ラバーバンド・サイド，b. スケーター（右：良くない例），
②スケーター・バリエーション（側面）

③コーン・タッチ：a. インプレイス　　　　　　　　　　　b. ミックス

④カッティング（アウトサイドカット／インサイドカット）　⑤SLホップ（横・前後）

⑥傾斜歩き・サイド

図8　補強トレーニング

8mのところから50〜60％のスピードで，回りこんでベースを踏む動作を反復し，ベースを踏む（蹴る）方向転換に慣れる．徐々にスピードをのせ，トップスピードで1周できるようにする．

2) 大腿部肉離れ予防

● 肉離れの受傷メカニズムとして，急激な加速や捕球時の減速が挙げられるため，肉離れ予防のポイントとしては，筋の伸張性・弾性を確保することとともに，「主働筋⇔拮抗筋」のスムーズなスイッチ交換を可能にする神経-筋活動の教育，実際の動きによくみられる伸長性筋力発揮動作の"リハーサル"，制動力の強化などの効果を狙った，OKCおよびCKCのダイナミックストレッチと補強トレーニングのセットメニューを，大腿部の各部位ごとにまとめる．

(1) ハムストリングス・コンボ（図9）

①スーパイン・レッグスイング：片脚を上方から振り下ろし，床につく直前（床上3cmくらい）で寸止め．ブレーキ動作準備．

②ハンド＆トゥ・ウォーク＆バックワード・レッグスイング

　a．ハンド＆トゥ・ウォーク：足元から手で歩きはじめ，腕立ての姿勢までいったら，今度はつま先で歩く．動作中，膝は伸ばしたまま．

　b．バックワード・レッグスイング：上体を前方に倒し片脚を後方に振り上げる．遊脚を高く振り上げることが重要なのではなく，膝を伸ばしたまま軸脚を荷重して動的にストレッチするのが目的．

③SLリーチ：軸脚の股関節を支点にし，遊脚を後方に，両手を前下方に伸ばす⇔直立姿勢に戻る，動作の反復．レベルアップ⇒SL-DL（片脚デッドリフト）：ダンベルを片手に持ち，軸足少し前にタッチして戻る．

④パワースキップ：振り下ろした足が地面で弾むような力強いスキップ．インパクトが強く爆発的な動作．

(2) クアッズ・コンボ（図10）

①スコーピオン：うつぶせになり，足を反対の手の方に持っていく．殿筋群・大腿後面を収縮することで，大腿前面・股関節屈筋群を緩めて伸ばす．

②ウォーキング・ヒール to バット：後方で足を持ち，大腿前面を伸ばしつつ，軸足はつま先立ちになる

③ニー・ハグ・ランジ：膝を両手で抱えて，いったんつま先立ちになり，バランスを取りつつそこから柔らかくしっかりと着地する．重心が上がったところから，股・膝・足関節の3関節をうまく協調させて受け止める．制動（減速）動作．

④スライド・ランジ：直立姿勢から，片脚を後方にスライドさせていき，ランジポジションに入るあたりで，股関節屈筋群の伸張反射を利用して切り返し，素早く元の姿勢に戻る．

(3) アダクター・コンボ（図11）

①スーパイン・フロッグレッグ：あお向けで両膝を立てたところから，脱力して開脚する動作の反復．足幅をやや広げたスタンスでも行う（図11①）．

①スーパイン・レッグスイング
②-a．ハンド＆トゥ・ウォーク
　b．バックワード・レッグスイング
③SLリーチ
④パワースキップ

図9　ハムストリングス・コンボ

Ⅲ．種目別の傷害予防トレーニングとその実際

①スコーピオン（さそり） 　　②ウォーキング・ヒール to バット

③ニー・ハグ・ランジ 　　④スライド・ランジ

図10　クアッズ・コンボ

①スーパイン・フロッグレッグ，②スライド・サイドランジ

図11　アダクター・コンボ

②サイドランジ・シフト：肩幅スタンスから1歩横に踏み出し，頭の高さを変えずに上体を横に移動させていき，終点で頭の高さを変えずに片脚を引きつけ，最初の肩幅スタンスに戻す．3～5歩進んだら逆方向へ．

③ニー・ハグ・ランジ・ダイアゴナル：ニー・ハグ・ランジ動作と同様で，踏み込みを斜め前45°方向に．

④スライド・サイドランジ：直立姿勢から，片脚を横方向にスライドさせていき，サイドランジ・ポジションに入るあたりで，股関節内転筋群の伸張反射を利用して切り返し，素早く元の姿勢に戻る（図11②）．

3）課題および今後の展望

●突発的に起きるとみられる外傷の中でも，予防手段を講じていれば防げるものが多くあることを，指導者側も競技者側もまずは認識する必要がある．さらに，指導者側は，環境整備など，スポーツセーフティに関する知識を学ぶこと，競技者側は自分の体に対する感覚を磨き，「鍛えたらケアをする」という習慣をつける．

●足関節捻挫予防および大腿部肉離れ予防として紹介したトレーニングは，膝関節の靱帯損傷など他の下肢の傷害予防としても有効なトレーニングである．立位で動き回る以上，接地している足裏で感知した情報が上位に伝わるので，足関節を含む「足もと」の固有感覚受容機能を十分に引き出すことがベースとして非常に重要である．

●体重移動を伴う強度の高いバリスティックな動きの中で，イメージ通りに体を動かすためには，重心のコントロール力が不可欠である．バランス動作を多く取り入れることで，神経‐筋組織を活性化しつつ，常に重心をコントロールする意識をもって日々動作を鍛えることが，傷害予防だけにとどまらず，パフォーマンスの向上にもつながっていく．

（大石　益代）

文　献

1) 中平順・他：高校ソフトボール部員のスポーツ外傷および障害に関する調査：スポーツ医学に関する研究：第40回日本体力医学会大会．体力科学，34（6）：572, 1985.
2) 財団法人　日本ソフトボール協会：ソフトボール指導教本．2005.
3) Cook Gary：Movement：Functional Movement Systems. 2011.
4) 独立行政法人日本スポーツ振興センター　国立スポーツ科学センター：国立スポーツ科学センター　形態・体力測定データ集2010. 2012.
5) Verstegen Mark：Core Performance. Rodale, 2004.

Ⅲ．種目別の傷害予防トレーニングとその実際

6 女子サッカー

競技特性

- サッカーは中学生以上では11人制で行われ，フィールドプレイヤーが10人，ゴールキーパーが1人である．
- 基本的に女子と男子のルールに違いはなく，フィールドの大きさは国際大会では，縦105m×横68mで，ボールの重さは410〜450gである．ボールに限っては，女子用にソフトな人工皮革を用いたものもある．
- 女子の試合では，高校，ユース年代などでは時間が短縮されたり，暑い日では大学年代においても給水タイムを設けることがある．

1．女子サッカー選手の身体特性と傷害の特徴

1）身体特性

- 2010年度の日本代表選手（なでしこジャパン），U-19日本代表選手（ヤングなでしこ），U-16日本代表選手（リトルなでしこ）と大学トップ選手のデータ，および男子U-13および男子U-15日本代表選手のデータも比較として示した（表1）．
- 筋力の低さや体力的な面から傷害を発生することも多く，男子と女子で傷害の発生部位は若干異なっている．

表1 女子サッカー選手の身体特性と体力特性

カテゴリー	体格		持久力		パワー	スピード			アジリティ
	身長(cm)	体重(kg)	マルチステージ(m)	Yo-YoIR1(m)	バウンディング(m)	10m(秒)	20m(秒)	40m(秒)	10m×5(秒)
なでしこジャパン	162.3±4.7	56.9±5.0	2060±299	1192±304	10.6±0.5	1.99±0.08	3.43±0.11	6.10±0.22	11.79±0.21
U-19日本代表	165.0±6.7	58.6±7.0	1959±292	1142±308	10.0±0.6	2.00±0.07	3.44±0.12	6.22±0.17	12.02±0.30
U-16日本代表	160.0±6.9	52.9±7.5	2041±232	1374±353	10.1±0.4	2.05±0.08	3.50±0.14	6.31±0.24	12.52±0.40
大学選手	163.7±6.6	54.8±4.8	2031±244	1122±298	10.2±0.5	2.02±0.11	3.44±0.14	6.17±0.16	11.99±0.28
男子U-13日本代表	168.4	55.2	—	—	6.39	1.96	3.37	6.02	12.2
男子U-15日本代表	175.2	66.5	—	—	6.66	1.90	—	—	11.9

女子のデータはJFAフィジカルフィットネスプログラムによる[2]．大学選手は都道府県選抜以上の選手のデータをまとめた．男子のデータはJFAフィジカル測定ガイドラインから引用した[3]．

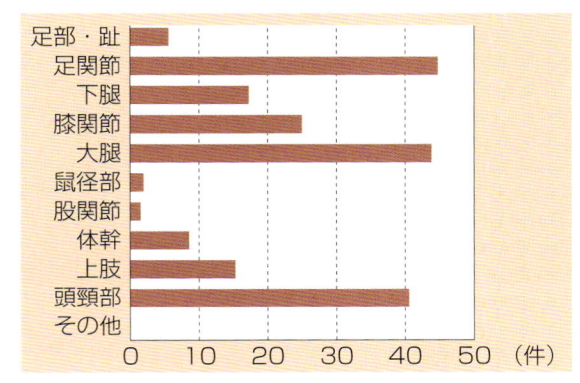

図1 なでしこリーグシーズン中に発生した傷害の受傷部位（2010年度）[1] （一部改変）

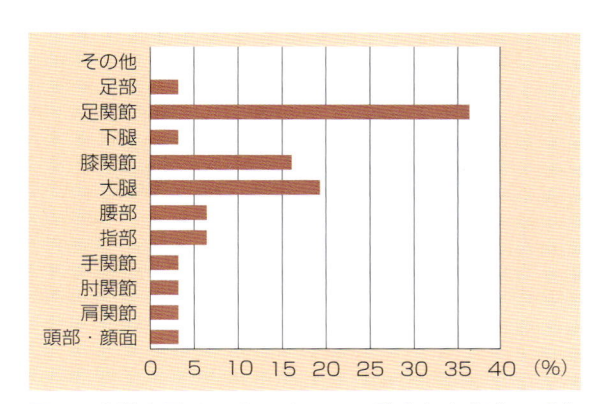

図2 大学女子サッカーチームに発生した傷害の受傷部位（2012年度）

Ⅲ. 種目別の傷害予防トレーニングとその実際

● 女子トップ選手のフィジカルテストのデータは男子中学生から高校生に近いといわれている．

2）傷害発生状況

● 2010年度のなでしこリーグのシーズン中に発生した傷害では，足関節の靱帯損傷と大腿部の肉離れ，膝靱帯損傷の発生が多かった．このうち復帰まで2週間以上を要する中等度損傷が3割を占めている[1]（図1）．
● 2012年度の大学女子サッカーチームの傷害発生状況によっても同様の結果であった（図2）．足関節捻挫の発生が最も多いが，女子の大腿部肉離れでは，ハムストリングスの肉離れは少なく，大腿直筋の肉離れが多く発生するのが男子との違いである．

3）大腿直筋肉離れの特徴

● 大腿直筋の肉離れが女子サッカーでは好発する（図3）．競技レベルがあがるとその発生は少なくなるが，大学年代以下では傷害発生率で1位か2位を占める．筋力が低いことが原因であることが多く，年間を通して再発を繰り返すことも多い．軽度であるためトレーニングを休むタイミングが難しく，痛みがある状態でプレーをしていることも少なくない．大学年代，なでしこリーグとも新人に発生することが多く，準備不足，筋力不足が大きく影響していると考えられる[4]．

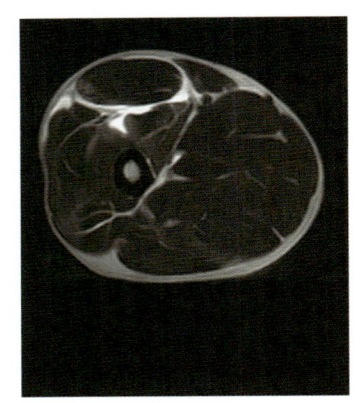

図3　サッカー選手の大腿直筋肉離れ
大腿直筋中央部に血腫を認める．

4）足関節捻挫の特徴

● 足関節捻挫は，切り返し動作やボールに足が乗ってしまうこと，対人プレーによる発生が多くある．
● 女子サッカーでの発生メカニズムとして，パスやシュートブロック時に相手に対し内側の足（アウトサイド）を出すことにより，ボールスピードに足部が負け，前脛腓靱帯，前距腓靱帯，踵腓靱帯，三角靱帯を一度に損傷する重度の内がえし捻挫が発生することが特徴である（図4）．
● 筋力が低い女子サッカー選手では，一般的な足関節捻挫より複合損傷となり重度損傷となるため，復帰まで最短5週間の期間を要する．そのためこの傷害に関して傷害予防を行うことが重要である．

図4　シュートブロック時の足関節捻挫の発生メカニズム
左はアウトサイドでブロックしている．右はインサイドでブロックしている．

point!　アウトサイドでのブロックは重度の足関節捻挫のリスクファクター．

2. 傷害予防のためのトレーニング

1）足関節捻挫予防

●足関節捻挫の傷害予防では，女性に多い（男性に発生しないわけではない）発生メカニズムを理解させること，足関節周囲筋を含めた筋力トレーニング，そのほかのメカニズムによる発生も予防するためにバランストレーニングなどを含んだ傷害予防トレーニングを実践する．

（1）発生メカニズムの理解

●トレーニング時あるいは病院や治療院などに来院した際に，発生メカニズムを理解させる．
●選手へは「シュートやセンタリングをブロックする際に，アウトサイド（相手に対し内側の足を出す）で出すと，足首がボールに負けて内側に向いてしまうことから，捻挫と同じ形になって，外側の靱帯が切れてしまうよ」と，重度の内反捻挫となる可能性を説明する．

（2）スライディングスキルの獲得

●発生メカニズムを理解できたらトレーニングを実践する．トレーニングでは，まず両足でスライディングをできるようにスキルトレーニングを行う．人工芝や天然芝で，両足でのスライディングができるように反復し練習する．
●試合時には頭で考えずに足を出す必要があるため，シュートブロックを想定したトレーニングやリアクショントレーニングを利用し，指示を出す人の合図でどちらかの足を出してスライディングをするトレーニングを行う．

（3）足関節周囲筋の筋力トレーニング

●女子サッカーに特徴的な傷害を予防するためには足関節周囲筋を増強させ，強い足関節を作る．
●腓骨筋のトレーニングでは座位や長座位でチューブトレーニングを行うより側臥位で行う方が筋の活動量が高い（図5）．
●単純なバランスボードトレーニングによっても腓骨筋の筋活動が強く認められるため，チューブトレーニングと並行して行うと効果が高い．

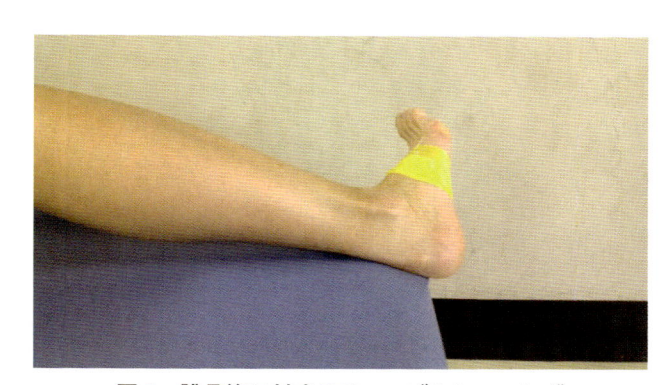

図5 腓骨筋に対するチューブトレーニング
腓骨筋の筋活動量は座位や長座位で行うより側臥位で行う方が高い．

図6 チューブトレーニングの導入方法

> **point!** 導入の段階やアスレティックリハビリテーションなどでは，女子サッカー選手では1人より数人で行う方が継続しやすい場合がある．トレーニングの質を求めるか，継続性と習慣性を獲得することを求めるか，選手の性格，競技レベルから見極める．

Ⅲ. 種目別の傷害予防トレーニングとその実際

● 女子サッカー選手の特徴として1人より大人数で行う方がトレーニングを導入しやすく，最初の導入の段階ではチーム単位で楽しく行える工夫をすることによりトレーニングが継続しやすい（図6）．

（4）バランストレーニングの基礎

● 強度の足関節不安定性を有する選手に，バランスボードトレーニングを行わせようとしてもバランスボードやバランスクッションの上に立つことができないことが少なくない．

● 前段階として裸足の状態で足趾で地面を掴み，片脚立位を安定させることから始める（図7）．必要に応じて足趾のグーチョキパーなどを行わせ，可動域と機能を向上させる．

● 安定した面からクッション性のある不安定な面へと進み，片脚立位が安定したら，前後左右に片脚を出し刺激を与える．次にチューブを用いたバランストレーニングへと進む．

● 足趾を掴むイメージができれば，シューズを履いた状態でトレーニングを行う．

● チューブを用いたバランストレーニングでは足趾で地

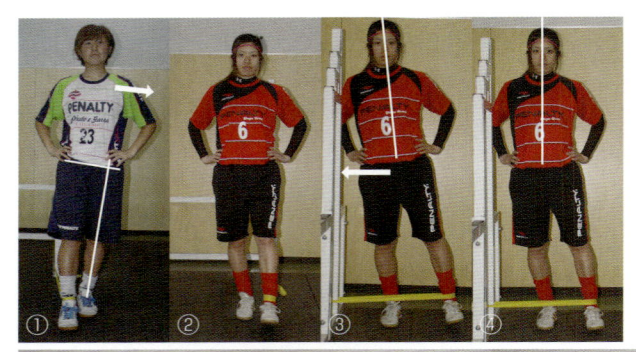

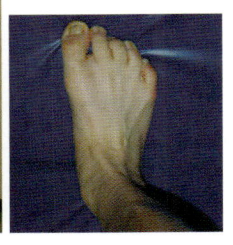

図7 足趾で地面を掴む片脚立位トレーニング
足趾を意識して地面を掴むようにするため，裸足の状態から始める．動揺性を意識下に減少させるように意識をした状態で片脚立位を行う．矢状方向，前額方向に対するストレスを加える場合もある．

面を掴むイメージを継続させながら片脚立位をした状態で反対側の足にチューブを取り付け，ゆっくりと反動動作にならないようにチューブの力を制動する．前額方向の股関節外転・内転運動，矢状方向への股関節屈曲・伸展方向へのストレスを加える（図8）．

● 注意すべきポイントは，バランストレーニングであることを説明し，強度の強いチューブを使用するのでなく，イエローかレッド程度の強度の弱いチューブを用いて行う．10回を4方向行うが，疲労や集中力が続かなく，10回をこなせないときは数を減らしてもよい．

● バランストレーニングのみを行わせる場合は，8週間以上の期間行わないと効果が得られない．さらに1週間に2回以上のトレーニングを継続しないとシーズン中，効果が継続しない[5]．

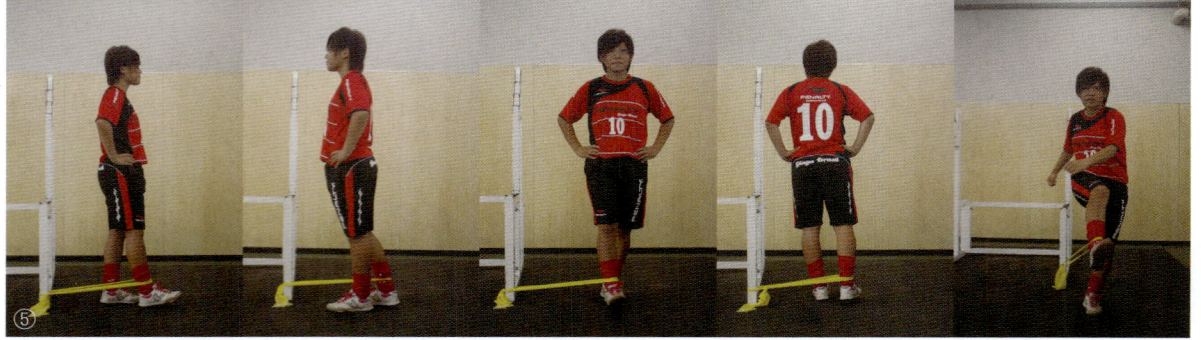

図8 チューブを用いたバランストレーニング
軸足がトレーニングをしている足である．足関節不安定性を有すると①のように外側荷重になりやすいため，鏡などを用いて修正する（②）．前額方向へ負荷を加えるため外転動作を行う際は③のように体幹が側方へぶれて外側荷重にならないように腓骨筋，中殿筋，体幹の収縮を意識させる（④）[6]．⑤チューブにより外乱刺激を加えた1例である．安定してきたらスイング動作やバランスクッション上で同様のトレーニングを行う．

> **point!** 筋力トレーニングではないため，ゆっくりと反動をつけず，足趾で地面を掴んだ状態で意識を集中して行わせる．

(5) バランストレーニングの応用

- 次のステップとして安定性を向上させるため,動的なバランストレーニングを行わせる.
- ドロップジャンプやサイドホップジャンプにより,片脚スクワットの状態でぶれずに制動させる(図9).
- 筋力を伴わなければ体幹の制動ができないため,必要に応じて体幹トレーニング,中殿筋のトレーニングを加える.
- 筋力トレーニングが一番の目的でないことを理解させ,ぶれずに制動できる距離からはじめ,徐々にジャンプの高さや距離を大きくしていく.

(6) 競技特性をふまえたバランストレーニング

- バランストレーニングでは,競技特性を考慮したメニューを追加すると,なお傷害予防の効果が高い[5].
- 女子サッカー選手では,ボールを用いて集団で行えるプログラムや難易度の設定など,ゲーム性を持たせるとトレーニングを継続しやすい.
- バランスボードを用いた場合は,キック動作やリフティング,ヘディング動作などを行わせる(表2,図10).
- 静的なバランス能力が向上していない状態で行っても,トレーニング効果が得られるまで時間がかかってしまうため,静的なバランス能力を獲得してから行わせる.

(7) 集団での傷害予防トレーニング

- 集団でのトレーニングを行うことができる環境であれば,FIFA The 11＋などの傷害予防トレーニングを導入する.

図9 グラウンドでのバランストレーニング
機能的な安定性をトレーニングするメニューの1例である.

表2 バランストレーニングメニューとレベル

Level	片脚立位	立脚側屈伸	ハンドパス	キック ヘディング
1	胸前で腕交差	立脚足90°膝屈伸	両手パス	インステップパス
2	胸前で腕交差 遊脚側の膝屈曲	胸前で腕交差 立脚足90°膝屈伸	遊脚側屈曲 両手パス	インサイドパス
3	遊脚側スイング (前後)	ボール(大)拾い	素早いパス	キックを指示して パス
4	遊脚側スイング (左右)	ボール(大)拾い 位置を変化させる	遊脚側屈曲 素早いパス	キック,ボール位置 ランダム変化パス
5	ペアを追従	ボール(小)拾い	片手 キャッチパス	ヘディング
6	あっち向いて ほい	ボール(小)拾い 位置を変化させる	パス方向 ランダム化	ツータッチパス

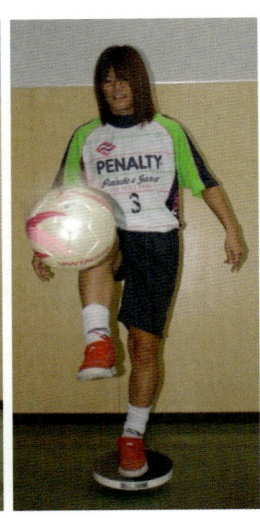

Ⅲ．種目別の傷害予防トレーニングとその実際

| 1-胸前で腕交差 | 3-遊脚側スイング | 1-インステップパス | 2-インサイドパス | 5-ヘディング |

図10　競技特性を考慮したバランストレーニングメニューの1例（写真は代表的な動作）
数字は表2に示すレベルである．競技特性を考慮し，難易度の設定があるプログラムであれば単一の課題のバランストレーニングより効果の習得が早い．各スキルごと，確実にできるようになれば難易度を上げていくように指導する．

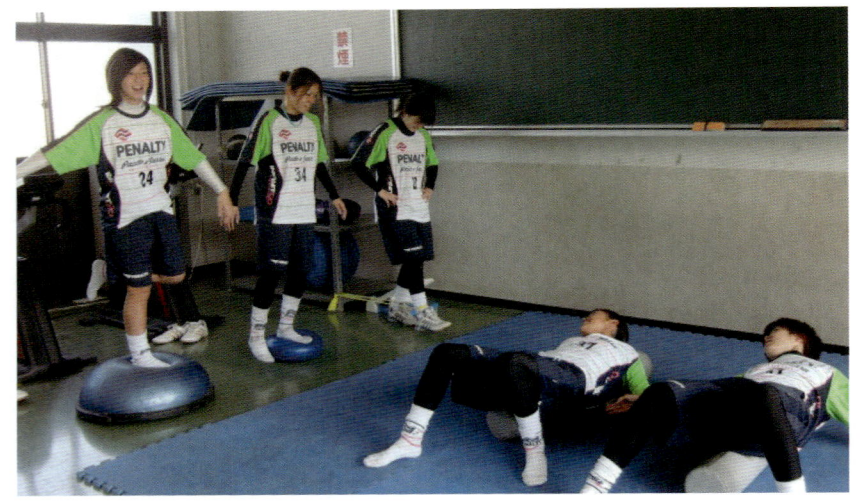

図11　セルフコンディショニングの実際

2) 課題および今後の展望

● セルフコンディショニングの1つとして練習前のバランストレーニングなどを定着させる教育的な指導が必要となる（図11）．

● わが国では女子サッカーに対する研究が少なく，傷害予防効果がどこまで得られるか年代別に検討し，プログラムを再考していく必要がある．

（小林　直行）

文　献

1) 中堀千香子：サッカーにおける予防の取り組み．臨床スポーツ医学，28（4）：417-423，2011．
2) 安松幹展・他：フィジカルチェック結果からみた日本人選手の特徴．トレーニング科学，22：307-312，2010．
3) 財団法人　日本サッカー協会：JFAフィジカル測定ガイドライン　2006年版．2005．
4) 岩井和夫・他：女子サッカー選手の肉離れの検討．日本整形外科スポーツ医学会雑誌，28：114，2008．
5) 小林直行・他：アスレティックリハビリテーションの進歩と成果　―重心動揺性からみた足関節機能的不安定性への対策―．臨床スポーツ医学，29（11）：1159-1162，2012．
6) 小林直行・他：陳旧性足関節外側靱帯損傷に対するアスレティックリハビリテーション．臨床スポーツ医学，30（7）：653-658，2013．

Ⅲ. 種目別の傷害予防トレーニングとその実際

7 バスケットボール

競技特性
- バスケットボールは縦28m 横15mのコート，3m5cmのリング，周径約77cmのボールを用いて，1チーム5人で行う球技であり，10分の1クォーターを4クォーター繰り返して，合計得点を競う．
- 男女の間には，女子が少し小さいボールを使うという点以外は競技ルールに差はない．また小学生のミニバスケットボールでは，コートも狭く，リングも低いものを用いる．

1. 女子バスケットボール選手の傷害の特徴

1) 傷害発生率

- 1988〜2003年の16年間にわたって全米大学体育協会（以下，NCAA）Ⅰ〜Ⅲ部に所属する113校を対象とした疫学的調査が最も広範な調査と思われるが，同時期に同じ方法で測定された男子のデータと比較した場合，試合時の傷害発生率は女子が7.68件 A-Es*であったのに対し，男子が9.9件 A-Esであり，男子の方が有意に高かった（図1）[1,2]．
- 男女のプロバスケットボール選手を対象とした6年間の疫学的調査[3]では，女子の方が男子より傷害の発生確率は高くなっている．性差については一貫した結果は出ておらず，傷害全体を対象としたときには，女子バスケットボール選手の方が傷害発生率が高いというわけではない．
- 前述のNCAAを対象とした研究および，別の高校を対象とした調査[4]の両方において，男女を問わず試合中の傷害発生率は練習中の約2倍となっており，試合時の傷害発生リスクが上昇することが示唆されている[1,2,4]．

*筆者注 A-E（Athletic Exposure）：傷害発生率などを表現する際に1人のアスリートが1,000回そのスポーツの練習・試合に参加したときの傷害発生件数を表した単位．1回当たりの練習・試合時間は考慮に入れない．

2) 受傷部位と傷害類型

- 受傷部位は，各カテゴリー，男女を通じて，下肢が最も多く約60％を占めている．多少のばらつきはあるが，次に頭部・顔面への傷害が多く，上肢，体幹・背部という順番となる．
- 試合中に発生した傷害では，大学チームおよびプロチームにおいて，足関節内反捻挫が最も多い（表1）[1-3]．

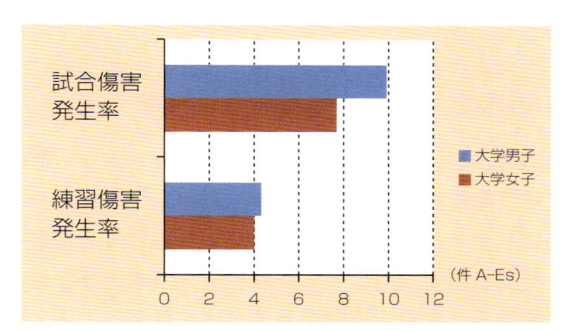

図1 大学男女バスケットボールの傷害発生率

表1 大学[1,2]，プロ[3]バスケットボールの試合に関連して発生した傷害の比較（上位3傷害） （単位％）

大学女子	大学男子	WNBA	NBA
足関節捻挫 (24.6)	足関節捻挫 (26.2)	足関節内反捻挫 (17.3)	足関節内反捻挫 (17.9)
膝関節内損傷 (15.9)	膝関節内損傷 (7.4)	膝蓋大腿関節炎症 (4.7)	膝蓋大腿関節炎症 (4.0)
脳震盪 (6.5)	大腿部打撲 (3.9)	膝蓋骨・膝打撲 (4.0)	腰部・仙骨捻挫・スパズム (4.0)

れらの筋を強化することがその対策方法となる．

- ステップの中での適切な肢位を保ちながら動的なバラ

III. 種目別の傷害予防トレーニングとその実際

試合と練習の比較では女子バスケットボール選手は，脳 たものであった[1]．

III. 種目別の傷害予防トレーニングとその実際

図2　バランストレーニング

ンスを保つ能力の獲得を目的とする．
●サイドステップを，図3のようにミニバンドをつけた状態で実施することで，股関節内転への外力をかけ，それに対して予想的に肢位を安定させる反応を引き出す．
●カット動作・サイドステップ動作時の，体幹・骨盤，下肢の肢位の安定を目的とする．導入初期は，肩幅の1.5倍程度の幅を1歩だけ行うものから始める．徐々に以下のような変数を考慮して，強度を上げていくことができる．
①**マーカーの数**（歩数）：導入期は1個（歩）．最大で3ないし4個
②**努力度・スピード**：導入期は50％程度の努力度・スピードから徐々に75％，90％，最大努力度と上昇させていく
③**切り返し**：導入期では切り返し動作は行わず，しっかりと停止することを目的として実施する．停止動作を習熟したのち，切り返し動作を導入していく．

③**ドロップスクワット**（図4）

●着地時の安定した肢位の獲得を目的として，ボックス

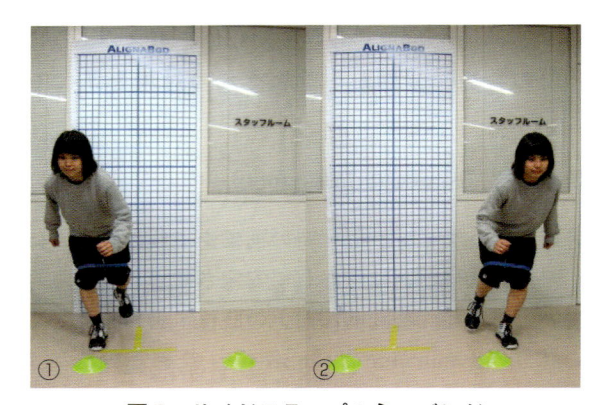

図3　サイドステップ＋ミニバンド

からの着地動作や連続的なジャンプ動作を行うプライオメトリックトレーニングを行う前に実施する．両脚で行うもの（①②）と，片脚で行うもの（③④）の2種類がある（図4）．
●図4①の開始姿勢から，勢いよく腕を伸展方向に振り下げると同時に，脚屈曲位で急減速，安定することを目的とする．
●（片）脚優位の傾向が見られるアスリートには，両脚・片脚の両方で実施する際に，左右が同じフォームで同程度の負荷が実施できるように特に注意する．体幹優位（コア機能不全）が見られるアスリートには，片脚で実施し

図4　ドロップスクワット

ている際に，体幹の傾きや，回旋動作が起こらないように注意する．③④はミニバンドを膝上に巻いて行っている．
●ドロップスクワット動作が習熟した後，30cmまたはそれより低いボックスからのランディング（着地）へと発展させる．

④**スクワット＋ミニバンド**（図5）
●ドロップスクワット動作時などにおいて，肢位が不安定となる場合には，より静的な自重による通常のスクワット動作において脚屈曲動作に股関節の内反・内旋が伴わないように，ミニバンドを膝上に巻きながら実施する．
●屈曲時に外旋筋・外転筋の出力発揮の制御方法の獲得を目的とする．図5の③のように股関節の内転・内旋が起こらないように注意する．

⑤**スクワット**（図6）
●下肢全体の筋力の改善を目的として実施する．
●①②のような一般的な両脚のスクワットで重量を上げていくのも重要であるが，前額面・水平面での肢位の安定性に対する難易度はあまり上がらないため，③④のように，スプリットスクワットの後脚を挙上した片膝姿勢でのスクワットを行うことで，前額面での安定性を同時に負荷に加えることができる．
●（片）脚優位の傾向が見られるアスリートには，特に同じフォームで同じ負荷が実施できるように注意する．

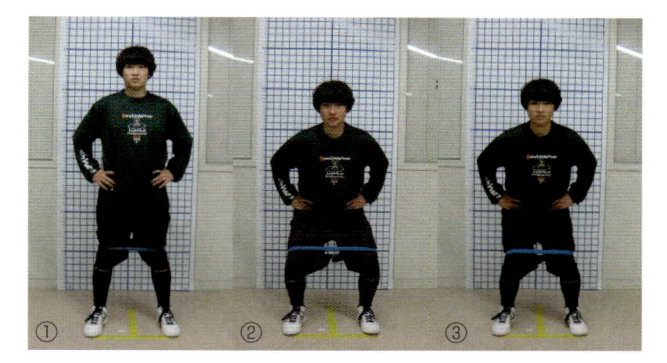

図5　スクワット＋ミニバンド

特に屈曲時に大腿骨の内転と内旋が伴うときには，⑤のように内転・内旋方向への軽度の負荷を与え，これに抗しながら屈曲することで，屈曲時に無意識に外旋筋・外転筋の出力が発揮される制御方法の獲得を目的とする．
●シングルレッグスクワットへと発展させることで，矢状面と前額面に加え，水平面上の安定性を運動の中に取り入れることができる．

⑥**ラテラルスクワット**（図7）
●外側方向の負荷を意識したスクワットとして実施する．
●③のように，体幹に対して外側方向に張力をかけた際に，他のトレーニングなどで体幹優位（コア機能不全）の徴候が見られるアスリートには，体幹の傾きが起こらないように注意する．

⑦**シングルレッグ・ストレートレッグ・デッドリフト（ルーマニアンデッドリフト）**（図8）
●後面チェイン（殿筋・ハムストリングス）の強化を目的として実施する．
●片脚で行うことで，前額面と水平面の制御・安定性も求められる．支持脚の前額面・水平面の安定性がない場合には，図8の③のように，支持脚の股関節が外旋す

図6　スクワット

Ⅲ．種目別の傷害予防トレーニングとその実際

図7　ラテラルスクワット

る代償動作が入る．スプリットスクワット同様に，屈曲時に大腿骨の内転と内旋が伴うときには，⑤のように大腿骨内転・内旋方向への軽度の負荷を与え，これに抗しながら屈曲することで，屈曲時に無意識に外旋筋・外転筋の出力が発揮される制御方法の獲得を目指す．

⑧ブリッジ（図9）

● コアの収縮を伴いながら，後面チェイン（特に殿筋）の筋力強化を目的としたブリッジである．
● 図9の③のように両脚から片脚で行うことで，負荷を増加することができる．片脚時には，矢状面だけでなく，前額面でのコアの安定性も求められる．②では，コアの固定が崩れ，腰椎が伸展位となってしまっている．

図8　シングルレッグ・ストレートレッグ・デッドリフト（ルーマニアンデッドリフト）

図9　ブリッジ

図10　ロシアンハムストリングス

⑨ロシアンハムストリングス（図10）

● 後面チェイン（特にハムストリングス）の筋力強化を目的としたトレーニングである．着地時などに起こるエキセントリックなハムストリングス収縮力の改善を目的としている．

⑩サイドブリッジ（図11）

● 前額面の体幹と骨盤，股関節の安定性の改善を目的に実施する．
● 図11の③④のように，膝上にミニバンドを巻き，もう一方の股関節の動作をプラスして，より安定性に対する要求を高くすることもできる．

— 90 —

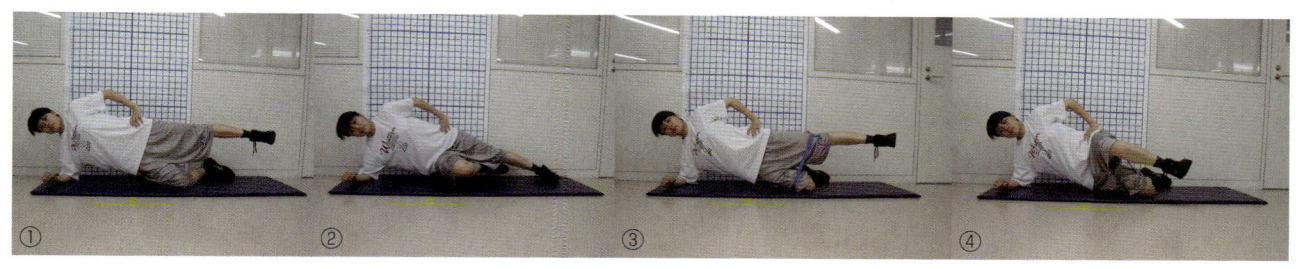

図 11　サイドブリッジ

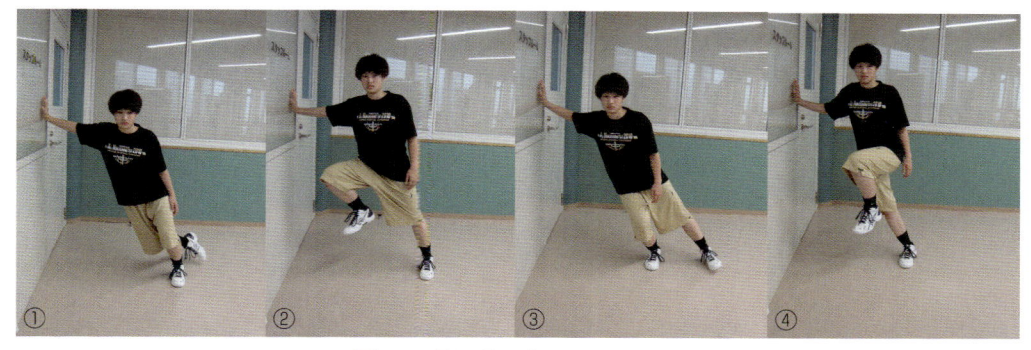

図 12　ラテラルウォールドリル

⑪ラテラルウォールドリル（図 12）

● サイドブリッジと対象としている点は同じであるが，立位姿勢となることで，重心制御という要素が加わり，より機能的になる．

● 外脚を軸にするもの（①②）と，内脚を軸にして，クロスステップにしたもの（③④）の 2 種類がある．チューブなどを腰に巻き外側方向への張力をかけることで，負荷を増すことができる．

（上松　大輔）

文　献

1) Agel J, et al.：Descriptive epidemiology of collegiate women's basketball injuries：National Collegiate Athletic Association Injury Surveillance System, 1988-1989 through 2003-2004. *J Athl Train*, 42（2）：202-210, 2007.
2) Dick R, et al.：Descriptive epidemiology of collegiate men's basketball injuries：National Collegiate Athletic Association Injury Surveillance System, 1988-1989 through 2003-2004. *J Athl Train*, 42（2）：194-201, 2007.
3) Deitch JR, et al.：Injury risk in professional basketball players：a comparison of Women's National Basketball Association and National Basketball Association athletes. *Am J Sports Med*, 34（7）：1077-1083, 2006.
4) Borowski LA, et al.：The epidemiology of US high school basketball injuries, 2005-2007. *Am J Sports Med*, 36（12）：2328-2335, 2008.
5) Darrow CJ, et al.：Epidemiology of severe injuries among United States high school athletes：2005-2007. *Am J Sports Med*, 37（9）：1798-1805, 2009.
6) Kofotolis N, et al.：Ankle sprain injuries：a 2-year prospective cohort study in female Greek professional basketball players. *J Athl Train*, 42（3）：388-394, 2007.
7) McKay GD, et al.：Ankle injuries in basketball：injury rate and risk factors. *Br J Sports Med*, 35（2）：103-108, 2001.
8) Meeuwisse WH, et al.：Rates and risks of injury during intercollegiate basketball. *Am J Sports Med*, 31（3）：379-385, 2003.
9) Hewett TE, et al.：Understanding and preventing ACL injuries：current biomechanical and epidemiologic considerations-update 2010. *N Am J Sports Phys Ther*, 5（4）：234-251, 2010.
10) Myer GD, et al.：Real-time assessment and neuromuscular training feedback techniques to prevent ACL injury in female athletes. *Strength Cond J*, 33（3）：21-35, 2011.
11) Pollard CD, et al.：Limited hip and knee flexion during landing is associated with increased frontal plane knee motion and moments. *Clin Biomech*（Bristol, Avon）, 25（2）：142-146, 2010.

III．種目別の傷害予防トレーニングとその実際

8 バレーボール

競技特性

- バレーボールには，一般的に6人制と9人制がある．ネットの高さは男子および各年代で異なっている．
- 1セットの競技で，連続動作は長くても30秒で止まり，それを多くて約150（2セット制）〜230回（3セット制）を繰り返す．
- バレーボールは走らないと思われがちであるが，瞬時に走って瞬時に止まり，瞬時にしゃがみ瞬時にジャンプすることを繰り返す．
- スパイクの数は女子の場合，3セットなら約35本，5セットなら約50本のスパイクを打つ．レシーブ姿勢は3セットで約100〜125回である．

1．女子バレーボール選手の傷害の特徴

1）傷害の特徴

- 高校女子バレーボールチーム（埼玉県ベスト8以上のチーム）の傷害調査アンケートでは，現在痛みはあるが病院には行かずプレーしている選手が72％おり，部位別では膝関節が一番多く20％，次いで足関節15％，腰部10％，脛部10％となっている．指は全指合わせると13％であった．
- 高校女子バレーボールチーム選手の受傷総回数を**図1**に示す．足関節の傷害が一番多かった．
- ナショナルチームの傷害発生部位は足関節77.6％，腰部71.0％（分離症が多い），膝関節59.8％（ジャンパー膝が多い），肩関節33.9％であった[1]．

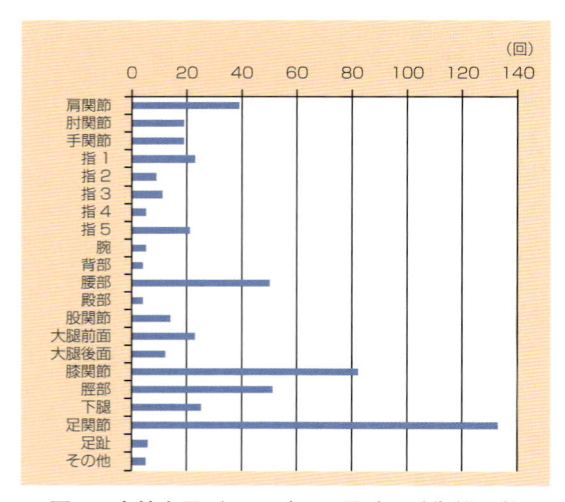

図1 高校女子バレーボール選手の受傷総回数

- スポーツ外来に訪れた約5,000名のバレーボール選手の傷害の発生状況は，膝痛19.6％（ジャンパー膝），腰痛16.0％（筋膜性），足関節捻挫11.1％，肩痛5.9％であった[1]．

2）膝関節と腰部の傷害

- 一番多かった足関節と指部は急性外傷の発生が多いため，技術面の問題もある．本書では，膝関節と腰部について述べる．

（1）ジャンパー膝

- スパイクジャンプ時の踏み込みやスクワットでは十分な股関節屈曲可動域が要求されるが，ジャンパー膝の選手は骨盤後傾位で代償してしまうことが多い．この際，骨盤前傾位が保てない選手は大腿外側が緊張していることが多い．
- レフト側からスパイクを打つときは，ネットに対して約45°で右脚を踵から接地し踏み込み（**図2**），左脚をそろえて足関節-膝関節-股関節がほぼ同時に屈曲し，両脚でジャンプする．膝関節は約60°屈曲する．このとき膝蓋骨は上1/3でのみ大腿骨と接触しており，下極は不安定な状態となるが，内外膝蓋支帯の緊張でコントロールされる．
- スパイクジャンプの踏み込みにおいて，右膝のジャンパー膝を有する選手は右膝蓋腱に張力がかかる跳び方をしている[2]．

図2　レフト側からのスパイク

図3　伸展要素による腰痛の発生機序

● 大腿筋膜張筋-腸脛靱帯-外側広筋は外側膝蓋支帯へ停止しているため，これらの張力は膝蓋骨を外上方へ牽引し，下極を突出させることになる．このときの内側広筋は膝蓋骨近位内側に停止しており，収縮力低下は膝蓋支帯をコントロールできず下極をさらに突出させることになるので，内側広筋の筋力を向上させるトレーニングがジャンパー膝予防に必要である．

（2）腰の傷害の特徴

● 腰部の傷害は伸展動作とリーチ動作が原因となり発生することが多い．
● 伸展要素による発生機序は，スライディング時やスパイク時に腰部を反らす動作やスパイク時にトスがネットから離れて後方に体重がかかった状態で踵着地したときに後方要素にストレスがかかり，後方要素傷害として腰痛分離・すべり症・急性腰痛症などを発生する[3]（図3）．
● バレーボールの競技特性としてボールを捕えにいく，

図4　リーチ動作による腰痛の発生機序

運びにいく，叩きにいく動作においてはリーチが先行をする．このときに腕に力が入りすぎているとスムーズな動作ができないばかりか，肩甲帯や胸郭の可動性，体幹の安定機能が低下していると代償的に腰椎にストレスがかかり腰痛を発症するケースが多い（図4）．
● 低い姿勢を維持することで大腿四頭筋に加えて，腸腰筋や腸脛靱帯などが同時に硬結を起こし，腰痛発生要因になり得るわずかな前弯を引き起こす[4]．

2．傷害予防のためのトレーニング

● 体幹の安定性，肩甲骨・胸郭の可動性，股関節・骨盤機能の3点を向上させ，その3点を協調させ素早く力を抜いたり入れたりすることができれば，傷害を予防でき，パフォーマンスを向上させることも可能である．
● ジャンパー膝について述べたのち，全体的な傷害予防トレーニングを述べる．

1）ジャンパー膝

● 内側広筋のトレーニング，スクワット動作，ランジ動作の習得を行う．
● 内側広筋の筋力トレーニングの効果的な方法は，反対の下肢をベッドなどで開脚し，股関節外転位，骨盤前傾位で踵をベッドに押しつけて踵で蹴るようにすると収縮

しやすくなる[5, 6]（図5）．
● 股関節・膝関節・足関節のトリプルフレクション・エクステンションの安定したスクワット姿勢が得られたのち（図6），安定したランジ姿勢を確保する（図7）．
● ランジ動作ができるようになれば，次に片脚で不安定な状態を作り，安定性・可動性のバランストレーニング

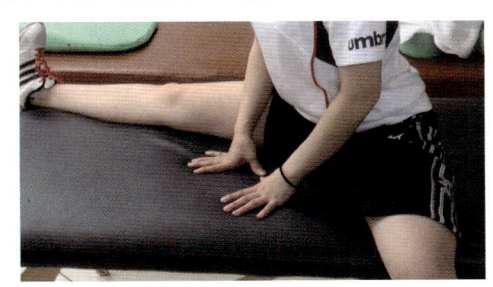

図5　大腿四頭筋（クワド）セッティング

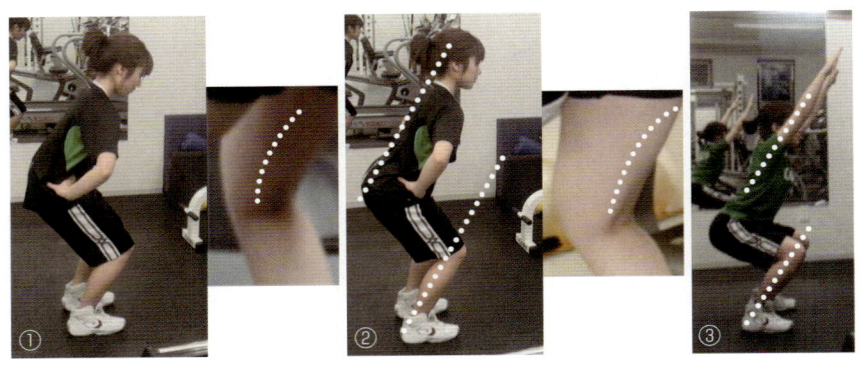

Ⅲ．種目別の傷害予防トレーニングとその実際

図6　スクワット姿勢
①骨盤後傾位．大腿四頭筋へのストレスが増加し，点線部分の内側ハムストリングスに膨隆がなく収縮が不十分．
②骨盤前傾位．股関節90°膝関節90°足関節45°で，点線部分の内側ハムストリングスに膨隆がでて収縮が十分[5,6]．
③フルスクワットできると，手を上げても膝に負担のかからないスクワット姿勢ができる．

図7　ランジ動作
①股関節の屈曲を意識したランジ，②リーチ動作でのランジ，③チューブでの負荷をかけてのフロントランジ・サイドランジ，④メディシンボールでの回旋を加えたランジなどを行う．

図8　片脚バランストレーニング

を行う（図8）．

2）全体的な機能評価

●女子バレーボール選手が代償動作を起こしやすく，膝や腰の障害発生に関連するレシーブ，ジャンプ，着地時に多いスクワット動作（両脚・片脚）の評価を行う．
●スクワット動作は両脚と片脚で評価する（図9，Ⅲ-1チアリーデング図6参照）．できていない場合に，問題が関節にあるのか筋力にあるのか，筋の協調性や体幹にあるのかを評価し，優先順位をつけてトレーニングを行う．

（1）リーチ動作の学習

●バレーボールにおけるリーチ動作において，肩甲帯の柔軟性と安定，体幹の安定，胸郭の柔軟性，骨盤・股関節の柔軟性と安定は必要不可欠である．
●各フェーズでの運動連鎖の獲得と筋力向上のトレーニングにより，安定したスパイク動作やレシーブ動作など

図9 ディープスクワット（オーバーヘッドスクワット）

つま先と膝の向きは同じか（スクワット過程でも），伸ばした腕は下がっていないか，骨盤は回旋したりシフトしたりしていないか，骨盤・背中・頸部・腕が一直線上かなどをみる[7]．

膝を痛める選手は，膝が内外側にいく，骨盤が後傾したりしている．腰を痛める選手は，腕が下がることが多い．

図10 リーチ動作による立ち上がりトレーニング

①座位姿勢からのリーチ挙上（肩甲骨の外転），②左右股関節での体重支持，脊柱，肩甲帯アライメントの修正，③視覚と上肢の協調とのリーチに伴う体重移動，④前方へのリーチングと抗重力伸展活動の活性化

ができるようになり，傷害の予防につながる（**図10**）．
●立ち上がり動作には骨盤の前傾と脊柱の伸展が必要で，このときリーチ動作機構を上手に使うことができれば肩甲帯や胸郭もスムーズに動き，体幹も不随意的に収縮でき，core control がスムーズに行われる[8]．
●寝がえり→起き上がり→立ち上がり動作におけるリーチ動作を学習する．

●最終的には，スクワット動作も手を前にだすハンズフリー動作，オーバーヘッド動作でのスクワットなどが必要となる．

（2）身体操作能力向上のためのトレーニング

●筋力トレーニングでつけた筋肉を使えるようにする．一番のトレーニング方法は走ることである．「究極の身

図11 自体重トレーニング

III. 種目別の傷害予防トレーニングとその実際

体操作」と言われるラントレーニングで，腕を振って最大努力で走ることによって筋肉はバランスよく使えるようになり，障害も予防できる[9]．同時に体の動かし方に磨きをかけながら持久力やスピードを鍛える．

● 筋力トレーニングでつけた筋肉のパワーを上手に使うためには，身体の動きをコントロールする必要があり，自体重トレーニングで，細かい部分の筋肉をつけ，バランス強化や身体の使い方を覚える（図11）．

● 身体が上手く使えてきたら，バレーボールに特化した動かし方を覚える．

(3) 空手の突きのトレーニング

● バレーボールは空中で打つため身体のどこかで軸を作らなくてはならないので，少し不安定な状態から骨盤と体の捻りを使う空手の突き動作SSC（stretch shortening cycle）を利用した練習をする．空手の突きは引き手を素早く引くことで強い突きができる（図12）．

● このトレーニングにより体幹が安定し，無駄な力が入らず，素早い振りができるため，腰や肩の障害も予防できる．

(4) プライオメトリックストレーニング

● 接地時間を短くし，腱の反応や神経の反応を速くし，爆発力やSSCやRFD（rapid of force development，II-3参照）を高める．

● バレーボールのレシーブでは，静的動作から動的動作への移行で爆発的な切り替えと粘りが必要な場面も多い．そのため，メディシンボールを持ち，腕を素早く振り上げて立ち上がり，ボールの勢いに負けないように上方で押さえつけるエキセントリックな耐えるトレーニングであるオーバーヘッドドローイン（図13，エキセントリック腹筋）も必要となる（II-3参照）．

(5) 柔軟性トレーニング

● 柔軟性の獲得は，バレーボール動作に特に必要な股関節，肩甲帯，胸郭ストレッチと，筋連結を意識したアウター・インナーユニットストレッチを紹介する（図14）．

(6) 安定性

● スパイク，レシーブ，ブロック動作時は手を伸ばすリ

図12　空手の突きのトレーニング
肩の力を抜いて，腰の回転と同時に左手を捻りながら引き，腹筋・背筋のコンセントリックとエキセントリックを瞬時に行い突いて，すぐ引く練習をする．

図13　プライオメトリックストレーニング

図14　柔軟性トレーニング
①サイドライイング・ローテーション，②スコーピオン，③大殿筋－起立筋－広背筋，④フォアードランジ，フォアアーム・トゥ・インステップ

図15　リーチを使った体幹トレーニング

図17　協調性トレーニング

point! 協調性のトレーニングであることを説明し，決して強化が目的ではなく安定させるところを安定させ，動かせるところを動かせるようにできることを目的とする．（運動連鎖やモーターコントロール機能の向上）

ーチ動作となるため，リーチを意識しての安定性トレーニングを行う．
● 体幹トレーニング（図15）とリーチ動作による腹筋トレーニング[10]（図16）を行う．

（7）協調性のトレーニング

● 股関節・骨盤の機能，肩甲帯・胸郭の機能，体幹の機能が正常に機能できたら，これらが協調して動かせるように上肢‒体幹‒下肢がそれぞれ安定しながら可動できると傷害予防にもつながる．
● 協調性トレーニングを安定した面から行い，次にバランスボールやチューブなどで，不安定な状態でも安定して上肢，下肢を動かせるようにし，最後に片脚時に安定して動かせるようにすることが必要である（図17）．

3) 課題と今後の展望

● わが国では女子バレーボールに対する研究が少なく，傷害予防効果がどこまで得られるか年代別に検討し，プログラムを再考していく必要がある．

図16　リーチを使った各種腹筋トレーニング
バレーボールは腕を前に出すことが多いので，前に出す腕の角度を変化させる腹筋が有効である．角度が大きい程，上部の腹筋を効かせることができる．

● 傷害予防のトレーニングとは痛みをなくすことでなく，痛みがでても練習を休まずに軽減させる，もしくは痛みがあってもプレーに影響がでないように練習に耐えていける身体面・精神面を総合的に向上させることが必要と思われる．

（畑中　仁堂）

文　献

1) 森北育宏・他：バレーボールナショナルチームドクター・トレーナーが書いた種目別スポーツ障害の診療．南江堂，東京，2006，pp99-114．
2) 徳山満・他：動作の違いによる膝蓋骨の上極と下極への筋張力について．バイオメカニズム学術講演，2009，pp33-34．
3) 森北育宏：バレーボールにおける上肢・体幹損傷の診断と治療．復帰をめざすスポーツ整形外科，メジカルビュー社，東京，2011，pp152-153．
4) 岩崎由純：アスレティックトレーナーテキスト（I）アスレティックトレーナー養成講習教本．日本体育協会，東京，2005，p360．
5) 八木茂典：*Sportmedicine*，142：17-20，2012．
6) 八木茂典：*Sportmedicine*，146：12-13，2012．
7) 甲谷洋介：全日本女子バレーボール　ストレングス＆コンディショニングコーチ．月刊バレーボール，3：66-79，2012．
8) 石井慎一郎：起居動作の臨床バイオメカニクス．南西書店，2012，pp36-55．
9) 小川良樹：下北沢成徳高等学校バレーボール監督・コーチ入門．池田書店，東京，2012，p120．
10) 大石博暁：全日本男子バレーボールチームフィジカルコーチ．日本整形外科スポーツ医学会雑誌，32(4)：196，2012．

Ⅲ．種目別の傷害予防トレーニングとその実際

9 ハンドボール

競技特性

- ハンドボールは，1チーム7名（ゴールキーパー1名・コートプレーヤー6名）のプレーヤーが一定時間内に1個のボールを奪い合い相手ゴールへシュートし，いかに多くの得点を奪うかを競うスポーツである．
- 走・跳・投という運動における基本3要素が盛り込まれ，ボディコンタクトが許されていることから，ハンドボール競技は格闘技的な意味も含めた総合スポーツといえる．
- ダイナミックなシュートシーンやスピーディーな試合展開が魅力となっている半面，とても激しいスポーツで，様々な場面で外傷や障害が発生している．

1. 女子ハンドボール選手の身体特性と傷害の特徴

1) 身体特性

- 女子ナショナル選手（1999年度）と女子大学選手（2001～2010年度）との比較をみると，それほど大きな差はみられない．ただし，女子ナショナル選手の50m×方向変換走が大学生に比べて速く，体格差が同じでも高い俊敏性があると考えられる（表1）．

2) 傷害発生状況

- 大学生女子選手の5年間の傷害発生状況において，外傷としては足関節捻挫，大腿部打撲，突き指の順に発生数が多い[2]（図1）．外国の報告でも[3]，同様の3疾患が多く，発生する傷害については男女に大きな差はみられない．多くの傷害は他プレーヤーとのコンタクト時に発生するが，女性においては非コンタクト時に発生する傷害が男性に比べて多く，女性の方が競技離脱する傷害が少ない．傷害の3位には入らないが，膝の前十字靱帯（ACL）損傷の予防が今後の課題である．
- 障害の部位別発生状況をみると肩関節が多い（図2）．
- オフェンスによる投球動作に対し，ディフェンスは正面から腕を抑えることがルールとして認められていることや，得点を狙うためには肩関節にストレスのかかりやすい投球フォームを強いられるなど，ハンドボールの競技特性が関連していると思われる．

3) 前十字靱帯損傷の特徴

- 前十字靱帯（anterior cruciate ligament：ACL）損傷

表1 女子ハンドボール選手の身体特性と体力特性

	身長（cm）	体重（kg）	大腿（cm）	下腿（cm）	前腕（cm）	上腕（cm）	屈曲上腕（cm）	立位体前屈(cm)
大学生	165.4±5.4	61.0±7.0	右：48.0±4.3 左：48.0±4.3	右：36.8±2.1 左：36.6±3.6	右：24.9±2.3 左：23.8±1.3	右：26.7±2.0 左：26.5±2.0	右：28.7±1.9 左：28.3±2.1	15.7±5.8
日本代表	165.5±6.6	61.4±6.2	右：54±1.6 左：54.2±2.1	右：37.4±3.0 左：37.2±3.3	右：24.1±1 左：23.7±1	右：25.3±1.3 左：25.6±1.6	右：27.3±1.5 左：27.2±1.3	12.7±4.8

	背筋力（kg）	背筋力/体重	握力（kg）	50m走（sec）	50m×方向変換走(sec)	ハンドボール投げS（m）	ハンドボール投げJ（m）	垂直とび（cm）	立ち五段跳び（m）
大学生	134.8±27	2.24±0.43	右：37.0±5.0 左：33.5±5.2	7.53±0.3	12.91±0.6	37.5±3.9	31.8±4.8	48.4±4.2	10.5±0.6
日本代表	119±15.4	1.97±0.3	右：36.9±4.4 左：34±4.1	7.76±0.3	12.02±0.25	35.4±3.46	31.1±3.71	48.9±3.8	10.6±0.73

日本代表データは西山ほか[1]のデータから引用した．大学生のデータは関東大学1部リーグに所属する選手のデータをまとめた．
ハンドボール投げはstanding（S）とjump（J）を測定した．

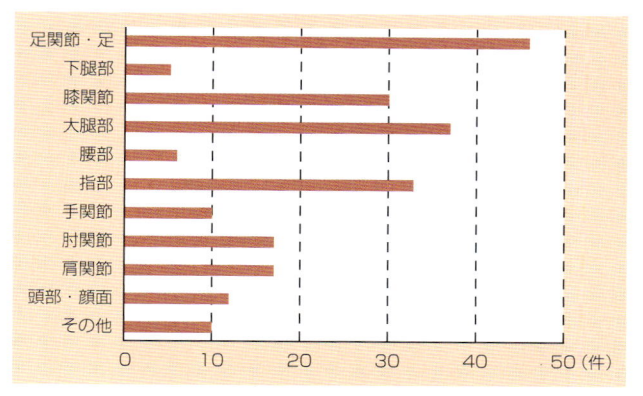

図1　部位別外傷発生状況[2]

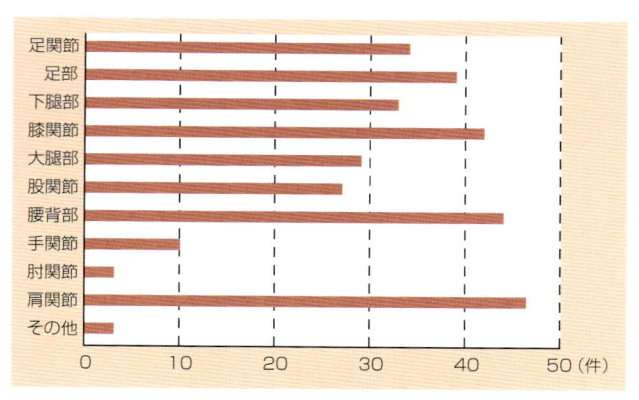

図2　部位別障害発生状況[2]

受傷率の性差を比べた研究では，男性よりも女性の方が2～3倍ACL損傷の発生率が高く，ハンドボール競技においても男性よりも女性の方が5倍も発生率が高いと報告されている[4]．
●女性の受傷率が高い要因として，女性のACL周囲の骨の隙間が狭いことや関節が柔らかく筋力が弱いこと，女性ホルモンの影響などが考えられている[5]．
●女子ハンドボール選手に対するACL損傷予防は特に重要である．

4）投球障害肩の特徴

●「上腕骨軸と肩甲棘が一直線の軸にあり，肩関節の筋は円錐状にこの軸と一致する上肢挙上肢位」とSaha[6]によって定義されたゼロポジションは，関節面の接地面積が最大，腱板の張力が一定となり，最も安定しバランスが取れた状態にあると言われている．
●投動作においてゼロポジションでボールをリリースするフォームは構造的にも機能的にも安定しており，投球障害を予防する効率的なフォームと考えられている．しかし，ハンドボールにおいては多角度から狙うシュート，ディフェンスをかわして打つシュート，密集地帯からクイックで打ち込むシュートなど様々な投動作が必要となるので，ゼロポジションでボールリリースできない機会が多くなり，肩関節のオーバーユースにつながりやすい．
●疲労による肩甲骨周囲筋の拘縮⇒肩甲骨の動きの制限⇒肩関節外転時の肩甲骨上方回旋の制限⇒肩甲上腕関節のストレス増加⇒投球時の痛みとなる．
●肩甲骨の外転位，下方回旋位となるアライメントでは，肩関節外転時に必要な肩甲骨上方回旋が不十分になりやすい．
●このアライメントでは後期コッキング期から加速期において肩甲骨の内転運動ができず，肩関節水平外転が相対的に大きくなり，肩甲上腕関節のストレスが強まることとなる[7]．

2．傷害予防のためのトレーニング

1）前十字靱帯損傷の予防

（1）下腿内旋レッグカール

●通常の下腿中間位でのレッグカール（膝の屈曲）に併せて下腿内旋位でのレッグカールも実施する．対象者は腹臥位にてレッグカール動作を行う．
●つま先を内側に向け，下腿の内旋位を維持したまま実施するように意識する．
●補助者は対象者のレッグカール動作に対して抵抗をかけ，コンセントリック収縮とエキセントリック収縮を交互に発揮させるように抵抗強度を調整するとともに，下腿の内旋を維持できるように下腿を誘導する．
●チーム練習のウォーミングアップとして，通常のトレーニングメニューに加えて実施する．1日の実施回数は各脚5往復（5秒で1往復）する（図3）．

（2）マット運動（着地トレーニング）

●膝周囲筋の協調性，全身のバランス能向上によりACL損傷予防に役立てる．また，ハンドボール競技では，ジャンプシュート時など，ジャンプしたときに相手と接触する機会も多い．そのために，ジャンプ中に外乱が加わった際の，着地の仕方，前転後転などによる受け身を

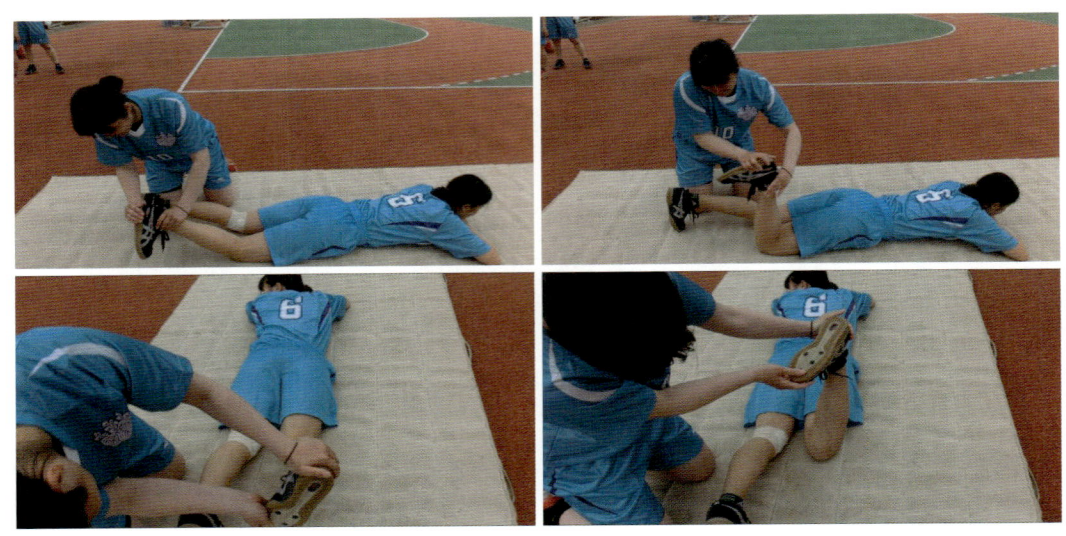

Ⅲ．種目別の傷害予防トレーニングとその実際

図3　下腿内旋レッグカール

point!　負荷が高く疲労が蓄積してくると，つま先を外側に向けてレッグカールを実施してしまう選手が多いため，選手自身も大腿後面内側の半腱様筋・半膜様筋を意識してトレーニングを実施する．

図4　前転から片脚起立

point!　実際に本トレーニングに入る前には，片脚スクワットが実施できることが必要である．また，片脚着地したときにつま先が外側を向かないように注意する．足関節の背屈可動域が確保されていることも必要である．

自然に取れることが，傷害発生の予防につながる．
●プレシーズン（準備期・鍛錬期）には週1回程度，試合期でもアクティブレストや休養明けなどのトレーニングとして導入し，継続していくことが重要である．

①前転⇒片脚起立

マット上で前転し，片脚で接地した後にそのまま片脚で起立する．できるだけ身体の動揺を少なくできるように意識する（図4）．

②回転ジャンプ⇒着地

両脚ジャンプで180°回転し，両脚で着地する．可及的に素早く，逆方向に180°回転し，両脚で着地する．膝とつま先の向きが同一方向を向くように注意しながら行う（図5）．

③ジャンプシュート⇒接触（外乱）⇒着地⇒後転

ジャンプシュートモーションでパートナーと接触，パートナーは相手を押し返す．その後，片脚ずつ接地しながら衝撃を緩衝するために後転する（図6）．

①片脚ずつ着地し，後頭部をぶつけないように顎を引く．②殿部を着く瞬間には，手も床に着くが，回転の際には手を床から離す（肩を痛めたり，手関節を捻挫しないため）．図7のように左手が宙に浮くことになり，やや側屈した頸と肩の間で転がるようなイメージを持たせる．斜め後方に回るため，着地した際の足の位置は左右で前後する．後転の練習をする際に，頭や頸，肩や手関節を痛めないように注意が必要である．

9. ハンドボール

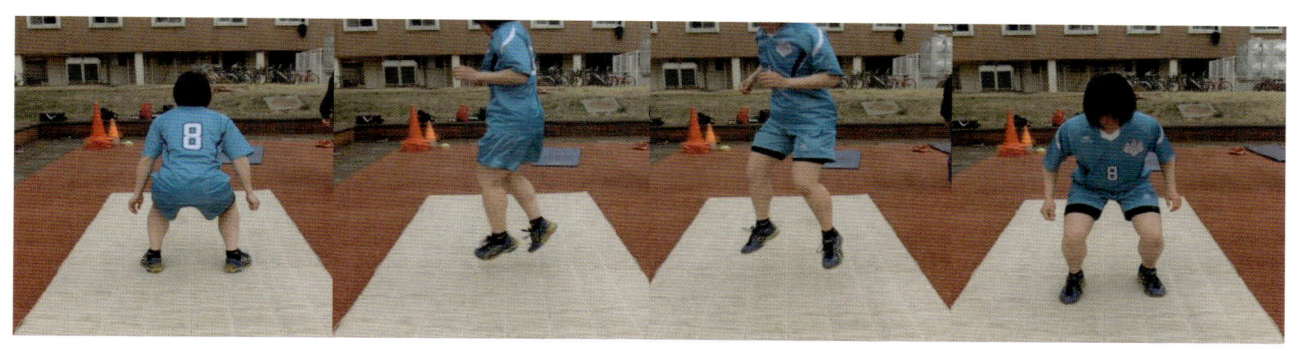

図5　180°回転⇒着地

point!　ゆっくりとした回転から実施し，膝の向きや屈曲角度を確認しながら，漸進的に回転速度，ジャンプの高さを高めていく．最終的には，着地から逆回転への切り替えも素早く実施できるように行う．

図6　ジャンプ接触後の受け身のトレーニング

図7　後転の実施

point!　前段階として後転のスキルを身につけている必要がある．このときの注意点としては，真後ろへの回転では首を痛める危険性がある．ハンドボールにおいては，後転する際に「肩を抜く」ように指導する．

— 101 —

III. 種目別の傷害予防トレーニングとその実際

図8 肩甲骨ストレッチをチーム全体で実施

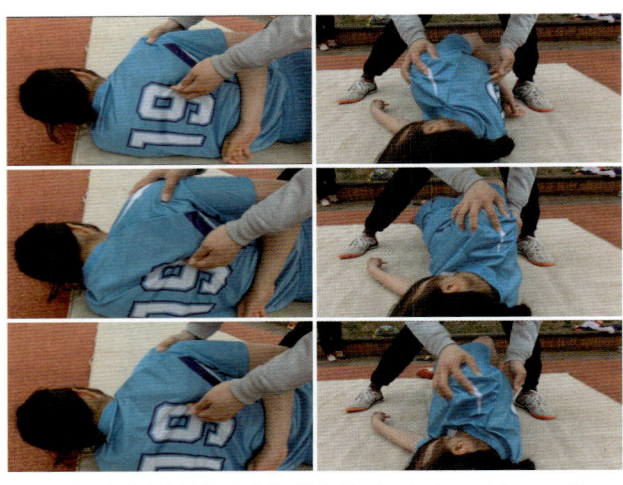

図9 肩甲骨の動きを確保するパートナーストレッチ

point! パートナーは上腕を動かしたり，ストレッチをするのではなく，あくまでも肩甲骨の動きを感じながら意識して実施することが重要である．

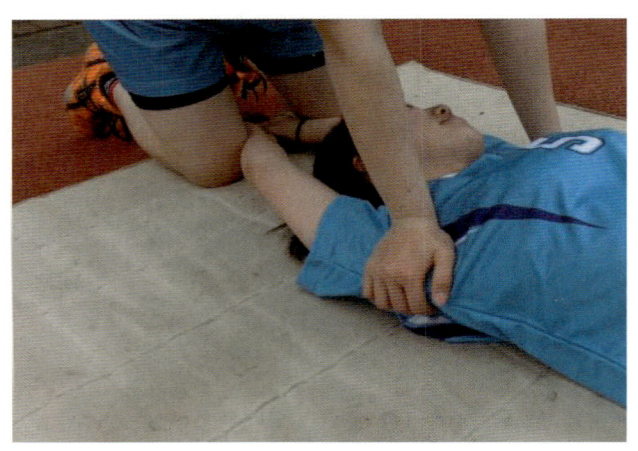

図10 肩甲骨を押し込むストレッチ

point! 押圧が強すぎると痛みを感じるため，軽い力から押し始め，選手の感覚を聞きながら実施する．

2）投球障害肩予防のためのストレッチ

● 肩甲骨の動きを確保するため，パートナーストレッチを実施する．週3，4日の頻度でチーム全体でトレーニング前後に実施する（図8）．

(1) 肩甲骨ストレッチ①

● 肩甲骨を挙上⇒内転⇒下制⇒外転をさせながら，肩甲骨を胸郭から離開させる．右肩の場合，右手で肩甲骨上腕骨の外側を把持し，肩甲骨内側縁と胸郭との間に左手手指を入れながら，肩甲骨を胸郭から引きはがすことをイメージしながら動かす（図9）．

(2) 肩甲骨ストレッチ②

● 仰臥位，上腕を挙上した状態で，腋窩にある肩甲骨を押圧する．肩甲下筋，広背筋などのマッサージにもなる．ストレッチしている選手の感覚を確認しながら痛みのないように実施する（図10）．

（吉田　成仁）

文　献

1) 西山逸成・他：Ⅰ 男・女ナショナル選手の体力測定結果からみた運動処方の方向，Ⅱ ナショナル女子選手のフィットネステスト結果と測定項目の検討，Ⅲ 男子ナショナル選手の皮下脂肪厚と筋肉厚の測定結果 No. 1，ハンドボール．日本体育協会スポーツ医・科学研究報告，2：17-28，1999．
2) 花岡美智子：大学女子ハンドボール選手における傷害発生状況とその発生要因について．東海大学紀要．体育学部，37：85-89，2007．
3) Langevoort G, et al.：Handball injuries during major international tournaments. *Scand J Med Sci Sports*, 17：400-407, 2007.
4) Myklebust G, et al.：A prospective cohort study of anterior cruciate ligament injuries in elite Norwegian team handball. *Scand J Med Sci Sports*, 8：149-153, 1998.
5) Ireland ML：Anterior cruciate ligament injury in female athletes：Epidemiology. *J Athl Train*, 34：150-154, 1999.
6) Saha AK：Theory of Shoulder Mechanism. C.C Thomas：Sringlield, 1961.
7) 小林寛和・他：公認アスレティックトレーナー専門科目テキスト第7巻アスレティックリハビリテーション．財団法人日本体育協会，2007．

Ⅲ. 種目別の傷害予防トレーニングとその実際

10 女子ラグビー

競技特性

- ラグビーは，主に各チーム15名または7名で行われ，ボールゲームの中にタックル，スクラム，ラック，モールといった身体接触のプレーが含まれるコンタクト競技でもある．
- 日本国内の競技人口は約11万人，2012年12月現在で女子の競技人口は2,500人，32チームが登録をしている．
- ルールは男子と大きな違いはなく，15人制（FW8人，BK7人）と7人制（FW3人，BK4人）とがある．15人制は40分ハーフで，大会では1日1試合を数日あけて行うが，7人制では7分ハーフ（大会決勝では10分ハーフの場合もある）で行われ，大会期間が2～3日と短く，1日に3～4試合を行う場合もある．
- フィールドの大きさは7人制も15人制も同じく縦100m以内（インゴール各22m以内）×横70m以内で，ボールは重さ410～460g，長さ28～30cmの楕円形である．2016年のオリンピックより，7人制ラグビーが男女ともに正式種目となっている．

写真提供：JRFU

1. 女子ラグビー選手の身体特性と傷害の特徴

1) 身体特性

- 2011年の女子と男子の15人制および7人制日本代表の身体特性を表1に示した．ほとんどが社会人チームに所属している男子選手と比較して，女子選手はクラブチームに所属していることが多く，フィジカル面や技術の不足から傷害を発生することも多いため，傷害発生部位や傷害の種類が異なる部分もある．

2) 傷害発生状況

- 女子7人制の国際大会13大会における試合中の傷害発生件数は13件，傷害発生率は132.7件／1000player-hoursであった（表2）．傷害部位は頭部・顔面と下肢に多く（図1），傷害内訳は靱帯損傷・捻挫，脳震盪，骨折の順に多く（図2），傷害発生の原因は7割以上がコンタクトプレーによるものだった[1,2]（図5）．男子7

表1 女子ラグビー選手の身体特性

	カテゴリー	年齢［歳］	身長［cm］	体重［kg］
女子 2011年	15人制代表	26.3±5.9	162.5±5.2	63.3±8.3
	FW	28.5±6.9	163.4±5.3	67.7±8.0
	BK	24.0±3.7	161.1±5.1	58.7±5.9
	7人制代表	22.4±4.1	164.1±5.5	62.2±8.1
男子 2011年	15人制代表	28.1±2.7	183.4±8.0	98.6±12.6
	FW	27.6±2.7	186.4±7.2	106.8±6.8
	BK	28.7±2.7	179.9±7.7	89.1±11.0
	7人制代表	22.6±2.4	181.7±5.5	90.7±10.6

表2 2008年～2012年女子7人制日本代表チームにおける傷害発生

大会数	13
試合数	60
大会期間中の総傷害発生件数	18件
試合中の傷害発生件数	13件
1大会当たりの傷害発生件数	1.38件
1試合当たりの傷害発生件数	0.22件
傷害発生率	132.7件/1000player-hours

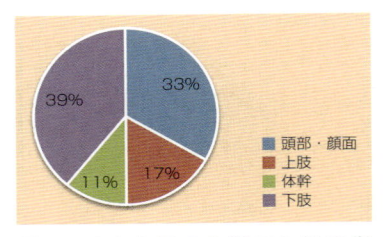

図1 日本女子7人制における傷害発生部位

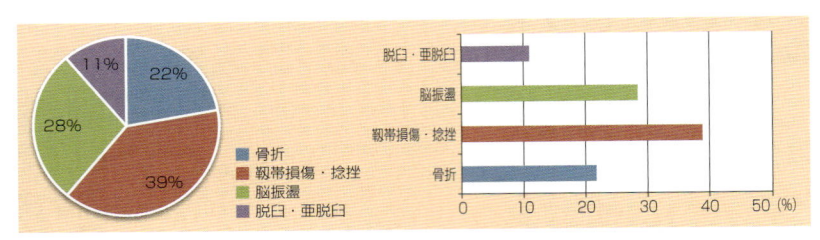

図2 日本女子7人制における傷害の種類

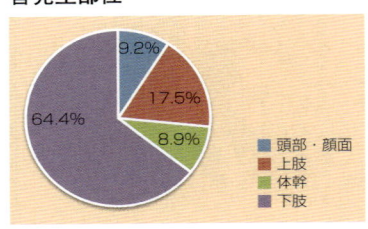

図3 Sevens world series 男子における傷害発生部位

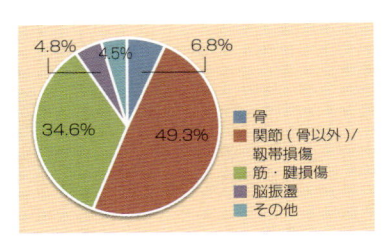

図4 Sevens world series 男子における傷害の種類

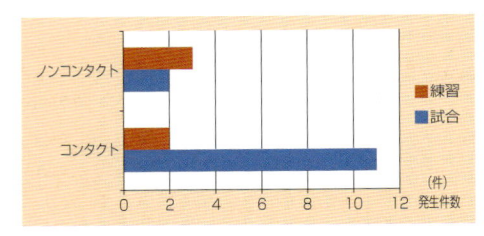

図5 日本女子7人制における傷害発生の原因

人制の国際大会上位12チームと比較すると，膝関節靱帯損傷や足関節捻挫が多い点では同じであるが，肩関節脱臼，脳震盪が多く筋損傷が少ない点は男子と異なった（図3，4）[3〜5]．

● 15人制では，田中らによる女子選手の外傷・障害発生調査[6]やジャパントップリーグの外傷・障害報告[7]との比較からも，膝関節・足関節の靱帯損傷が多い点は男子と一致し，肩関節の外傷が多く肉離れなどの筋損傷が少ない点が男子と異なる特徴である．

3）足関節捻挫の特徴

● 切り返し動作，相手の足に乗った・相手に乗られた場合など，コンタクトの有無にかかわらず内反捻挫が起きやすい．
● 軽度の場合でも放置すると繰り返し受傷しやすく，不安定性が残りやすい．
● 初期から腫脹に対する処置とともに，固有受容感覚トレーニングを行う．
● 距骨の回内が不足すると足部を外転して背屈可動域を代償しようとすることがあり，パフォーマンス低下にもつながるため注意が必要である．

4）肩関節脱臼・亜脱臼の特徴

● 肩からの落下による強打，転倒して腕をついた，タックルに入って肩関節の外転・外旋や水平外転を強制されたなど，コンタクトプレーにより前方脱臼を発症しやすい．
● 初回脱臼の場合は保存療法も選択されるが，関節唇靱帯複合体や上腕骨頭の軟骨欠損など，損傷の程度によって不安定性が残り反復性に移行することも多い．
● 手術の場合は復帰まで6〜8ヵ月を要する．
● 予防，再発予防ともに，当たり動作の正しいスキル獲得が重要である．

5）頭頸部の外傷

● 選手同士や地面との強い衝突，急な方向転換・タックルなどの場面で，慣性により頭が急激に振られると，頭頸部の外傷（頸椎捻挫，バーナー症候群，脳震盪など）が起こりやすい．
● 脳振盪は頭部へ直接の衝撃がなくても発生するため，特に注意が必要である．
● 近年，頭頸部の重症外傷の取り扱いは厳重になる傾向にあり，脳震盪では復帰プロトコルの順守が求められる．

2．傷害予防のためのトレーニング

1）足関節捻挫予防

● コンタクトプレーの多いラグビーでは，ボディコントロールが傷害予防だけでなくパフォーマンス向上にもつながる．
● 足部・足関節と股関節の筋力強化，重心コントロールのための固有受容感覚トレーニング，初期治療と再発予

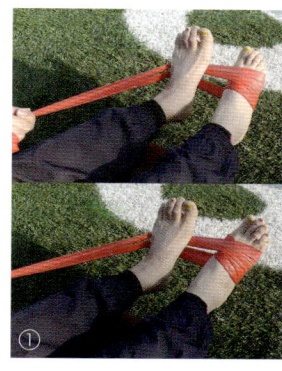

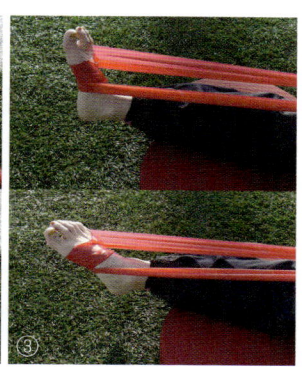

①外がえし　②内がえし　③底屈

図6　チューブによる足関節の筋力トレーニング
中間位での等尺性収縮から始め，開始肢位および最終域での速い遠心性収縮が行えるようトレーニングを継続する．

図7　筋の短縮位での中殿筋トレーニング
求心性収縮に加え，等尺性，遠心性の抵抗運動を十分に行う．股関節伸展位で行うと殿筋群が収縮しやすい．

防トレーニングの重要性の理解が重要である．

（1）足部・足関節と股関節の筋力強化

- チューブを用いた足関節の筋力トレーニングでは，踵を浮かせて行うと足部の前方引き出しを伴わずに運動ができる．
- 底屈，背屈，外がえし，内がえしの4方向を実施する．
- 足趾筋群での代償運動を防ぐため足趾は自然に伸ばしたままとし，余分な力を入れずに足関節の主動作筋を十分に働かせる．
- 筋の伸張位・短縮位どちらにおいても，痛みがなく十分に動きをコントロールできるまでトレーニングは継続し，ゆっくりした運動と速い運動の両方を行うとよい（**図6**）．
- 股関節周囲の筋力も十分に高めることで片脚立位の安定性が高まる．
- 特に大殿筋や中殿筋は，股関節伸展位で外転および内外旋運動が行えるようにポジショニングを正しくすると，十分な筋の収縮が得られる（**図7**）．

（2）固有受容感覚トレーニング

- ラグビーでは1対複数のコンタクトプレー，後方など視野の外からのタックルなど，予測できない状況での受傷も多い．したがって，固有受容感覚を高め，瞬時に全身のコントロールができる準備をしておく必要がある．
- 下肢の傷害では固有受容感覚トレーニングとしてバランスディスクがよく用いられる．筆者は，セグメントのコントロールがより意識しやすいエアロステップを用いて同様のバランストレーニングを行っている（**図8**）．
- 閉眼での姿勢コントロール（立位），回旋運動，スクワット，ランジ，片脚立位など，様々な動作の中で足部・足関節のコントロールを行う．
- 足底が地面と平行になるようにし，重心線をそろえるとニュートラルな姿勢を保ちやすい．
- 運動と重心移動とを同時に誘導する場合には，回旋運動では回旋側へ重心も移動させ，特に内反捻挫の場合は

①閉眼両脚立ち　②左右の回旋運動　③両脚スクワット　④フォワードランジ　⑤片脚立ち

図8　バランストレーニング
様々な姿勢の保持や動きをエアロステップ上で行い，足関節や足部のコントロールを行う．右回旋では重心移動が不十分で回旋運動も小さいが，左回旋では重心移動が十分できて回旋運動も大きく行えている．足底を水平に保つと重心位置をコントロールしやすくなる．

III. 種目別の傷害予防トレーニングとその実際

足の内反位荷重（足底の外側荷重）での姿勢保持に問題がないかを確認する．

(3) 初期治療と再発予防トレーニングの重要性の理解

- 炎症を早期に軽減させるための RICE 処置は必須である．
- 特に腫脹が長引くと，皮膚をはじめ表層の軟部組織も含めた可動域制限の原因となる．必要以上の固定と免荷は避けた方が良い．
- 内反や底屈強制により受傷することが多いため，最終可動域でも筋力発揮がスムーズに行えるまで基礎的な筋力トレーニング，バランストレーニングを継続することが再発防止になることを選手に指導する．

2) 肩関節脱臼・亜脱臼予防

- 肩関節脱臼・亜脱臼はコンタクトプレーにより多く発生することから，発生メカニズムや危険な姿勢の理解が重要となる．
- 強い外力がかかった場合を想定し，外乱の中で肩甲帯と上腕骨の求心位を保てるように遠心性収縮を含めた荷重位での肩甲帯・体幹の安定性向上トレーニングを行う．

(1) 発生メカニズムの理解

- タックルによる受傷の場合，特に片腕でのタックルで両足を接地していない場合は相手の力を腕のみで受けることになり，肩関節脱臼の原因となる（図9）．
- 体幹や肩の付け根で当たりに行けない場合でも，飛び込むのではなく相手との距離が広がらないようにボールキャリアの方へ移動し続け，両手で相手をバインドするように心がける[8]．
- リスクの少ない当たり動作スキルの獲得は次の 3) 頭頚部外傷予防を参照のこと．

(2) トレーニング

- チューブを用いた腱板トレーニングなどにより肩甲上

①腕で入ったタックル
②ポイントをずらされて振られている．片脚しか接地していない場合，肩に相手の力が集中することから肩の水平外転や外旋強制を受け受傷しやすい．

図9　危険なタックル

図10　フロントブリッジからの下肢挙上

図11　サイドブリッジでの股関節屈伸運動

図12　ボールを利用したプッシュアップ
片側はボール，反対側は地面に接地してプッシュアップを行い，ボールを反対側へ転がして支えプッシュアップを行う．これを繰り返す．はじめは浅い範囲で肘の屈伸を行い，段階的に不安定な面の上でも安定しているか確認していく．

腕関節の筋力を高める．
- 上腕・肩甲骨・胸郭および体幹の協調性を高めるトレーニングも実施する（図10, 11, 12）．
- 体幹（頸から骨盤）をニュートラルに保ち，下肢の運動を行う．運動中に上腕骨と肩甲骨，肩甲骨と胸郭間がずれないように保つことで肩甲帯の安定性を高める．

3) 頭頸部外傷予防

- 発生メカニズムの理解．特に頭頸部外傷は重症外傷となり得ることを選手も指導者も十分に認識する．
- 頸部や上半身が細く弱い女子では，頭位を安定させるための頸部・体幹のトレーニングは重要で，反射的に頭頸部を守れるように強化する必要がある．器具を使った筋力トレーニングを頻繁に行える環境にない女子選手も多いが，自重やペアでの負荷トレーニングを少なくとも週3回は行うとよい．

(1) 発生メカニズムの理解

- 相手選手や地面との衝突時に，頸椎の伸展や屈曲および側屈が強制されて頸椎捻挫やバーナー症候群が発生する．脳震盪は頭部の直接の打撲のほか，強い回転加速度が頭部に発生した場合に起こりやすい．
- 相手との距離が遠いところから飛び込んだり，両足が浮いた状態での当たり動作は身体の芯（体幹に近い部分）でヒットすることが難しい．さらに相手の動きに対応してタックルポイントを変えることが難しくなるため，頭が下がりすぎる，逆ヘッドになるなど，危険な状態でタックルを行う可能性が高くなる（図13）[8]．これらは頭頸部損傷の危険がある．
- 若年齢層や初心者のうちからこのようなタックルを行わないような指導を徹底する必要がある．

(2) リスクの少ない当たり動作スキルの獲得

- 肩関節脱臼・亜脱臼と同様に，当たり動作時の体幹コントロールのスキルが重要である．
- 脊柱は中間位，頸部はやや伸展位とし，両足を接地して身体の芯でヒットすることで強い力で当たり，衝撃を全身で受けることができる．
- 図14, 15のようにタックルやスクラムで体幹のニュートラル姿勢を保つためには，股関節や足関節の柔軟性・筋力を高める必要があり，下肢の基礎トレーニングも並行して行う．
- 相手が動いてもタックラーは正しい姿勢を保てるようにする．

(3) トレーニング

- 頸部の安定性を高めるには，深層筋と表層筋両方の筋力増強トレーニングを繰り返し行う．
- 自分の手を頭に当てて前後左右から押し，それに耐え

①逆ヘッド　　②膝が伸びて頭の下がったタックル　　図14　正しい当たり姿勢

図13　危険な当たり動作

図15　正しいスクラム姿勢（①）と膝が伸びて頭の下がったスクラム姿勢（②）

III. 種目別の傷害予防トレーニングとその実際

図16 構えの姿勢での頸部等尺性抵抗運動トレーニング

point! 股関節を十分に屈曲し，脊柱全体でニュートラルポジションを取り，頸椎は軽度伸展位を保つ．パートナーに頭を押してもらい，これに耐えながら姿勢を保つ．上下・左右，斜めなど各方向から抵抗をかける．

図17 ネックブリッジ

point! 日ごろのトレーニングでは，マットやクッションなどの上に頭部をのせ，頸部を適度に伸展させて自分の体重を支える．頸部から肩甲帯全体で支えるように力を入れる．はじめは両手をついて行うとよい．

ながら同一姿勢を保つ等尺性収縮はウォーミングアップとしても行うと良い．
● その後，パートナーで行うトレーニング（図16）や負荷を上げてのネックブリッジ（図17）などを行い，様々な方向からの外力に対し頸部の姿勢を保てるようにする．
● はじめは弱い負荷での等尺性収縮，その後，負荷を上げながら頸を屈伸したり回旋させたりして求心性収縮・遠心性収縮でも耐えられるようにトレーニングを進める．

4）課題および今後の展望

● 安全なプレーを心がけていても，体格のミスマッチや相手とのプレー状況で予期しない事故もあり得るのがラグビーである．そのため，外傷が起きた際の初期対応（RICE処置，救急救命処置，医療機関への搬送など）のシミュレーションもしておく．チームに医療従事者や専門のトレーナーがいない場合も多く，基礎体力・筋力トレーニングや基本動作の徹底，再発を防ぐための医学的管理も課題として挙げられる．
● 女子ラグビーは世界でも傷害発生や傷害予防に関する研究が少ないため，それらデータの蓄積とともにトレーニングプログラムの検証も望まれる．

（磯　あすか）

文　献

1) 磯あすか・他：日本女子7人制ラグビーにおける傷害発生の現状．日本臨床スポーツ医学学会誌，19：186, 2011.
2) 磯あすか・他：女子7人制ラグビー日本代表チームにおける傷害発生の現状　第2報．日本臨床スポーツ医学学会誌，20：238, 2012.
3) Fuller CW, et al.: Epidemiological Study of Injuries in International Rugby Sevens. *Clinical Journal of Sports Medicine*, 20：179-184, 2010.
4) Fuller CW, et al.: 2010/11 Sevens-Men Injury Surveillance. 21 September 2011, http://www.irbplayerwelfare.com/?documentid=70.
5) Fuller CW, et al.: International Rugby Board Injury Surveillance Studies Sevens World Series, Injury Epidemiology Results：2008 to 2012, 2012.
6) 田中彩乃：女子ラグビー選手における傷害発生に関するアンケート調査．臨床スポーツ医学，22：755-761, 2005.
7) ジャパントップリーグ　外傷・障害報告 2009-10 シーズン，ジャパントップリーグ 2010-2011：日本ラグビーフットボール協会，メディカルコントロール部会資料．
8) 古川拓生・他：ラグビー競技におけるタックルプレーの様相について．筑波大学体育科学系紀要 29：71-75, 2006.

Ⅲ．種目別の傷害予防トレーニングとその実際

11 卓 球

競技特性

- 卓球は，2.740m × 1.525m のテーブル上で直径40mm のボールを打ち合って得点を競うラケットスポーツである．体力差や老若男女を問わず楽しむことのできるスポーツであることから，生涯スポーツとしても知られている．
- 男子と女子のルールに違いはなく，男女一緒にプレーできる．しかし競技レベルでは，「100m 走をしながらチェスを打つようなスポーツ」と言われるように，様々な能力が必要とされる．
- 用具（ラバー・ラケット）の種類が多く，何を選択するかによりその選手の技能やプレースタイルに大きく影響する．用具選びは慎重にしなければならない．

1．女子卓球選手の身体特性と傷害の特徴

1）身体特性

- 2013 年に測定した女子ナショナルチーム（日本代表）と JOC エリートアカデミーの選手データを示す（表1）．

2）傷害発生状況

- 卓球はノンコンタクトスポーツであり，ラケットの重量も比較的軽いため外傷の発生率は他のスポーツと比べると低い．
- 男子がダイナミックに卓球台から離れて動き打球するのに対し，女子は卓球台の近くで細かく早い動きでラリーをすることが多いので，捻挫のような突発的な外傷も少ない．しかし，一方で繰り返し動作が多いので，慢性の障害を起こす可能性が高い．
- 女子は関節弛緩性が高く，ハイレベルの選手でも筋力・筋持久力が不足しているケースがみられるため，関節への負担は大きくなり，結果として傷害につながる可能性も高くなる．
- 筆者がみてきた競技レベルの選手たちに多くみられるのは，手関節・肘関節複合の障害と足部・下腿複合の障害である．

3）手関節・肘関節複合の障害

- 技術的な要素が強いが，打球の瞬間に手関節は急激に尺屈・掌屈位から橈屈位に動かされる（図1，2）．その際には肘関節の伸展も加わるので，筋の遠心性収縮により筋腱には大きな負荷がかかる．また，尺屈最終可動域から力を加えるので，手関節の尺側には圧ストレスが加わる．これらのことから三角線維軟骨複合体（TFCC）損傷／腱鞘炎／上腕骨外側上顆炎のような複合障害が発生すると考えられる．

4）足部・下腿複合の障害

- 卓球シューズはゴム底が柔らかく軽いシューズであ

表1 女子卓球選手の身体特性と体力特性

	体格			瞬発力			敏捷性			体幹筋力
	年齢	体重(kg)	身長(cm)	垂直跳び(カウンタームーブメントあり)(cm)	垂直跳び(デプスジャンプ)(cm)	立ち幅跳び(秒)	プロアジリティ(秒)	20m走(秒)	5反復横跳び(20秒)(回)	30秒上体起こし(回)
日本代表	23.6±3.4	52.8±4.4	157.9±4.9	48.4±2.98	48.7±4.41	3.7±0.15	5.6±0.20	189.4±6.58	50.1±2.1	27.8±5.2
JOC	13.5±1.2	48.5±7.0	159.3±5.1	47.5±5.10	45.2±4.34	3.8±0.18	5.6±0.23	180.2±9.84	50.4±3.2	29.1±2.7

III. 種目別の傷害予防トレーニングとその実際

図1　打球前の構え（バックハンド）

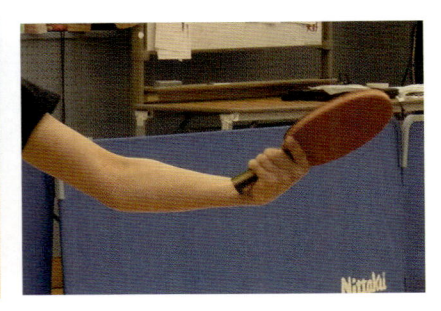

図2　打球後

る．競技のために機能的に動きやすいが，シューズによる足部の支持機能は構造的に若干弱くなる．
● 卓球競技は繰り返し動作が多いため，動作時のステップにより足部のアーチにストレスが加わり，衝撃吸収能力が低下する（図3, 4）．その結果，後天性の扁平足障害やそれに付随する脛骨過労性骨膜炎（シンスプリント）が発生すると考えられる．

図3　レシーブの構え　　図4　前へのステップ動作

2. 傷害予防のためのトレーニング

1）手関節・肘関節複合の障害予防

● 卓球用具の発展に伴いラバーによって打球の弾み，回転やスピードも異なるため選手はそれぞれに合ったものを使用する．
● 打球のコースや回転，スピード，タイミングなど技術の向上に伴い，より強い筋力・筋持久力が必要となっている．
● 大会における試合数と繰り返し動作に耐え得る体力要素も重要である．

（1）握りトレーニング（図5）

● 卓球のグリップは強く握りすぎてもよくないが，瞬間的に力を発揮するためには握力を向上させる必要がある．

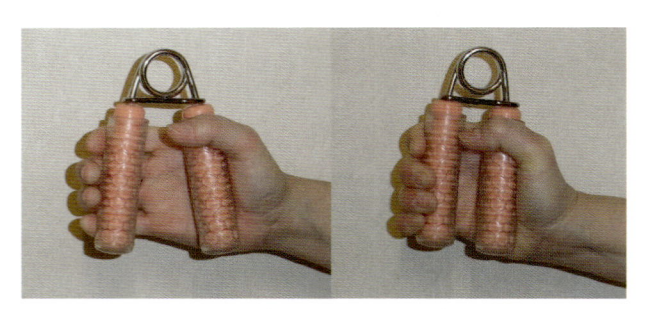

図5　握りトレーニング
力を入れるときも緩めるときもゆっくり行う．テニスボール等で代用してもよい．

（2）リストカール／リバースリストカール（図6, 7）

● 手関節や肘関節を俊敏に動かし，なおかつその関節を守るために，前腕の筋力・筋持久力を高める必要がある．

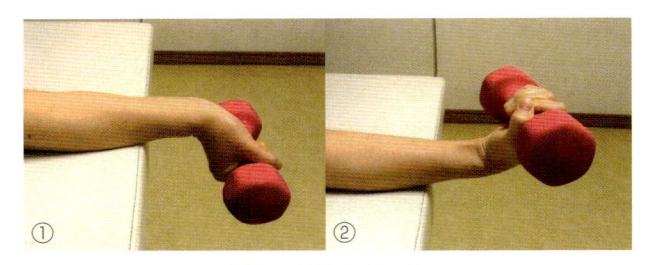

図6　リストカール
①スタート，②フィニッシュ：この位置で2秒静止ゆっくり上げて，ゆっくり戻す．

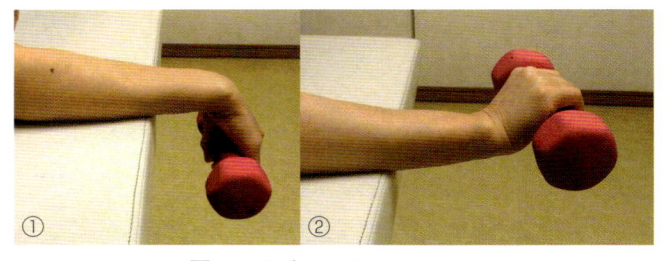

図7　リバースリストカール
①スタート，②フィニッシュ：この位置で2秒静止

point!　テンポはゆっくり行う方法とリズミカルに行う方法の2種類を行うとよい．

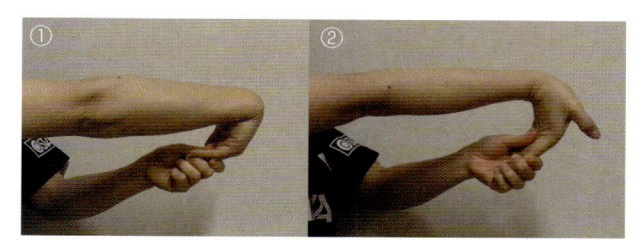

図8　前腕筋群のストレッチ
①伸筋群のストレッチ，②屈筋群のストレッチ

point!　練習後のストレッチは20秒間ゆっくり伸ばす．

（3）前腕のストレッチ（掌屈・背屈）（図8）

● 柔軟性を高めることにより，可動域を十分に利用し必要時に必要な筋力を発揮することができる．

（4）肩甲骨安定性

● 肩関節を安定させることにより，安定した打球のフォームが習得できる．そのためには，肩甲骨周囲の筋を鍛え，肩甲骨の位置を安定させる必要がある（図9）．
● 図9に示すように，仰向けに寝て，重みのあるボールを持ち，肩を上方にまっすぐ上げる．四方からパートナーに前腕を押してもらい，その間，できる限りまっすぐに上げた手を動かさないように力を入れ続ける．
● 上肢の障害では，その土台となる肩甲骨→体幹→下肢の安定性がポイントとなる．
● 上肢だけでなく，体幹トレーニングや下肢のトレーニング，バランストレーニングをするとよい．

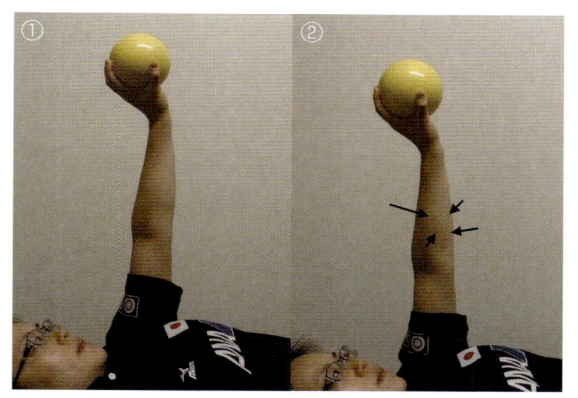

図9　肩の安定性トレーニング
①スタート，②四方から刺激を加える．

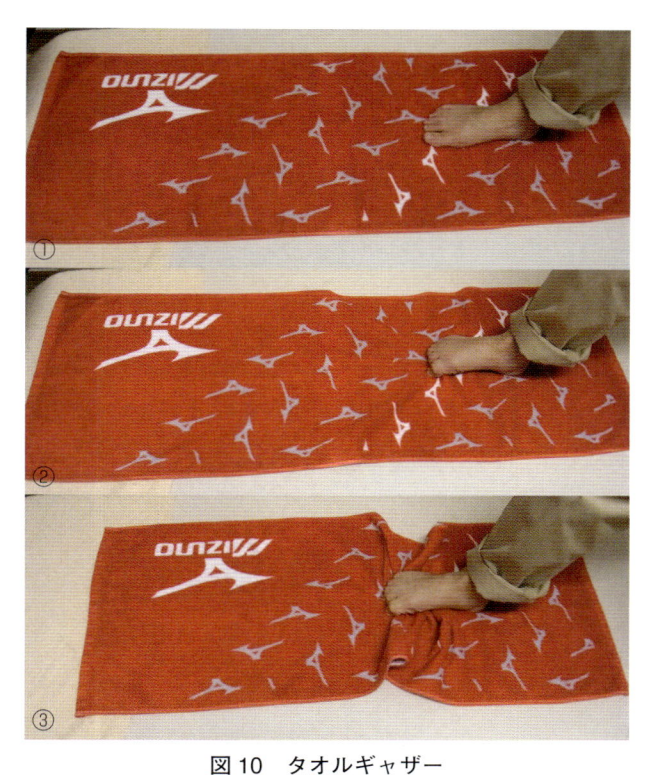

2）足部・下腿複合の障害予防

● より速い切り返し動作が必要となるため，下肢全体の筋力が重要となる．また，繰り返しのバウンド動作によるアーチの低下を防ぐため，足部の筋を鍛える（図10～13）．

図10　タオルギャザー
①スタート，②タオルを足の指でたぐり寄せる，③足の指をしっかり動かす．

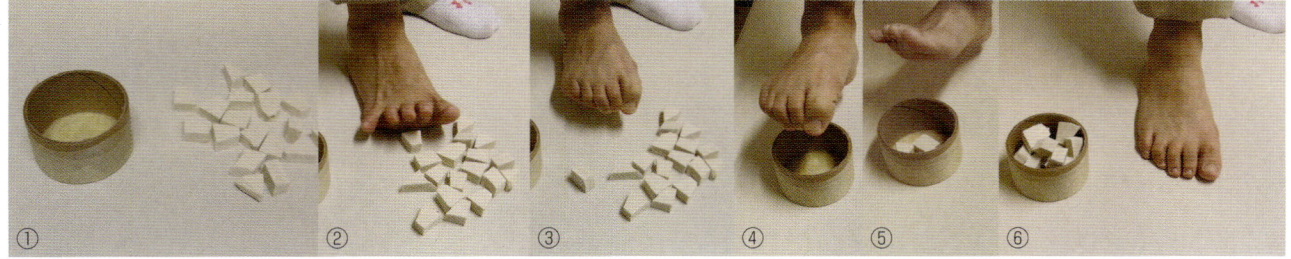

①足でつまめる程度の物と入れ物，②足の指をしっかり使ってつまむ，③つまんだまま移動，④入れ物に入れる，⑤繰り返す，⑥フィニッシュ

図11　マーブルピック

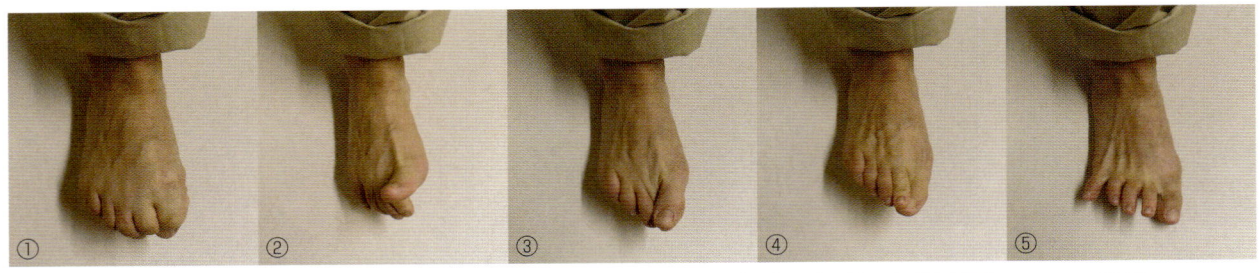

III．種目別の傷害予防トレーニングとその実際

①グー　②チョキ　③足指重ね（母趾が上）　④足指重ね（母趾が下）　⑤パー

図12　足ジャンケン

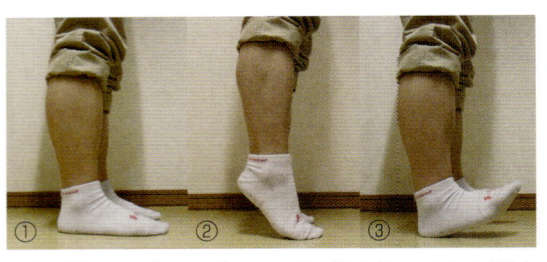

①基本姿勢．②ヒールレイズ：踵をゆっくり上下する．③トゥレイズ：つま先をゆっくり上下する．

図13　ヒールレイズ／トゥレイズ

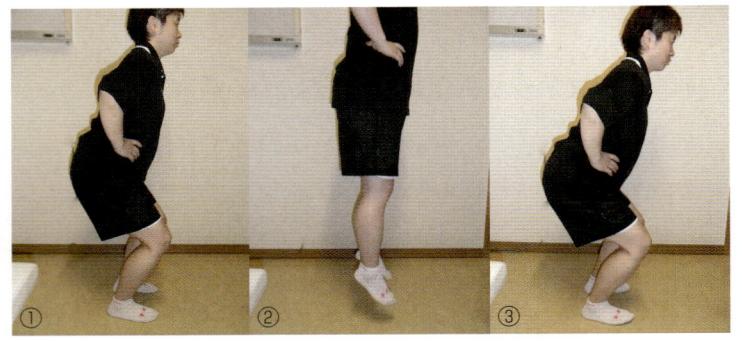

①スタート　②ジャンプ　③着地

図14　複合ジャンプ

point!　股関節，膝，足関節を使って軽い連続ジャンプ動作の繰り返し．柔らかく跳ぶように気をつける．

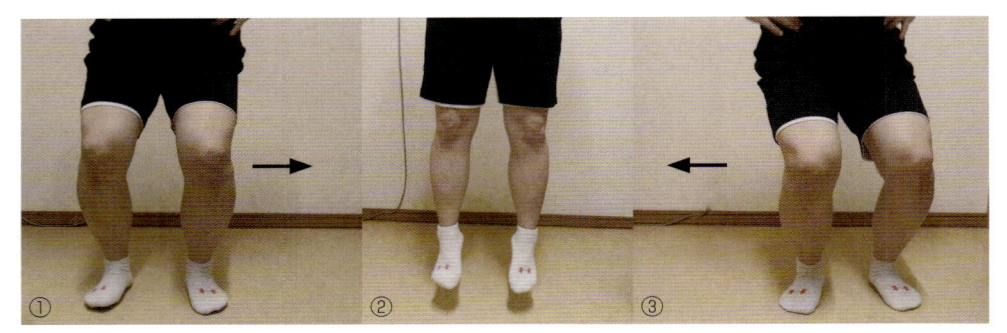

①スタート　②ジャンプ　③切り返し時

図15　サイドステップジャンプ

（1）足部の内在筋トレーニング

●疲労によるアーチの低下を防ぐ目的で，①タオルギャザー（図10），②マーブルピック（図11），③足ジャンケン（図12）などを用いる．

（2）ヒールレイズ／トゥレイズ（図13）

●足関節周囲の筋力を高めることにより，素早い動作のコントロール力を高める目的がある．

（3）複合ジャンプ（足＋膝＋股関節）（図14）

●下肢関節の複合動作習得により，衝撃吸収能力を高める目的がある．

（4）サイドステップジャンプ（図15）

●総合的な下肢の安定性を高める目的がある．
●左右への細かいステップを繰り返し行う．

（羽生　綾子）

文　献

公益財団法人　日本卓球協会：卓球コーチング教本．大修館書店，2012．

Ⅲ. 種目別の傷害予防トレーニングとその実際

12 テニス

競技特性

- テニスは4大大会（全豪オープン，全仏オープン，全英オープン，全米オープン）を頂点に賞金総額によって大会のグレードが決められ，年間を通して各地で試合が開催されている．
- ランキングは過去1年に出場した上位16大会のポイント獲得数によって毎週更新され，選手はランキングを維持するために年間約20～30大会に出場し，オフシーズンがほとんどない．
- 大会によってコートサーフェスがハード，クレー，芝，砂入り人工芝，カーペットと異なり，それぞれのサーフェス専用のシューズを着用する．
- 4大大会やジュニアの試合を除き，ほとんどの試合が3セットマッチで行われる．エントリーしている種目数（シングルス，ダブルス，ミックスダブルス）によって1日にプレーする試合数は異なる．

1．女子テニス選手の傷害の特徴

1）傷害発生状況

- テニスの傷害調査については多くの報告があるが，傷害発生率にばらつきがあり，年齢や性別により傷害発生率や傷害部位は異なる[1,2]．これは対象者の人数やコンディションというよりも，疾患の定義や研究の方法論が異なることが原因と考えられる[3]．
- 一般的に傷害の発生頻度は下肢，上肢，体幹の順に多く，急性傷害は足関節捻挫，大腿部の肉離れなど下肢に，慢性障害はテニス肘や肩関節障害など，上肢に多発する傾向にあるといえる[1,2,4]．

2）肩関節障害の特徴

- サーブやスマッシュなどのオーバーヘッド動作による肩関節のオーバーユースにより，腱板炎，インピンジメント症候群，上腕二頭筋腱炎，SLAP損傷などの障害を発症する[5]．
- 原因としてはインナーマッスルとアウターマッスルのアンバランス，筋力と筋柔軟性低下による肩甲骨のアライメント不良，肩関節の可動域や関節不安定性，全身の運動連鎖の破綻など，いくつかの要因が考えられる[5]．

3）足関節捻挫の特徴

- 足関節捻挫は外側靱帯の損傷が多く，ストロークで左右に振られたときのサイドの切り返しや，急なストップ，方向転換で足部底屈位にツイスト動作が加わった際に受傷する．また，バックハンドストロークやサーブ着地で足部外側荷重になり，バランスを崩した際に受傷することもある[5]（図1）．

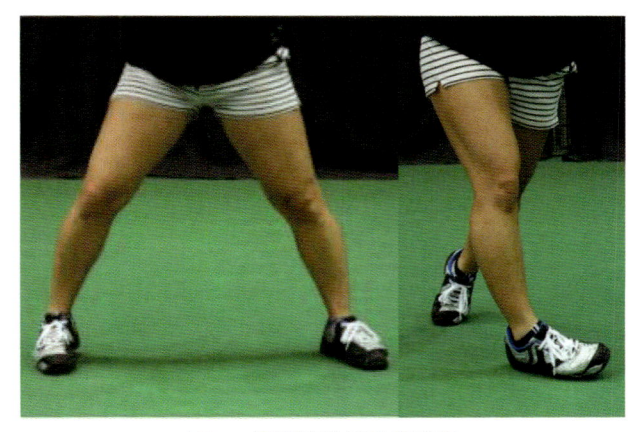

図1　足関節捻挫受傷機転
サイドの切り返し時（右足），バックハンドストローク時（右足）

Ⅲ．種目別の傷害予防トレーニングとその実際

2．傷害予防のためのトレーニング

1）肩関節障害の予防

● 肩関節の障害を予防し，力強いサーブを打つための最適な条件は，運動連鎖に基づいた正しいフォーム，肩甲骨が正常に機能すること，そして肩関節の動的・静的安定性が保たれることである[6]．
● サーブの動作はワインドアップ期，アーリーコッキング期，レイトコッキング期，加速期，フォロースルー期に分けられる[6]．
● ワインドアップ期は肩甲骨周囲筋が活動してからインナーマッスルが活動するため，トレーニングは初めに肩甲骨周囲筋のトレーニングで肩甲骨の安定性を保持し，次にインナーマッスルのトレーニングを入れ，最後にサーブのフォームにつなげる[7]．
● トレーニングは練習前のウォームアップに取り入れるとよい．
● 使っている筋肉を意識できるようになるまでは2人1組になり，パートナーが目的とする筋肉を手で叩いてあげるとよい．

（1）肩甲骨トレーニング（図2）

● 肩甲骨の動きが悪い原因の1つに周囲筋の柔軟性低下が挙げられるため，練習前後のストレッチを習慣にする．
● トレーニングを実施する際は，肩甲骨が胸郭上を滑るように動くことをイメージする．

トレーニング①

● 肘関節90°屈曲，肩関節90°屈曲，前腕回内位で，顔の前で左右の前腕を合わせた姿勢から肘の高さはそのままで，腕を横に広げる．
● 肩甲骨を十分に外転した状態から菱形筋を使ってしっかり内転させ，肩上部が上がらないように注意する．開いて閉じて1回とし，10回行う（図2①，②）．
● 10回終わったら，開いた状態からそのまま手を頭上に伸ばす．肘は完全伸展位，肩甲骨が上方回旋していることを確認する．
● 手背を合わせたら肘を屈曲しながら下ろせる所まで下ろす．上げ下げを1回とし，10回行う（図2③）．

トレーニング②

● 両手を上げて，ゼロポジションをとる．指先から肩甲骨まで1本の軸が通っているようなイメージで，斜め上方に腕全体を伸ばしていく．
● 肩関節の外転角度を変えないように注意し，肩甲骨がスライドしきったところで止め，肩甲骨からゆっくり元

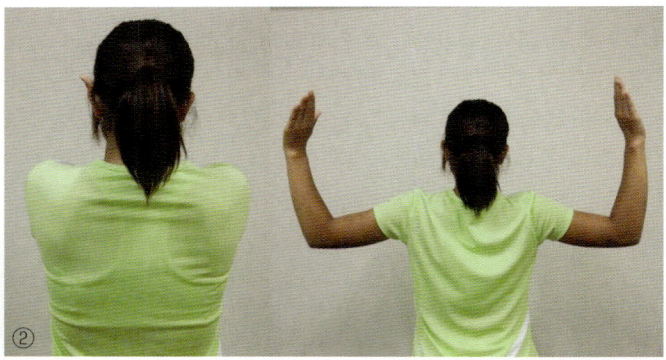

図2　肩甲骨トレーニング

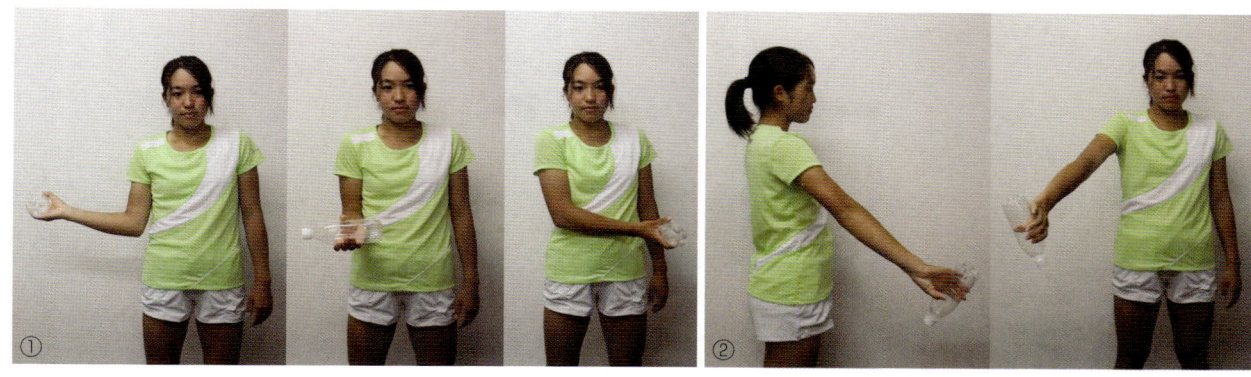

図3　インナーマッスルトレーニング

の位置に戻していく．
●左右交互に3回行ったら，少しスピードを上げ，肩甲骨の動きに集中して同様に左右交互に10回行う（図2④）．

（2）インナーマッスルトレーニング（図3）

●遠征が多い選手はトレーニング用具を練習コートや試合会場に持参できない場合もあるため，水の入ったペットボトルを使用する．チューブやダンベル（0.5～1.0kg）を使用してもよい．

トレーニング①

●ペットボトルを持ち，肘屈曲位で肩関節の内旋，外旋運動を行う．肘が体幹から離れないように注意し，最大可動域まで動かす．内旋，外旋各10回行う（図3①）．

トレーニング②

●ペットボトルを持ち，母指を下に向け，肘伸展位，肩甲骨面上（前額面に対し約30°前方の位置）で肩関節の外転運動を10回行う．肩甲骨を固定し，棘上筋を意識して行うが，45°以上外転するとアウターマッスルである三角筋の作用が強くなるので，それ以上は外転しないようにする．また，体幹が側屈したり，肩を挙上したり，代償運動が出ないように注意する（図3②）．

（3）サーブフォームの確認（図4）

●サーブの素振りをして，打つ際最もパワーを発揮できるインパクトのポイントを確認する．
●その姿勢で肩甲骨トレーニングのトレーニング②と同様に斜め上方に腕全体を伸ばしていくが，このときは肩甲骨，上肢の動きを意識するのではなく，実際にサーブを打つイメージで，ボールをより高い打点で捉えるように伸びあがる．
●3回繰り返したら一度姿勢を戻し，再びサーブのフォームを作る．これを1セットとし，3セット行う．

図4　サーブインパクトの姿勢

2）足関節捻挫の予防

●足関節周囲の筋力強化やバランストレーニングによる神経系機能の向上により，関節不安定性を改善する[8]．
●サイドの切り返しが多いテニス選手は，足底が地面に接地した際にcenter of pressure（足圧中心）が外側方向に移動して足関節内反捻挫を招いてしまわないように，足関節ニュートラルポジションを取ることが重要である．特にバランストレーニングで意識するとよい[9]．
●足関節周囲筋トレーニングは練習後や自宅でできる内容となり，基礎的な筋力と可動域のない選手は実施することをすすめる．バランストレーニング[10]は練習前のウォームアップ時に実施すると効果的である．

（1）足関節周囲筋トレーニング

トレーニング①

●椅子に腰かけ，両膝伸展位で床から少し持ち上げて，つま先でアルファベットをAからZまで空中に描く．
●下肢全体が動かないように固定し，つま先を大きく動かすことで足関節の可動域と動きを獲得する．左右同時

Ⅲ. 種目別の傷害予防トレーニングとその実際

図5　バランストレーニング

に行うが，同じ方向に描いても，鏡のように左右反対に描いてもよい．

トレーニング②

● チューブ（なければタオルをパートナーに持ってもらう）を足部にかけ，足関節の背屈運動，底屈運動，内反運動，外反運動を各10回行う．それぞれの方向に力を入れているときだけでなく，戻す動作の際もエキセントリックな収縮をかける．

(2) バランストレーニング（図5）

トレーニング①

● 片方の脚を床から10cm程度持ち上げ，膝関節を軽度屈曲した状態でバランスを保つ．支持脚は股関節，膝関節，足関節を軽度屈曲位とし，足部全体で体重を支え，外側荷重にならないように注意する．
● 上体はやや前傾させるが，前に倒れすぎたり，ねじれたりしないように真っ直ぐ保つ．左右各30秒できるようになったら閉眼でも行う．

トレーニング②

● 片脚スクワットは前から見たときにknee-in & toe-outしないように意識する．また，横から見たときに膝がつま先より前に出ない，腰が反りすぎていないことを確認する（図5①）．足関節に可動域制限がある場合は踵を少し浮かせるように何かを敷くとよい．

トレーニング③

● 片脚スクワットの姿勢で，支持脚側にボールを2球置く．
● 片脚スクワットをしながらボールを1球拾い，姿勢を戻したところで反対の手に持ち替え，再度片脚スクワットをしながら反対側にボールを置く．（図5②③）
● 深く屈曲するためには殿部を後ろに引くように股関節を屈曲するとよい．

3) 課題および今後の展望

● わが国における女子テニス選手の傷害傾向や発生メカニズム，身体的特徴を明らかにし，年代別に傷害予防トレーニングを考案する必要がある．
● ジュニア選手とジュニア選手を指導するコーチ，トレーナーへの傷害予防の普及活動が必要である．

（茂木奈津子・金子　弘志）

文　献

1) Abrams GD, et al.：Epidemiology of musculoskeletal injury in the tennis player. *Br J Sports Med.*, 46：492-498, 2012.
2) Perkins RH, et al.：Musculoskeletal Injuries in Tennis. *Phys Med Rehabil Clin N Am.*, 17：609-631, 2006.
3) Pluim BM, et al.：Consensus statement on epidemiological studies of medical conditions in Tennis. *Clin J Sport Med.*, 19：445-450, 2009.
4) Kibler WB, et al.：Tennis Injuries. *Med Sport Sci.*, 48：120-137, 2005.
5) Pluim B, Safran M.：別府諸兄・監訳：テニスパフォーマンスのための医学的実践ガイド．エルゼビア・ジャパン，2006, pp92-111.
6) van der Hoeven H, et al.：Shoulder injuries in tennis players. *Br J Sports Med.*, 40：435-440 2006.
7) Kibler WB, et al.：Muscle activation in coupled scapulohumeral motions in the high performance tennis serve. *Br J Sports Med.*, 41：745-749, 2007.
8) Tropp H, et al.：Prevention of ankle sprains. *Am J Sports Med.*, 13：259-262, 1985.
9) Fong DT-P, et al.：Kinematics analysis of ankle inversion ligamentous sprain injuries in sports：five cases from televised tennis competitions. *Am J Sports Med.*, 40：2627-2632, 2012.
10) 財団法人テニス協会医事委員会・スポーツ科学委員会，日本臨床スポーツ医学会，（協力：国立スポーツ科学センター）：テニス選手のための下肢傷害予防プログラム DVD．2008.

Ⅲ．種目別の傷害予防トレーニングとその実際

13 競　泳

競技特性
- 競泳は，陸上で行う競技とは，体の使い方が根本的に異なる．
- 陸上での競技は「重力に抵抗して体を自由に動かす」ことが求められるが，競泳では重力の代わりに「水の抵抗に対して体をいかに効率よく前に進めるか」を競うことになる．
- 競泳選手が泳ぎこみの時期に，1日，10,000〜14,000mを泳ぐとすると，その間に肩を約2,500回すことになる．

1．女子競泳選手の身体特性と傷害の特徴

1）体力的，身体的特徴

- 競泳選手は体の各関節の柔軟性が高く，この傾向は，女子選手において顕著で，男子選手に比べても，身体各部の関節可動域（ROM）が高い（図1）．
- 筋力や神経機能（敏捷性，反応時間）に関しては，男子選手の方が女子選手よりも優れている．
- 体組成に関しては，競泳選手は一般的な値より筋量が多く，体脂肪率が低い．
- 競泳競技においては，脂肪による浮力は有利に働くものの，同時に筋力強化の重要性も示している．また，体脂肪率は女子選手は男子選手に比べ高く，長距離の選手の方が短距離の選手より高い値を示した（図2）．

2）傷害の特徴

- 誤った体の使い方による悪い水泳フォームで反復動作を行うとすると，傷害の発生は避けられない．競泳選手の傷害の多くは，肩，腰に集中している．
- 膝に痛みを訴える選手もいるが，ほとんどがブレスト（平泳ぎ）の選手である．ブレストの選手は，下半身のキックを主な推進力としていることと関係している．
- それ以外の泳法では，上半身が大きな推進力となっているため，間違った体の使い方をしていると，それだけ肩や腰に大きな負担がかかってしまう．

3）肩関節傷害

（1）競泳選手の肩傷害

- 肩の痛みは，スイマーズショルダーという傷害名が生まれるくらい一般的である．

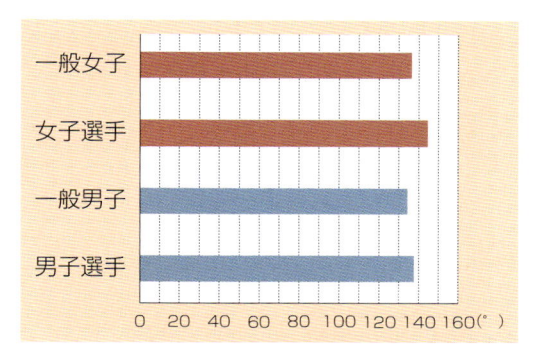

図1　体前屈による股関節屈曲角度

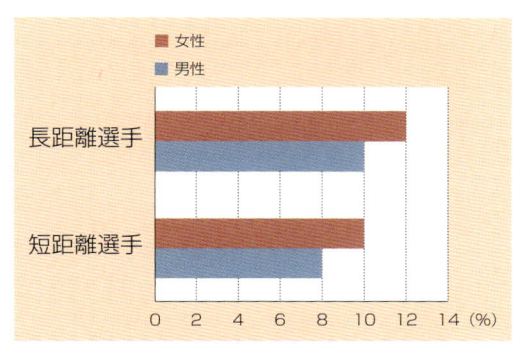

図2　競泳選手の体脂肪率

- 主に肩が詰まるような感覚として，肩に圧迫の力が加わったときに痛みが発生する．
- 症状は，ローテーターカフ（棘上筋，棘下筋，小円筋，肩甲下筋の腱）や上腕二頭筋長頭腱が烏口肩峰弓（烏口肩峰靱帯，肩峰前縁）と上腕骨頭の間に挟まって衝突を起こすインピンジメント症候群と考えられる．

(2) 肩関節傷害発症のメカニズムとその予防

①発生メカニズムの理解

- 競泳ではリカバリー後期やキャッチの局面で症状を発生させることが多い．
- これは上腕骨頭が肩甲骨関節窩の上でうまく軸を作って動くことができないからである．
- 傷害を予防するためには，肩峰下で衝突が起きないような肩関節の柔軟性の獲得，関節軸を安定させるような筋肉のトレーニング，そして肩に負担のかからないようなフォームの獲得などが挙げられる．

②関節の柔軟性

- 肩関節傷害は主に肩先（肩甲上腕関節）付近で生じているため，この付近のストレッチは大切であるが，オーバーストレッチにも気をつけなくてはならない．
- 肩甲上腕関節は最も脱臼しやすく，ルーズショルダーという傷害名が示すとおり，最も緩くなりやすい関節でもある．関節の軟らかい女子選手は，この点に特に注意をすることが必要である．
- 肩関節が緩くならずに肩関節複合体の柔軟性を増すためには，肩甲上腕関節だけでなく，肩甲骨周囲（肩甲胸郭関節）のストレッチを重視することが大切である．肩甲胸郭関節の柔軟性を獲得するには，肩甲骨周囲の筋の柔軟性とともに，肩甲骨の動きの土台となる胸郭（胸椎，肋骨）自体の柔軟性を上げることも必要である．
- 肩甲骨周囲の柔軟性が増せば，肩関節の安定性を保ったまま，大きな可動域を確保することができる．これは，傷害予防とともに，体重の乗った力強い大きな泳ぎを行うことにもつながる．

③関節の安定性

- インピンジメント症候群に対するトレーニングは，ゴムチューブや軽いダンベルなどを用いて，動きの軸を作り，肩甲上腕関節の安定性を高めるローテーターカフ（回旋筋腱板）を強化することである．
- ローテーターカフのトレーニング時に注意することは，軽い負荷を用い，反復回数を多くすることである．大きな負荷をかけてしまうと，三角筋，大胸筋や広背筋などの大きな筋肉が働いてしまい，必ずしも，関節を安定させるトレーニングとはならない．また，トレーニングをゆっくりしたスピードで行うことも大切である．
- 遅筋線維を鍛えることで，肩の安定性を保つことができるようになる．
- 肩関節の内旋，外旋の動きでトレーニングを行うが，このときに肩関節がニュートラルの位置だけでなく，90°屈曲位や90°外転位で内外旋することで，より競技に適した肢位での機能的なトレーニングが可能となる．

④肩に負担のかからないフォーム

- 肩の傷害を予防するためには，肩に必要以上の力を入れないようにして，入水することが大切である．
- 肩，首の筋肉（僧帽筋上部付近）の力みは肩関節に圧迫の力を加え，傷害の原因となる．
- 肩，胸郭の柔軟性を獲得していない選手が，肘の位置を高くしてリカバリー動作を行うと，肩関節を詰まらせ，傷害を発生させる一因となるので，注意が必要である．

4) 腰痛

(1) 競泳選手の腰痛

- 腰痛の原因は，主に体の使い方の不良による各組織への負担の蓄積である．
- 競泳選手の訴える腰痛には，筋肉や筋膜の炎症が原因で起きる筋・筋膜性腰痛，腰椎を伸展させたときに痛みが生じる椎間関節症や腰椎分離症，そして，足にしびれを感じたり，腰椎を屈曲させると症状の発生する椎間板ヘルニアなどが挙げられる．

(2) 腰痛の発症メカニズムとその予防

①発生メカニズムの理解

- 筋・筋膜性腰痛は筋のバランス異常や疲労による一般的な腰痛である．不適切で，無駄な力の入ったフォームを繰り返し行った結果，発症する．
- 腰椎を伸展させたときに痛みの出る腰痛は，安定性が欠けたまま腰を反りすぎたり，また，そのまま捻ったりするような体の使い方が原因となる．この動作は腰椎椎間関節に圧迫ストレスを加え，骨が軟らかい成長期では腰椎分離症へと発展する可能性もある．
- 椎間板ヘルニアは，泳いでいる際の負担はもちろん，日常生活での不良姿勢や誤ったトレーニングも発症の一

因と考えられる.女子競泳選手特有の軟らかい体により,腰椎前弯が減少すると,アライメント異常により,椎間板に負担がかかる.その結果,ヘルニアを発症してしまう可能性も高くなると考えられる.

②腹圧

●ほとんどの腰痛の要因の1つが,腹圧が適切にかけられないことである.
●腹圧がかからなければ,腰椎が不安定となり,腰痛を招くばかりでなく,誤ったフォームを導いてしまう.反対に適切な腹圧によって体幹が安定すると,多少の力が加わっても傷害発生には至らず,しっかりしたストリームラインを維持できる.

③上肢,下肢とコア(体幹)の連動性と腰痛

●競技のためには,腹圧を上げるだけではなく,この状態を維持しながら上肢や下肢を自由に動かす能力も大切である.実際に泳いでいるときには,腹圧を上げストリームラインを維持したまま,ストロークやキックを行っている.クロールやバックで胸郭を回旋させるとき,バタ足キックを打つために股関節を伸展させたとき,また,バタフライやブレストで腰を反ったときに,腹圧が抜けやすく,腰椎が過度に回旋したり伸展したりしやすい.

④胸郭と上肢の柔軟性と腰痛

●ブレストを除き,推進力の多くは上肢によって得ている.上肢の使い方が悪いと,腰部がその動きを代償しなくてはならず,過度な負担をかけてしまう.
●肩,肩甲骨周囲が硬いときには,腕を大きく回した結果,無意識のうちに腰が反ったり,捻れたりする.腰椎の回旋方向の可動域はとても小さいために,クロールやバックの選手は,このような回旋のストレスが繰り返し加わることで,腰痛を発症する可能性が高くなる.
●ブレストやバタフライの選手は,体幹を屈曲伸展方向に動かすことが求められるため,胸郭が硬いと,腰が過度に動き,過伸展を起こす結果,腰痛の原因となる.

2. 傷害予防のためのトレーニング

1) 肩関節傷害予防

(1) 肩関節の柔軟性トレーニング

①肩甲骨のストレッチ(図3①〜④)

●肩甲胸郭関節をストレッチするときには,肩甲骨を内転させて胸を開くような動作と,外転させて胸を閉じる動作の両方を行うことが大切である.

②胸郭のストレッチ(図3⑤⑥)

●胸郭を柔軟にすることも,肩甲胸郭関節の柔軟性を上げるためには大切なことである.

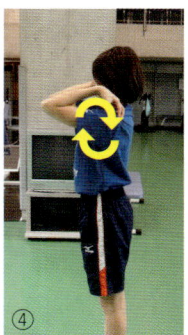

①胸を開くと同時に,肩甲骨が内転しているのを感じることが大切である.
②,③両肘を着けたまま上げていくと,肩甲骨は自然と外転していく.さらに,肩関節を外旋させることもできる.
④肩を回すときには,手で肩を触りながら肘を大きく回すと,肩甲骨の動きが意識しやすい.
⑤パートナーによる胸郭回旋ストレッチ:肩甲骨を固定してもらい,体幹を捻りながら,胸郭をストレッチできる.
⑥エクササイズ器具による胸郭伸展ストレッチ:胸椎の伸展方向の柔軟性を効果的に上げることができる.

図3 肩甲骨のストレッチ(①〜④)と胸郭のストレッチ(⑤⑥)

III. 種目別の傷害予防トレーニングとその実際

図4 ゴムチューブによるローテーターカフの強化
ゴムチューブのトレーニングは，抵抗が重力に左右されないので，動きの方向が自由なことが大きな特徴である．この利点を用いると，肩関節90°屈曲位や90°外転位でのより競技に近い姿勢でのトレーニングができる．

図5 バックブリッジ（①）とゲットアップ（②）
背面中心の腹圧アップトレーニング．支持面を小さくしたり，ダンベルを持ち上げ重心を高くすることで，難易度を上げることができる．

(2) 肩関節の安定性トレーニング

　ゴムチューブによるローテーターカフ強化のトレーニングを図4に示す．

2) 腰痛予防

(1) 腰部の腹圧をアップさせる（図5）

●シンプルなアイソメトリック的な腹圧アップトレーニ

図6 フロントブリッジプッシュアッププラス
フロントブリッジの姿勢で，肩甲骨を動かす．

ングだが，脊柱の3つのカーブをキープするように注意する．ときには膝で支持すると，足のサポートが減り，体幹がより意識しやすくなる（フロントブリッジ・サイドブリッジはII-2参照）．

(2) 腹圧を保ちながら，胸郭から上肢，股関節から下肢を動かす（図6～11）

●腹圧を高めただけでは，競技中の腰痛の発生を予防することはできない．
●競技中は，腹圧を高め，体幹を安定させた状態で，胸郭，上肢と下肢をリラックスして柔らかく動かすことが必要となる．

3) 腰痛予防のために注意すべきトレーニング

(1) 悪い動作を身につけてしまう可能性のあるトレーニング

●クランチは腸腰筋の関与を減らし，腹直筋を効果的に鍛える有効なトレーニングであるが，ストリームラインを必要とする競泳にとっては，クランチ腹筋運動は体を丸めた姿勢でのトレーニングのため，ストリームラインを組んだときにうまく腹圧を入れにくくなってしまうことも考えられる．特に注意が必要なトレーニングの1つである．

(2) アライメントを崩す可能性のあるストレッチ（図12，13）

●たとえば，競泳に欠かせない軟らかい体を作るためのストレッチを誤った方法で行っている可能性がある．

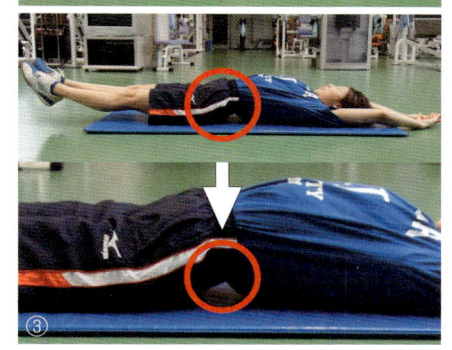

図7 仰臥位
①仰臥位で腹圧をキープしながら，両足を上下に動かす．
②手足を同時に対角線上で動かして，トレーニングを行うこともできる．
③腹圧が抜け腰が反ってしまうと，トレーニングが腰痛の原因となってしまう．

図8 側臥位
①内転筋と腹筋群で膝下のボールを押さえ，腹圧を高める．
②腹圧を高めた状態のままで，胸郭を回旋する．

図9 手膝での支持
対角の手と膝で体を支持しながら，肩甲骨を上下に動かす．

図10 ベンチ上
ベンチの上から肩甲骨を出した状態で横たわることで腹圧を高め，肩甲骨を意識しながら肘を回すことで胸部はリラックスして動かすことができる．

図11 片脚
片手でサポートしながら片脚でストリームラインを保ち，ストローク動作を行う．

図12 股関節のROMを使った長座体前屈　**図13 腰椎のROMを使った長座体前屈**

Ⅲ．種目別の傷害予防トレーニングとその実際

- ストレッチとして最も多く行われているのは，長座での体前屈であるが，選手たちが股関節の代わりに，腰椎を過度に屈曲してROM（関節可動域）を得てしまうと，椎間板に大きな力が加わる．
- 日常的にこのようにストレッチを行っていると，腰椎が前弯した自然なカーブが崩れ，その結果として，ヘルニアの要因となるようなアライメントを作ってしまう可能性が高い．
- 関節の軟らかい女子選手は，腰椎が前屈する猫背のような姿勢で日常生活を送らないように，特に正しい姿勢を日ごろから心がけなくてはならない．

図14　立位で体幹をツイストする

図15　バランスボール上で，体幹をツイストする

4）その他の競技特性をふまえたトレーニング

（1）ストリームラインを意識したトレーニング

- 競泳は基本的に手を上げた状態でストリームラインを保ちながら行う競技である．そのため，トレーニングのときにも，このことを意識して行うと，より効果的である．

①ストリームラインツイスト

- 臥位だけではなく，立位や片脚の姿勢で行ったり（図14），ディスクやバランスボールなどを用いること（図15）で，より不安定な状況を作り出し，水中に近い状況でトレーニングできる．このトレーニングにより，ラスト25mの追い込みで体のブレを感じなくなったと自覚する選手もいる．

②高負荷でのコアエクササイズ（図16）

- ストリームラインを意識しながら，パートナーに体幹へ負荷をかけてもらうことで，傷害の予防とともに爆発的な力を発揮するトレーニングとなる．

（2）競泳のキネティックチェーンを意識したトレーニング

- 手の平で水を引っ掛けて体を前に引き寄せながら進む競技であるため，体幹からの大きな力を指先に伝え，ま

図16　バックブリッジからの片脚ストレートレッグダウン（SLD）

図17　シーソー
仰臥位で，手の平からの力を全身へ伝える感覚を養う．

図18　バランスボール
手からの力を体に伝え，全身を引き寄せる．

図19 メディシンボール
パートナーにメディシンボールを下から投げ上げてもらう．その力をうまく利用して，ボールに体重を乗せて地面にたたきつける．このことで，競泳に似たキネティックチェーンが再現できる．

図20 オーバーヘッドでのランジ

図21 ３点支持でのワンハンドロー

た，その力により，体を効果的に前に進める体の使い方のトレーニングが必要である．
● 腕に体重を乗せ，大きな力を発揮できることが大切である．
● 手の末端からの入力としてシーソー（図17），バランスボール（図18），メディシンボール（図19）などが利用できる．

(3) ウエイトトレーニング

①クイックリフト

● クイックリフトは，全身のキネティックチェーンと爆発的な力発揮を学習するよいトレーニングである．
● 競泳とこの動作は直接，相関がないように感じるかもしれないが，この動きはターンの動作に直結している．

②コアをより意識したトレーニング

● 通常のオーソドックスなトレーニングも，ダンベルを頭上に持ち上げることで重心を上げたり，支持基底の面積を減らした状態で行うと，よりコアの意識を高めて行うことができる（図20, 21）．

5) 課題および今後の展望

● 競泳は水中で行うスポーツという特殊性からか，筋力トレーニングが軽視されることもある．たとえば，関節の柔軟性を向上させるストレッチのみが強調され，陸上でのトレーニングは，腹筋と腕立て伏せのみというチームもあるのではないだろうか．競泳では「泳いでいるときには問題はないが，陸上で座ったり，動いたりしているときに腰が痛い」などということも起こりうる．近年では，陸上トレーニングを積極的に取り入れている選手が，国際大会でも好成績を収めている．
● 競泳は水中という特殊な環境での競技だからこそ，陸上での理論に基づいたしっかりしたトレーニングを行うことが大切といえる．その結果は，傷害予防だけでなく，競技成績の向上にもつながっていく． （山下　貴士）

文　献

1) 金岡恒治・他：水泳障害．整形外科, 58（8）：1140-1146, 2007.
2) 園田昌毅：種目別スポーツ整形外科　日常診療のチェックポイント16 水泳．関節外科, 28（8）：92-96, 2004.
3) 出村慎一：大学競泳選手の体格，体力及び水泳技能の性差．体育学研究, 31（2）：151-161, 1986.
4) 藤井康成・他：種目別スポーツ障害の特性　水泳・ダイビング．臨床と研究, 85（10）：1424-1430, 2008.
5) (財)日本水泳連盟（2005）：水泳コーチ教本第2版．大修館書店, 東京, 2005, pp199-215, 236-256.
6) Hangai M, et al：Lumber intervertebral disk degeneration in athletes. *Am J Sports Med*, 37（1）：149-55, 2009.
7) Nyska M, et al.：Spondylolysis as a cause of low back pain in swimmers. *Int J Sports Med*, 21（5）：375-9, 2000.
8) Riemann BL, et al：Glenohumeral joint rotation range of motion in competitive swimmers. *J Sports Sci*, 29（11）：1191-9, 2011.
9) Tate A, et al.：Risk factors associated with shoulder pain and disability across the lifespan of competitive swimmers. *J Athl Train*, 47（2）：149-158, 2012.
10) Wells CL：Women, Sports and Performance. Champaign, Illoinis, Human Kinetics, 1985.

III. 種目別の傷害予防トレーニングとその実際

14 飛込み

競技特性

- 飛込み競技は高さ10mの固定台，あるいは3m・1mの高さの飛板から跳び上がり，入水までの空間で宙返りや捻り技を行い入水する採点競技である．
- 10mの固定台からの演技では入水速度は51km/hに達し，入水直後には瞬時に33km/hまで減速する．入水時の衝撃はおおよそ400kg重と大きく[1]，身体への負荷は大きい．

1．女子飛込み選手の身体特性と傷害の特徴

1）身体特性

- 2003～2010年度のナショナルジュニア代表選手のデータを男子選手，標準値とともに表1に示す．
- 飛込み選手の身体特性は，①飛び出し（take off）時の瞬発力，②空中でのパイク姿勢等で要求される股関節，体幹の柔軟性，③入水時の衝撃からの損傷予防のための体幹筋力の強さが求められることから，標準値との比較においてもこれらの値が優れている．
- 立幅跳び・垂直跳びといった瞬発力，30秒上体起こしの体幹筋持久力は男子選手の方が優れている．柔軟性項目では，長座体前屈・上体そらしは性差を認めず，肩回旋幅（肩甲帯の可動性の指標）は女子選手の方が優れている．

2）傷害発生状況

- 2003～2010年に飛込み競技ナショナルジュニア合宿において行った筆者による痛みの部位に関する調査では，腰部，膝関節，肩関節の順に多いことが明らかになった．
- 性差の特徴として，手関節痛を有する者が男子選手と比較し少ない．これは女子選手の方が，手関節背屈可動域に優れている者が多いためと考える（図1）．

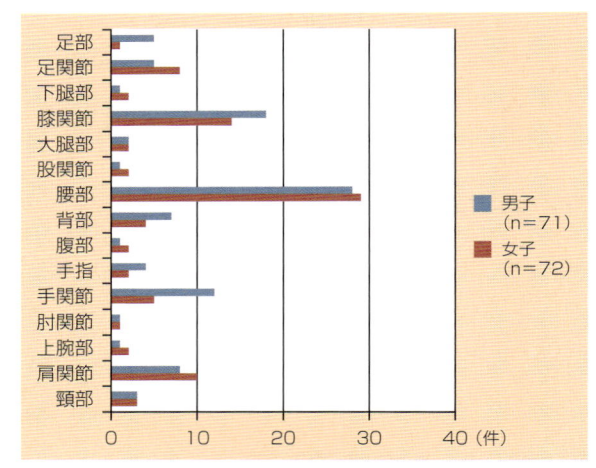

図1 合宿中の疼痛部位

表1 女子飛込みナショナルジュニア選手の身体特性と体力特性

	体格			柔軟性			瞬発力		体幹筋力		技術
	年齢（歳）	身長（cm）	体重（kg）	長座体前屈（cm）	上体そらし（cm）	肩回旋幅*（cm）	立幅跳び*（cm）	垂直跳び*（cm）	30秒上体おこし*（回）	背筋力*（kg）	倒立持続時間*（秒）
女子※1	14.7±1.8	154.6±5.9	47.0±7.1	57.9±6.7	56.3±6.4	26.3±15.6	205.2±14.3	50.9±5.8	40.1±4.5	79.6±17.2	11.6±14.9
男子※2	14.8±1.5	162.0±9.3	54.3±10.0	55.9±7.1	54.7±6.4	51.9±14.1	238.8±20.0	63.0±7.5	42.3±4.0	116.5±34.1	26.3±16.6
女子※3	15	157.3±5.2	51.2±7.1	45.8±9.7	54.8±7.5		175.4±20.6	43.2±5.6	20.6±5.0	80.9±18.6	
男子※3	15	168.2±5.9	56.5±9.6	47.9±9.7	54.2±9.1		220.9±24.5	56.9±8.4	27.4±5.3	121.8±25.3	

に男子選手と有意差を認めた項目を示す（ p＜0.01），※1 n＝56，※2 n＝60，※3 標準値：データは新・日本人の体力標準値から引用した[2]

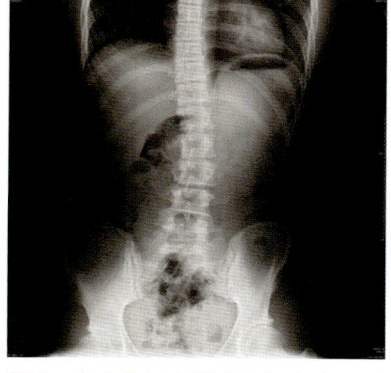

図2　後方回転種目の入水姿勢　図3　女子選手の腰椎X線像（側弯）　図4　柔軟トレーニングの様子

● 腰痛発生状況は，後方回転種目の入水場面において腰椎過伸展強制により受傷する選手が多い[3]（図2）．

3）腰痛の特徴

(1) 器質的変化の特徴[4]

● 2008〜2010年に日本水泳連盟飛込委員会主催の合宿に参加した飛込み選手，男性25名（18.5±2.6歳），女性16名（18.9±3.0歳）を対象に腰椎のX線撮影をした結果では，腰椎器質的変化は，分離8名（男性4名，女性4名，以下同順），側弯12名（3名，9名），椎間不安定性6名（4名，2名），椎間板腔狭小化11名（7名，4名）であった．

● 一般日本人の側弯発生率は1％以下といわれている[5]ことから，女子選手56％（9/16）はかなり高い発生率といえる．これは，入水時の衝撃による座屈現象により，体幹が弯曲することが原因だと考える（図3）．

(2) 腰椎部位の特徴

● 側弯の有無にかかわらず女子選手は，仙腸関節部に痛みを有する者が多い．
● 側弯を有している選手は板飛込みでの片脚ジャンプをする際に，片側の仙腸関節のストレスが大きくなること，飛込み競技は股関節の柔軟性が求められること（図4），演技に捻り技が含まれていることが理由であると思われる．

2．傷害予防のためのトレーニング

1）仙腸関節痛予防

● 仙腸関節痛の予防には，仙腸関節へのストレスを減じるために股関節の柔軟性向上，股関節の可動性を有する動作の獲得，仙腸関節の安定性向上が重要である．
● 本書では，仙腸関節安定性向上について述べる．

(1) 仙腸関節安定性向上トレーニングの評価

● 仙腸関節の安定性を高めるためには，大殿筋の下方内側線維を収縮させることが重要である．
● 股関節の伸展時に，股関節が中間位であれば（図5①），大殿筋下方内側線維の収縮を伴っている．股関節が外転すれば，大殿筋下方内側線維収縮が不十分であり，仙腸関節部にストレスを加えていると評価する（図5②）．

(2) 仙腸関節安定性向上トレーニングの実際

● 大殿筋下方内側線維の収縮（図5①）の学習を行う．

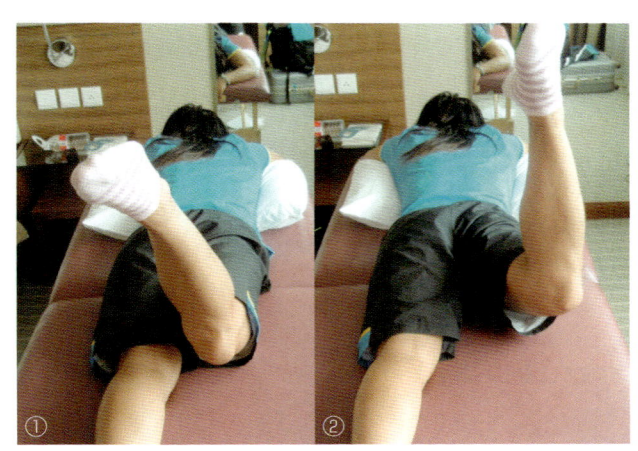

図5　大殿筋下方内側線維収縮の評価方法

Ⅲ．種目別の傷害予防トレーニングとその実際

- 方法として，殿筋の収縮→股関節の軽度内転→股関節の伸展の順に運動を行っていく．
- 次に，ブリッジにて大殿筋下方内側線維が主に収縮し，運動ができるかを確認する．可能であれば，片脚ブリッジ→その状態でのSLR等，運動負荷を高めていく（図6）．

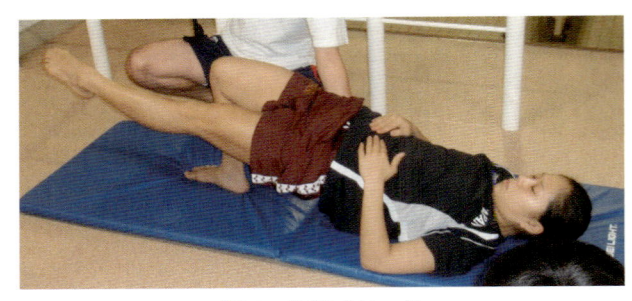

図6　片脚ブリッジ
骨盤や体幹の傾き，体幹筋の活動状態を確認することに加え，大殿筋下方内側線維収縮を確認することが大切である．

point! このトレーニングを行うときには，中殿筋やハムストリングスが収縮してしまうことが多い．その場合，マッサージ等でその部位をリラックスし，再度運動を行うと学習が進むことが多い．

2）腰痛予防

- これまでの調査により，肩関節・肩甲帯の可動性の低下が腰痛リスクになることが明らかになっている[6]（後方回転種目の入水時に要求されるため；図1）．
- このため，胸郭の可動性も含めた肩関節，肩甲帯の可動性向上トレーニングを行う．

（1）肩甲帯可動域向上トレーニング

- 図7，8，9にトレーニングの実際を示す．

（2）体幹安定性向上のためのトレーニング

- 飛込み競技は入水時の衝撃がとても大きい．これに耐えうる筋力を有さなければ，側弯が発生し，その後，腰痛，仙腸関節痛につながってくる．
- 女子選手は男子選手と比較し体幹筋力が劣っていることが，側弯発生の1つの理由である．
- 飛込み競技の競技特性に応じたトレーニングを紹介する（図10，11，12）．

図7　胸郭，肩甲帯可動性向上トレーニング
起き上がることにより，後方回転種目の入水姿勢に近いところでの腹筋群のトレーニングにもなる．

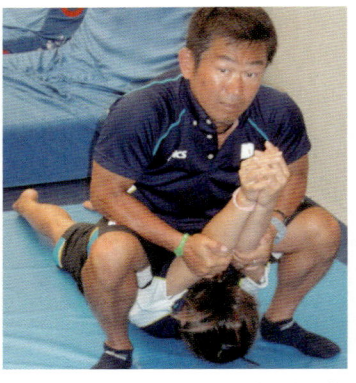

図8　コーチによる肩関節伸展他動的ストレッチ

図9　肩甲帯の可動性を意識したチューブを使った肩関節外転トレーニング

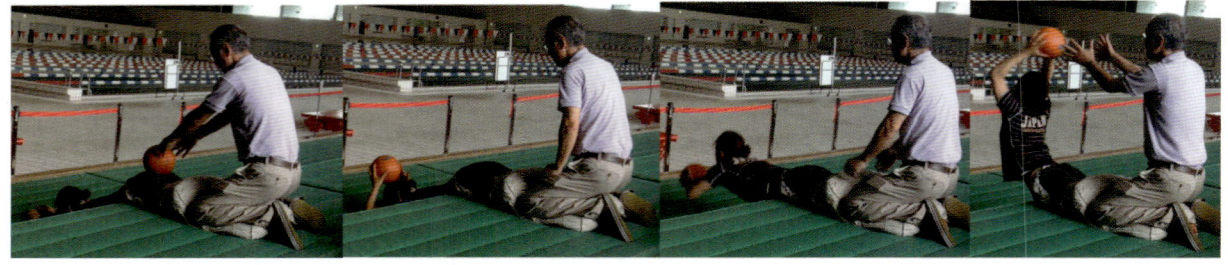

図10　背筋トレーニング
飛込み競技では支点のない空中での動作を要求されることから，なるべく上半身を台から出して行う．また，体幹伸展可動性も要求されるため，最終域では体幹伸展も意識する．

図11 ハーフカットストレッチポール上での下部腹筋群トレーニング
空中では股関節のコントロールも要求される．特に遠心性の収縮を意識する．

図12 ハンド・トゥでのサイドブリッジ（内転筋群を意識して）
空中での足のばらつきを防ぐため，内転筋も意識する．

3) 課題および今後の展望

●仙腸関節痛は飛込み競技だけでなく，多くの競技スポーツの女子選手に多い．しかしながら，統一した評価法や予防トレーニングはなく，それぞれの経験において対応している．今回紹介したトレーニングも，筆者が現場で行い，効果的であると感じているものであるが，その検証は今後の課題である．

（成田　崇矢）

文　献

1) Le Viet DT, et al.：Wrist and Hand Injuries in Platform Diving. *J Hand Surg*, 18：876-880, 1993.
2) 首都大学体力標準値協会・編：新・日本人の体力標準値Ⅱ．不昧堂出版，東京，初版，2007, pp20-304.
3) 成田崇矢・他：飛込競技における全日本ジュニア選手の傷害発生状況について．日本水泳・水中運動科学, 14（1）：1-6, 2011.
4) 成田崇矢・他：飛込選手の腰椎器質的変化―側弯に注目して―．日本臨床スポーツ医学会誌, 21（1）：125-130, 2013.
5) 川上紀明・他：側弯症．現代医学, 54（3）：511-518, 2007.
6) Narita T, et al.：Critical factors for the prevention of low back pain in elite junior divers. *Br J Sports Med*, Published Online First, 2013.

III. 種目別の傷害予防トレーニングとその実際

15 シンクロナイズドスイミング

競技特性

- シンクロナイズドスイミング（以下シンクロ）は，水深3m以上のプール内で音楽に合わせて演技し，技の完成度，同調性，芸術的な表現力，演技構成などで得点を競うスポーツである．
- 競技種目はソロ（1名），デュエット（2名），チーム（8名），フリーコンビネーション（10名）の4種目があり，女性だけに参加が認められる数少ない競技である．
- オリンピックではデュエット（2名）とチーム（8名）種目が行われており，それぞれ，テクニカルルーティン（2～2分50秒）とフリールーティン（3～4分）の2プログラムが実施されている[1]．
- 技術と同時に美しさも競うため，スパンコールを付けた衣装やメイクも妖艶で派手である．ヘアメイクは頭髪をゼラチンで固めハット（髪飾り）をまとうのも特徴的である．

1. シンクロ選手の身体特性と傷害の特徴

1) 身体特性

- 各年代（ユース14歳以下，ジュニア18歳以下，シニア19歳以上）のナショナルチームに選抜された選手を対象とした体格および体力テストの結果を**表1**に示す．
- 体力テストにはシンクロ競技動作を反映するテストが含まれている．その中の水中スプリット（前後開脚）ではレベルが上がるにつれて数値が向上しており，柔軟性の獲得が競技レベル向上の重要な要因であることがわかる[2]．参考として2012年ロンドン五輪，シンクロ上位5ヵ国の平均身長を**表2**に示す．
- 日本代表選手選考に当たっては，身長制限（162cm以下の選手はチーム内2名まで）と身長減点（165cm以下は減点）が設けられている．

2) 傷害発生状況

- 半谷らの報告では，肩甲帯部（27.1％），腰背部，膝関節部（ともに13.1％）の順に多い[3]．
- このうち，肩甲帯部では肩関節腱板炎・損傷，上腕二頭筋長頭炎の順に多く，腰背部では腰椎椎間板症・変性，非特異的腰痛，膝関節部は膝蓋骨周囲炎，タナ障害の順である[3]．
- 日本選手権大会期間中の疲労を含む傷害（疼痛）部位調査[4]では，肩・肩甲帯，腰部，大腿部，背部，上腕部の順で訴えが多かった．しかしながら，傷害のみでは肩・肩甲帯，腰部，膝部の順となり，半谷らの外傷・障害調査の好発部位と一致している（**図2**）．

図1 試合前のメイク

表1 シンクロ女子選手の身体特性[2]（一部改変）

		ユース（14歳以下）	ジュニア（18歳以下）	シニア（19歳以上）
体格	年齢（歳）	13.5 ± 1.08	16.4 ± 0.91	21.0 ± 1.56
	身長（cm）	159.4 ± 4.11	163.0 ± 4.40	165.8 ± 4.31
	体重（kg）	48.3 ± 2.80	52.6 ± 3.69	55.2 ± 4.09
	体脂肪率（%）	22.5 ± 1.98	19.1 ± 3.62	19.4 ± 2.53
持久力（泳力）	400m フリー（秒）	317.5 ± 6.45	304.1 ± 13.19	286.7 ± 8.33
持久・パワー（泳力）	25m×10 レペティション（秒）	14.7 ± 0.31	14.2 ± 0.57	14.1 ± 0.51
一般的筋力 or パワー	プッシュ・アップテンポ（回）	18.3 ± 14.08	21.5 ± 10.79	23.5 ± 10.71
	シット・アップ30秒（回）	31.3 ± 3.41	32.7 ± 3.71	36.8 ± 2.85
	バック・エクステンション30秒（回）	31.7 ± 6.40	35.7 ± 5.71	34.3 ± 4.28
	懸垂（回）	1.7 ± 1.80	3.7 ± 2.40	2.5 ± 1.76
	垂直跳び（cm）	41.8 ± 4.28	40.7 ± 4.58	41.5 ± 4.69
専門的パワー*1	ボディ・ブースト（cm）	115.3 ± 6.84	122.3 ± 7.47	124.8 ± 7.66
専門的持久力*2	負荷付エッグビータ（秒）	14.6 ± 9.18	18.1 ± 8.92	20.5 ± 10.52
専門的柔軟性*3	水中スプリット・右（cm）	14.3 ± 8.79	9.5 ± 6.92	6.8 ± 5.64
	水中スプリット・左（cm）	24.5 ± 11.66	15.2 ± 7.62	12.6 ± 7.77

*1 ボディ・ブーストを行い水面直上の最高到達点　　*2 重錘4kgを腰に下げ顎が水面につくまでの立ち泳ぎ継続時間
*3 水中垂直姿勢で前後開脚を行い，水面と両母趾間を結ぶゴムとの距離（高さ）

表2 ロンドン五輪 シンクロ上位5ヵ国平均身長

	ロシア	スペイン	中国	カナダ	日本
チーム平均（8名）	172.1cm	170.8cm	170.4cm	170.7cm	166.7cm
デュエット平均（2名）	175.5cm	171.5cm	173.5cm	168.0cm	167.5cm

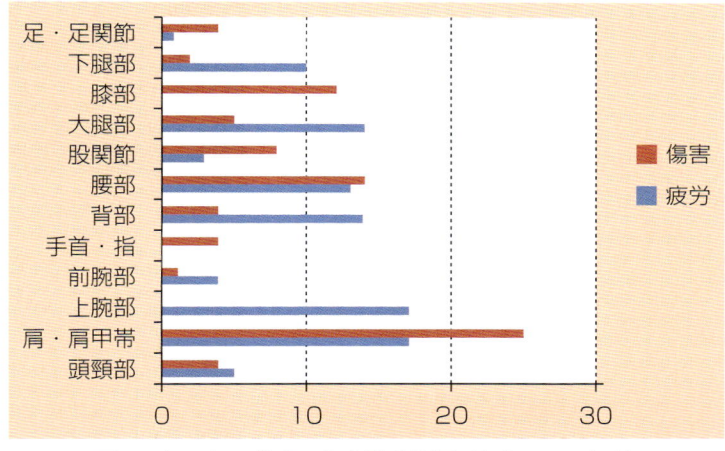

図2 シンクロ選手の傷害発生状況（文献4より作成）

3) シンクロ選手の傷害の特徴

●シンクロは水中競技であり，常に不安定環境下での動作を強いられる．合わせて，演技の完成度，音楽および競技者同士の同調性が求められるため，基礎および反復練習を長時間行う．そのため，上肢と下肢の連結部となる「腰部」，スカーリングや上肢の演技の軸となる「肩」，巻き足やブースアップで負荷のかかる「膝」に障害が集中する．

●競技特性として，足関節底屈位でつま先を揃えた状態での演技が多いため，足関節底屈および足趾屈筋群の障害が，また右下肢を前にした前後開脚のスプリットやバレーレッグ，ナイト姿勢などの演技が多いため，右股関

節の障害が多い（図3）．
● 一般に傷害の多い競技とされるが，下肢の素早い動きや切り返し動作が多く，大腿部の肉離れ（内転筋，内側ハムストリングス）も少なくない．試合期では隣接する競技者同士の距離が短いと難易度が高いため，競技者同士の接触による打撲，骨折（特に足趾，手指）などの外傷が多くなる[5]．

(1) いわゆる腰痛症

● シンクロでは，上半身が水面上にあるときはエッグビータキックと呼ばれる巻き足により，下半身が水面上（垂直姿勢，倒立姿勢）にあるときはスカーリングにより浮力を得ている．つまり，水中での動きが継続されつつ，水面上では安定した演技がなされなければならない．そのため，腰部には上肢と下肢を連動する役割と，上肢と下肢の動きを分断するための固定力が常に要求される．合わせて，競技特性上，体幹および股関節の屈曲，伸展動作が頻回であり，腰部障害が多いと考えられる．

(2) 肩関節周囲の痛み

● シンクロにおける上肢の使用は，①水中の移動および浮力の獲得（スカーリング），②演技，③リフト動作（図4）の3つに集約される．
● ①では上肢の下垂位から挙上位に至るあらゆる角度で肩関節内・外旋が繰り返される．
● ②では演技構成上，肘伸展位での肩関節屈曲・伸展動作が多い．
● ③は人を持ち上げたり，支えたりする動作がある，など，肩へのストレスが多様で，複合的に肩の障害をきたす者が少なくない．

図3　演技のいろいろ
①ロケットスプリット，②ナイト姿勢

図4　リフト動作
ジャンパーを手で跳ね上げる2段目と2段目を支え上げる水中の3段目

2. 傷害予防のためのトレーニング

1) 傷害予防の考え方

● 腰痛の予防およびパフォーマンスの向上には腹筋群による体幹の固定が重要となる．また，肩関節の障害予防には肩甲上腕関節のみならず，肩甲骨・胸郭も含めた肩関節複合体での可動性が必要である．これら2つの事柄は互いに関連をもち，動きの上では体幹と上肢の連携が傷害予防の軸となる．

● 体幹の固定がしっかりとなされなければ，上肢（肩関節）の動きは不安定かつ過剰で，ストレスのかかる動きを必要とする．逆に胸郭を含めた肩の可動性低下は腰部へのストレスとなる[6]．
● 傷害予防のためには，最初に肩，胸郭，股関節の柔軟性を獲得し，次いで肩および肩甲帯，体幹，股関節の筋機能訓練を行う．そして，シンクロ特有の動きを含めた傷害予防トレーニングを行う必要がある．

2) 傷害予防のためのストレッチ

(1) 股関節屈筋群・伸筋群のストレッチ（図5）

- 股関節の柔軟性は体幹固定に大きく関わる.
- シンクロでは右脚を前方に，左脚を後方にした前後開脚動作が多く，股関節伸展および外旋で左右差が生じることが多い.
- また，股関節屈曲時につまり感を訴えることが多いため，股関節屈筋群のストレッチと伸展筋群の機能改善が重要となる.

(2) 胸郭のストレッチ（図6）

- 胸郭の可動性の改善は腰痛および肩関節障害の予防とパフォーマンスに好影響を与える.
- 胸椎の伸展および肩甲骨の内転を意識して行う.

(3) 体幹と上肢・下肢の連結部分のストレッチ（図7）

- 水中では体幹を固定し上肢・下肢を動かすことが主であり，体幹の可動性低下を惹起する.
- Cat & Dog にて，肩甲骨の外転・上方回旋および内転・下方回旋を行う.
- 体幹を回旋させ，側胸部，側腹部の動的ストレッチを意識する.

3) 傷害予防のためのトレーニング

(1) 腹部を引き込んだ状態（ドローイン）での基本トレーニング（図8）

- 腰痛予防に重要な腹筋群による体幹固定を行いながら，連動する筋群のトレーニングを実施する.

(2) シンクロの動きを含めた傷害予防トレーニング（図9）

- 肩甲帯・胸郭・股関節など，それぞれの動きに習熟してきたら，上肢，下肢，体幹の連携した動きのトレーニングが必要となる.

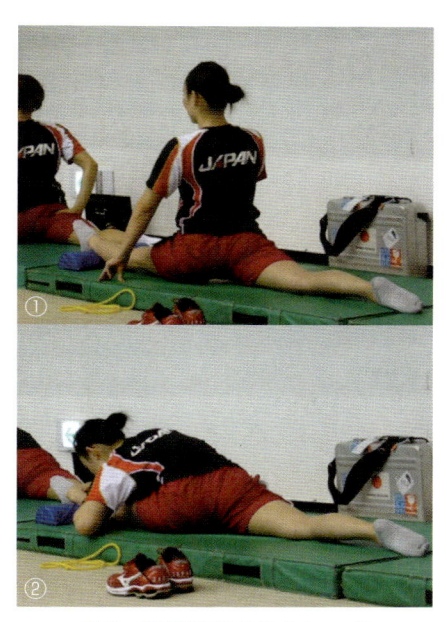

図5 股関節筋のストレッチ
①右股関節屈筋群のストレッチ，②左股関節伸筋群のストレッチ.
いずれも左下腿部にストレッチポールを置き，美しい膝を作るため膝の過伸展を同時に行っている.

図6 胸郭のストレッチ
①ストレッチポールを脊柱に沿わせ前胸部をストレッチ，②上肢挙上および体幹回旋により側胸部をストレッチ．合わせて深呼吸でさらにストレッチ.

図7 体幹と上肢・下肢の連結部分のストレッチ
①肘伸展位を保持しながら Cat & Dog，次いで肩・骨盤の位置は変化させずに体幹を右方向，左方向へ回す（②，③）.

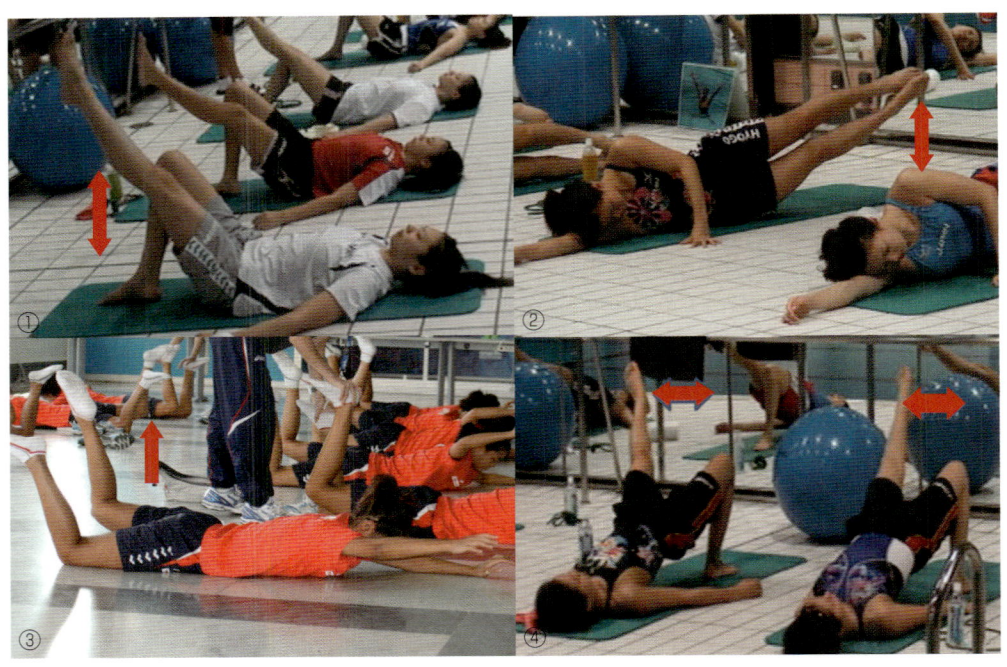

Ⅲ．種目別の傷害予防トレーニングとその実際

図8　腹部を引き込んだ状態（ドローイン）での基本トレーニング
①腹部引き込みを行いつつ下肢の上下運動．骨盤の傾きに注意
②腹部引き込みを行いつつ側臥位での片脚，両脚挙上．股関節の屈曲，骨盤の傾きに注意
③腹部引き込みを行いつつ左股関節伸展，右上肢挙上．股関節伸展は外転・外旋を伴わないように注意し，上肢挙上は肩甲骨の内転・下制が行われているか確認
④腹部引き込みを行いつつ片脚ブリッジ＆外転．骨盤の傾きに注意

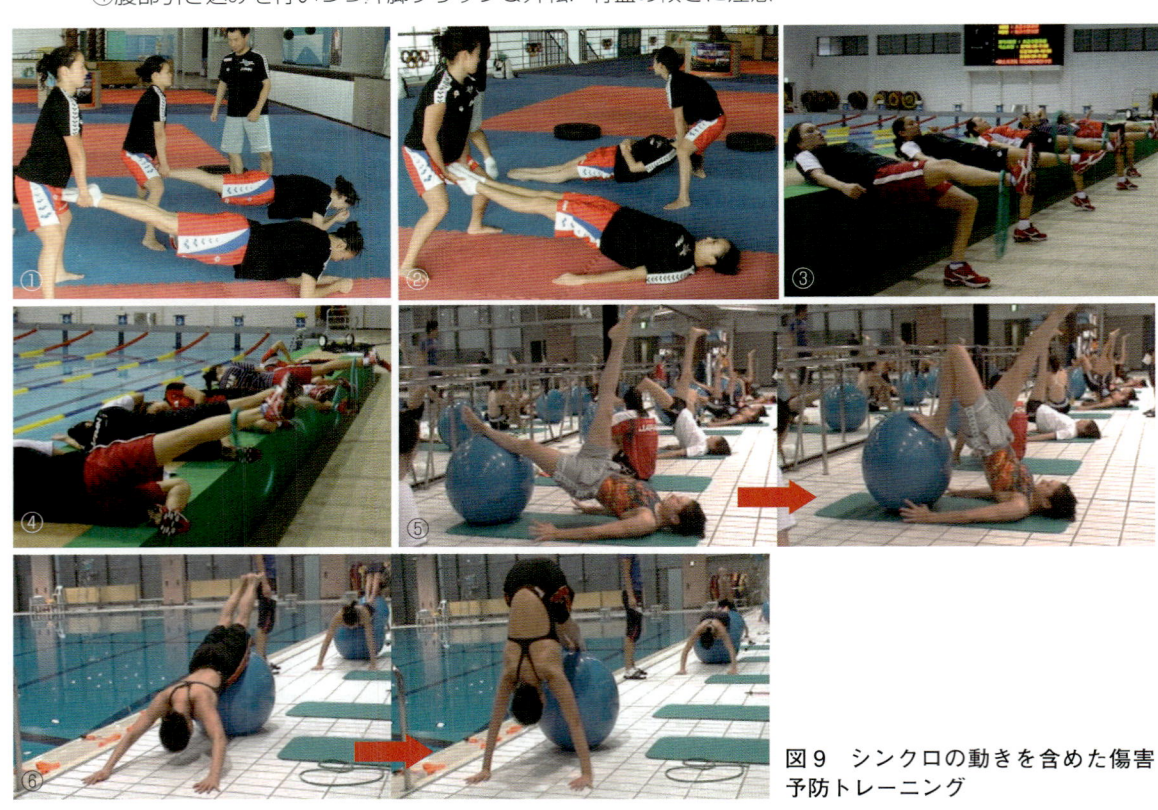

図9　シンクロの動きを含めた傷害予防トレーニング

①スタビライゼーションエルボー・トゥ変化形．ホルダーは外的不安定を作りつつ，自身のリフト姿勢・能力向上
②スタビライゼーションショルダー・トゥ変化形．ホルダーは外的不安定を作り，自身のリフト姿勢・能力向上
③不安定環境下で体幹固定＆下肢動作．ゴム製の輪を足先でコントロールし回す．
④側臥位で体幹固定＆下肢動作．ゴム製の輪を足先でコントロールし回す．
⑤バランスボールレッグカール（片脚）
⑥しゃくとりむし．上肢・下肢・体幹の連動による倒立姿勢への移行

図10　胸椎と胸郭の可動性改善訓練
①スティックを持ちバランスボールに下腹部をあてる．
②体幹伸展．腰椎フラットで胸椎伸展を意識する．
③胸椎での回旋を意識し前胸部〜側胸部の動きを意識する．左右差を確認する．

図11　ボールリフト
①，②四股の構えから素早く直立位になると同時に，メディシンボールを頭上に持ち上げる．
下肢・体幹・上肢の連動を意識し，特に殿筋，広背筋，僧帽筋によるボール挙上を認識する．

● シンクロ選手は前胸部の可動性が少なく，スクワットやジャンプ系の動作を不得手とする選手が多い（図10，11）．
● トレーニングは簡単なものから，バランスボールなどを用いて不安定環境下で行うなど，運動の難易度，強度を上げながら進めていく．
　　　　　　　　　　　　　　　　　　（加藤　知生）

文　献

1) 本間三和子：シンクロナイズドスイミング日本代表選手の心理的競技能力．水泳水中運動科学，12（1）：1-9，2009．
2) 伊藤浩志：シンクロ・コントロールテストによるトップレベル選手の基礎的能力の評価．2011-2012年度活動報告及び研究成果報告，公益財団法人日本水泳連盟シンクロ委員会科学技術部：9-14，2013．
3) 半谷美香・他：一流水泳競技選のスポーツ外傷・障害の実態―国立スポーツ科学センタースポーツクリニック受診者の解析―．日本整形外科スポーツ医学会雑誌，30（3）：161-166，2010．
4) 大金ユリカ：日本選手権トレーナーサービス活動報告．2011-2012年度活動報告及び研究成果報告，公益財団法人日本水泳連盟シンクロ委員会科学技術部：105-111，2013．
5) 加藤知生：シンクロナイズドスイミング日本代表における傷害特性．理学療法学，36：395，2009．
6) 加藤知生・他：外傷・障害予防を目的とした動きづくり⑦泳動作．アスリートのリハビリテーションとリコンディショニング　下巻（小林寛和・編），文光堂，東京，2012，pp140-146．

III. 種目別の傷害予防トレーニングとその実際

16 陸上競技（短距離）

競技特性
- 陸上競技の短距離種目には100m，200m，400mがある．
- 距離の近い疾走系種目である100mハードルや400mハードルを兼ねている選手もいる．
- 100mは直線のみで行われるが，200m以上の距離には曲線が含まれる．
- 競技実施上のルールに男女差はない．

1. 女子短距離選手の身体特性と傷害の特徴

1）身体特性

- 陸上競技者の身体特性をまとめた資料は見当たらない．
- 競技の記録を男子選手と比較すると，100mの女子トップ選手の記録は，男子中学生全国上位30名の記録と同じ程度である．
- 200m，400mでは，男子中学生のトップ100位に及ばない記録である．

2）傷害発生の特徴

- 日本陸連の実施した調査によると，短距離選手では大腿後面に傷害が好発する（図1）．
- インターハイでのトレーナーステーション利用者が訴えた傷害部位では，男子は大腿後面の痛みを訴えたのに対し，女子選手は大腿前面の痛みを訴える頻度が高かった．
- 女子選手には関節の安定性に乏しい選手が多く，足関節や膝関節に障害を持つ選手が多い．

（1）関節系の傷害の特徴

- 女子短距離選手には足関節，膝関節の傷害が多く発生する．原因としては筋力不足，アライメント不良などが影響していると考えられる．
- 慢性化することも多く，特別な受傷機転がないのにもかかわらず痛みを訴えることがある．

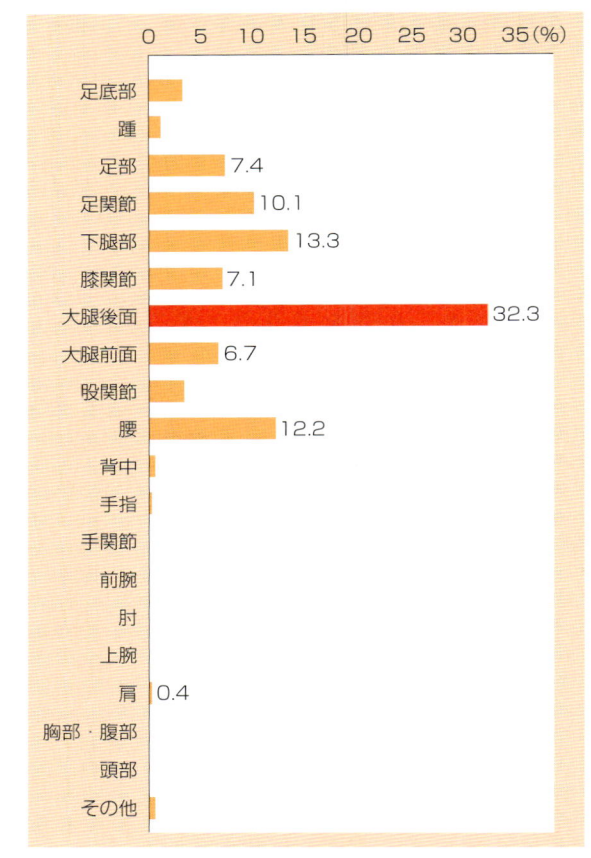

部位	%
足底部	
踵	
足部	7.4
足関節	10.1
下腿部	13.3
膝関節	7.1
大腿後面	32.3
大腿前面	6.7
股関節	
腰	12.2
背中	
手指	
手関節	
前腕	
肘	
上腕	
肩	0.4
胸部・腹部	
頭部	
その他	

図1 短距離選手の傷害好発部位

16. 陸上競技（短距離）

(2) 肉離れの特徴

- 女子短距離選手に好発する肉離れは，ハムストリングス肉離れと大腿四頭筋の肉離れである．ハムストリングス肉離れは男子選手にも好発するが，大腿四頭筋の肉離れは女子選手に特徴的に多い．
- 女子短距離選手に大腿四頭筋の肉離れが多い原因をはっきりと述べた研究はないが，骨格の性差，筋力の性差などが影響していると考えられる．
- どの部位に起こったとしても肉離れは再発の多い傷害であるため，予防のための取り組みを行うことが必要である．

2．傷害予防のためのトレーニング

1）関節系の傷害予防

- 関節系の傷害予防では，下肢筋力の向上と協調性の獲得を行うことに加え，選手の動的アライメントへの関心を高めることと，その改善を図ることが重要である．

(1) 傷害発症の原因

- 足関節の場合は，下腿の筋群の筋力不足が原因となる．特に腓骨筋群の筋力は傷害予防の観点で重要となる．
- 膝関節の場合は，股関節周囲筋群の筋力不足および動的アライメントが原因となる．

(2) トレーニング

①足関節周囲の筋力トレーニング

- 足関節周囲の痛みの出現を予防するには，足関節周囲筋群のトレーニングが必要である．
- 特に，内がえし，外がえしの筋力トレーニングを重点的に行う（図2）．
- チューブなどのトレーニング器具がない場合には，道具を用いずに行ってもよい．その際は，全可動範囲で動かすように意識することが重要である．

②バランストレーニング

- 足関節周囲の筋力トレーニングと並行してバランストレーニングを行うと実際の動作への応用がしやすい．
- この種類のトレーニングでは，足関節，膝関節，股関節の安定性を高められる．

①全可動範囲で動かすように心がける．
②外がえし時には目印となるものを置くとやりやすい．

図2　足関節周囲の筋力トレーニング

図3　バランストレーニング
ふらつきが生じやすい場合は，バランストレーニングを並行して実施する．

Ⅲ．種目別の傷害予防トレーニングとその実際

- 片脚スクワット（図3①）では，ふらつくことや極端な足部外側荷重，膝が内側に入ることがないように実施する．はじめはクォータースクワットからとし，ハーフスクワットができるようになったら不安定要素を取り入れる（図3②）．
- ふらつきが生じやすい場合には，図3③のような単純なバランストレーニングも有効である．

③動的アライメントの改善

- 競技動作に近いトレーニングとしてランジ（図4）も有効である．
- ランジ動作では直立の姿勢から前に1歩踏み出し，踏み出した脚を戻して元の姿勢となる．膝が内側に入らないように心がける．前脚だけではなく後脚にも注意する．
- 動的アライメントが改善してきたら，踏み出した脚を戻さずに後脚を踏み出すランジウォークも行うとよい．
- ランジでの動的アライメントの改善が確認できたら，リズムジャンプ（図5）も有効である．このトレーニングには下肢のスイング動作が含まれるため，競技動作にもやや近いと考えられる．

2）肉離れの予防

- 筋力の強化と柔軟性の獲得が必要不可欠である．
- 実施する筋力トレーニングでは，エキセントリック筋活動の強調および複数の関節が関与する動作を採用することが必要である．
- 疾走中の体幹の不安定さが受傷につながることがあるので，体幹の安定化トレーニングも重要である．

①直立の姿勢から前に一歩踏み出し，踏み出した脚を戻して元の姿勢となる．
②膝が内側に入らないように心がける．前脚だけではなく後脚にも注意する．

図4　ランジ

（1）傷害発症の原因

- 肉離れの発症原因には，筋力不足，筋の協調性不足，柔軟性不足，筋力および柔軟性の左右不均衡などが挙げられる．
- 伸張性筋力の重要性が示唆されている．

（2）トレーニング

①ストレッチ

- 柔軟性を改善するためにストレッチを実施することが薦められる（図6，7）．
- 好発部位となる筋だけでなく，拮抗筋を含めた周囲の筋に全体的に実施することが必要である．
- わずかに肢位を変えることで対象となる筋が変わるの

①立脚側で軽くジャンプしながら脚を前方にスイングする．
②次のジャンプで後方にスイングする．
③その次のジャンプで脚を前後に開きランジの姿勢で着地する．

図5　リズムジャンプ
ランジ姿勢から跳ぶように立ち上がり，立脚とスイング脚を入れ替えて続ける．

図6 ハムストリングスのストレッチ
ハムストリングスのストレッチをする際には股関節中間位だけではなく，内旋させたり，外旋させたりする．

図7 大腿前面のストレッチ

図8 レッグスイング（内↔外）

図9 レッグスイング（前↔後）

①股関節の伸展を強調する．
②立ちきったときに腰の落ちた状態にならないようにする．

図10 ステップアップ

で，どこを伸ばしているかを意識しながら実施することが必要である（図6）．
● スタティックストレッチだけでなく，スイング動作を含むダイナミックストレッチも重要である（図8, 9）．

②股関節伸展のトレーニング

● 股関節の伸展で十分に力を発揮できないと膝の屈伸の大きいフォームとなりやすく，疾走中にハムストリングスにも大腿四頭筋にも負荷が強くかかる．
● 股関節の伸展を強調できるトレーニングとして，ステップアップが有効である（図10）．
● 立ち上がったときに腰が落ちた状態にならないように注意する．

Ⅲ．種目別の傷害予防トレーニングとその実際

①膝を軽度屈曲として片脚立位となる．
②上体を倒しながら浮かせている脚を後方に持ち上げ，反対側の手でつま先を触って元の姿勢に戻る．

図11　バランスウィンドミル

③ハムストリングスのエキセントリックトレーニング

● 肉離れの予防には伸張性収縮を利用したトレーニングが必要だといわれている．

● バランスウィンドミル（図11）はハムストリングスに伸張性の活動をさせるトレーニングである．その際，上体が地面と平行になるくらいまで倒すこと，膝を屈曲しないことを心がける．また，脚を上げている側の骨盤が開いてしまわないようにする．

● バランスウィンドミルの応用型としてメディシンボール転がし（図12）がある．転がってきたボールを受け取り，立脚の内側から回して，相手に転がして返す．バランスウィンドミルと同様の注意点を持って実施する．器具の操作を行う点と体幹前屈を保持し続ける点がバランスウィンドミルよりも高強度であるといえる．

④股関節屈筋群のトレーニング

● 女子短距離選手に多い大腿前面の筋の傷害を予防するためには，股関節屈筋群の強化が必要不可欠である．

● その場脚踏み替え（図13）は，腕をついた姿勢を取り，その場で脚を前後に動かすトレーニングである．片脚はなるべく遠くに，もう一方の脚は上体にしっかりと引きつけてから着く．動作中に腰が上がったり，遠くに着く脚を上体の近くについたりしないように心がける．これによって伸展位からの力強い脚の引き上げができる筋力を獲得する．

● 移動をしながら行うものとしては，スパイダーウォーク（図14）や両脚抱え込みジャンプ（図15）がある．どちらも地面に手をつくことで体幹の動作を制限し，強い股関節屈曲を要求するトレーニングである．引きつけた足は手の横もしくは前につくことを目指す．

①前からのボールを，②キャッチ，③回して，④転がす．
図12　メディシンボール転がし

図13　脚踏み替え
腕をついた姿勢を取り，その場で脚を前後に動かす．

図14 スパイダーウォーク
①から②一気に脚を手の横に引きつける．
③前脚で押し出すように推進し，地面を這うようにして元の姿勢に戻る．
④次は反対脚を踏み出す．

図15 両脚抱え込み
①腕をついた姿勢を取り，②その状態から両脚でジャンプをして③脚を手の横につける．這うようにして手を動かして，またジャンプをする．

図16 体幹スタビライゼーション
身体が一直線になるようにする．肩および骨盤の回旋が起こらないように心がける．

⑤**体幹スタビライゼーション**

●股関節周囲の筋群の外傷には体幹の安定性が関与している．
●体幹の安定化トレーニングも重要な傷害予防トレーニングとなる（図16）．

3) 課題および今後の展望

●傷害特性の性差を調査しなくてはならない．
●女子短距離選手は筋力や関節の安定性が乏しいことが原因となる傷害を受傷しやすいことから，日常的に筋力トレーニングやアライメント改善訓練を導入すべきである．

〔加藤　基〕

Ⅲ. 種目別の傷害予防トレーニングとその実際

17 陸上競技（長距離）

競技特性

- 長距離とは1500m以上の距離を走る種目である．主にトラックでのレースでは1500m・3000m・5000m・10000mである．またトラックのレースだけではなく，ロードでのレースもよく行われる．ロードではフルマラソン（42.195km）までをいう．長距離は個人でのレースだけでなく，チームで行う駅伝も行われる．
- 長距離は，春から秋にかけてはトラックレースが行われ，秋から冬にかけては駅伝やロードレースが行われるため，1年中がシーズン中である．このことが　ほかの陸上競技とは違うところである．

1. 女子長距離選手の身体特性と傷害の特徴

1）身体特性

- 女子長距離選手は，ほかのスポーツ競技と比較すると極めて体脂肪率が少ない．これは，持久的トレーニングに対する合理的な適応の結果と考えられる．
- 女性の必須脂肪率は約9〜12％といわれるが，一流の女子長距離選手では同様の水準である．高校生から実業団へと走行距離・パフォーマンスが高くなるに従い，体脂肪量・体脂肪率が低くなる特徴がある．
- 女子長距離選手の大きな問題として，摂食異常・無月経・骨粗鬆症の3徴候がある．オーバートレーニングによるものや，痩せている方がより速く走ることができるのではないかという思い込みにより起こりやすい．急激な体重減少や，オーバートレーニングにより続発性無月経となり，低エストロゲン血症により骨粗鬆症を引き起こしやすい．この結果，疲労骨折などの傷害を発生する原因となっている．

2）傷害発生状況

- 長距離ランナーに多い傷害の1つに，腱に関する傷害と疲労骨折があげられる．
- 腱に対する傷害はアキレス腱・長腓骨筋腱・腸脛靱帯炎など，骨と筋肉を連結する組織に多い．これは，過度な練習による腱の使いすぎにより発生すると考えられる．
- 無月経などにより骨塩量が減少し，疲労骨折を発生することが多い．疲労骨折の好発部位は脛骨・中足骨であるが，近年は大腿骨や恥骨など，股関節近位部において発生することが多くみられる．特に一度疲労骨折した選手が，再受傷することも多く，早期のランニング動作の開始など多くの問題点が考えられる．

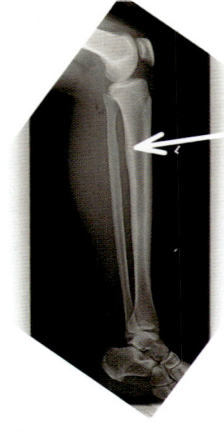

図1　女子長距離選手の脛骨疲労骨折（X線画像）

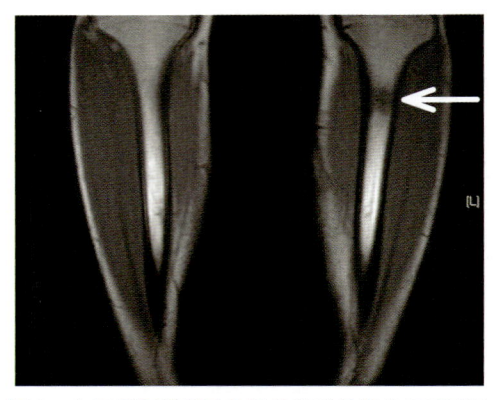

図2　女子長距離選手の脛骨疲労骨折（MRI画像）

3）脛骨疲労骨折の特徴

- 脛骨は下腿の内側に位置する．近位部は大腿骨と，遠位部は距骨と関節を構成する．
- ランニング時に常に衝撃が加わる骨であり，走動作においてよく使われる長指屈筋・後脛骨筋が付着していることにより，牽引のストレスがよくかかるところである．
- 足部機能の低下により回内足となり，knee-in & toe-outすることにより脛骨にねじれるストレスがかかり発生することが多い．
- 脛骨の疲労骨折は脛骨過労性骨膜炎（シンスプリント）と見間違えられることが多く，練習を継続することにより疲労骨折が完全骨折にいたることもまれにみられる．
- 発生初期でのX線撮影では所見がみられないことも多く，確定診断にはMRI検査が有用である（図1，2）．

4）腸脛靱帯炎の特徴

- 腸脛靱帯は大腿部の外側に位置し，腸骨から脛骨にかけて続く，大腿筋膜の肥厚したものである．大殿筋の一部と大腿筋膜張筋が腸脛靱帯に付着しており，大殿筋や大腿筋膜張筋の緊張により腸脛靱帯には大きなストレスがかかる．また，膝の屈伸運動を繰り返すことによって腸脛靱帯が大腿骨外側顆と接触して炎症を起こし，疼痛を発生する．

2．傷害予防のためのトレーニング

1）脛骨疲労骨折の予防

（1）発生のメカニズム

- 脛骨の疲労骨折は脛骨に付着する長指屈筋，後脛骨筋などの牽引力により発生しやすい．また，骨周囲の筋肉の疲労により，脛骨にアンバランスな歪んだ力が加わり発生したり，筋肉の疲労によりアーチの低下（クッション作用の低下）が起こることで脛骨に繰り返し衝撃が加わり発生する．
- これらの機能を強化することにより，疲労骨折を予防する必要がある．

（2）足部機能の強化

- アーチ機能の強化：バランスマットに片脚立ちをする．この際，母趾球・小趾球・踵の3点に荷重がかかるように意識する．
- 母趾球側への極端な荷重は，内側縦アーチを支えることができず，アーチの機能強化を行うことができない．
- 片脚立ちでの足趾屈曲はアーチの機能を使うことができないため，足趾を屈曲しないように意識させる（図3）．
- 踵からつま先への体重移動，つま先から踵への体重移動を繰り返す．特に，踵からつま先への体重移動時に内側縦アーチがつぶれないように意識する．
- つま先から踵への体重移動時にはゆっくりとコントロールしながら踵へ移動できるよう意識する（図4）．

（3）下腿部の強化

- アーチの機能強化・下腿部の筋の機能強化を行う．チューブを用いた足関節の筋力強化ののち，荷重での筋の機能強化・筋力増強を行う．
- カーフレイズは両脚から行い，徐々に片脚で実施する（図5）．長距離の競技特性を考慮し，ゆっくりと少ない

①良い例　②悪い例
図3　バランスマット上での片脚立ち

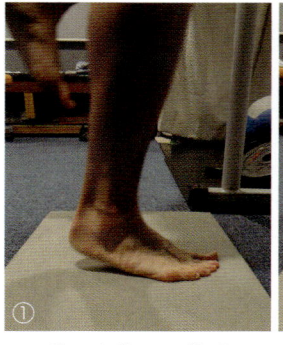

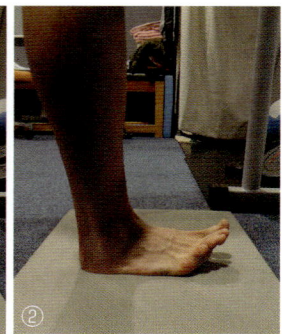

①つま先への荷重　②踵への荷重
図4　バランスマット上での体重移動

①両脚荷重　　②片脚荷重
図5　カーフレイズ

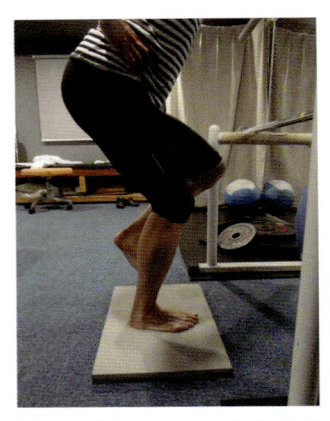

図6　バランスマット上での片脚スクワット

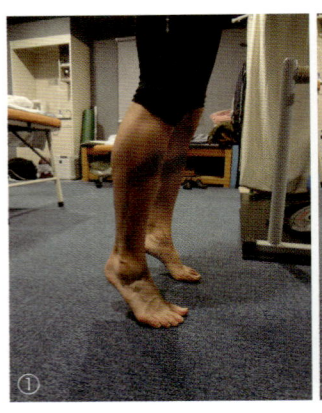

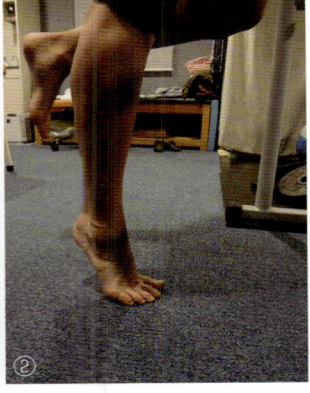

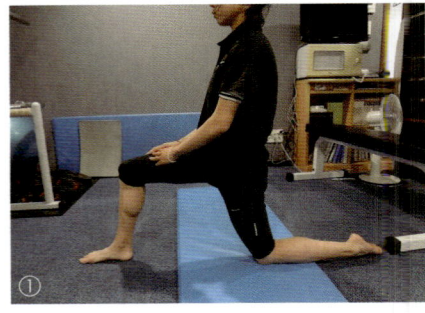

①良い例　　②悪い例　　③ミニボールの利用
図7　腸腰筋のストレッチ

回数から，速く多い回数（30〜50回）を実施できるようにすることが重要である．
● 片脚でのカーフレイズが実施できない状態での競技復帰は再発をすることも多く難しい．

（4）股関節から足関節にかけての機能強化

● 脛骨疲労骨折を発生しやすい選手の多くは，股関節から足関節にかけての協調性が低下していることが多い．個々の関節のトレーニングが行えるようになったら，協調性のトレーニングを行う．
● 股関節・膝関節・足関節を連動させながら動けるようにトレーニングを行う（図6）．

2）腸脛靱帯炎予防

（1）発生のメカニズム

● 腸脛靱帯炎はオーバーユースにより大腿骨外側顆の上を通る腸脛靱帯が擦れることによって発生することが知られているが，その原因は大殿筋や大腿筋膜張筋の緊張，股関節の協調性の低下によって起こることが多い．

● 特に，股関節屈曲筋である腸腰筋，股関節伸展筋であるハムストリングス・大殿筋，股関節外転筋である中殿筋，股関節内転筋群の筋の緊張や筋力のアンバランスにより腸脛靱帯にストレスがかかり，炎症を発生する．

（2）股関節のコンディショニング

● 筋緊張を緩和するためにストレッチを行う（図7）．
● 腸腰筋のストレッチは正確に伸ばすことが難しく，工夫が必要である．膝の下にミニボールなどを置くことにより，より腸腰筋を伸ばすことが容易となる．
● 内転筋群は股関節を内転するだけでなく，股関節を屈曲・伸展する作用も有するため，内転筋の緊張は股関節の屈曲・伸展の動きを制限する因子となる．
● 股関節に近い部位では幅広いため，一方向だけでなく多方向にストレッチをすることが重要である（図8）．
● 大殿筋は股関節を伸展する筋肉である．また腸脛靱帯に移行する筋肉であるため，大殿筋をストレッチすることは重要である（図9）．

（3）股関節伸展筋群の強化

● ヒップリフト（図10）で股関節伸展筋群を強化する．

図8　内転筋のストレッチ　　図9　大殿筋のストレッチ

図11　荷重位での股関節屈曲（①）と股関節伸展（②）

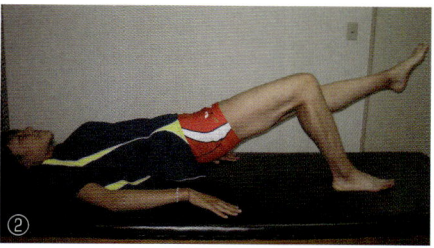

①両脚，②片脚
図10　ヒップリフト

初期は両脚で実施する．この際，股関節・膝関節・足関節の位置に留意する．
● 膝関節が内側に入ったり，外側に広がったりすることは，代償運動を行うことにつながる．
● 両脚でスムーズに実施できるようになれば，片脚で実施する．

（4）体幹から股関節屈曲・伸展の連動

● 走動作での股関節屈曲・伸展の動きでは，体幹からの連動が必要である．荷重位での股関節屈曲・伸展動作を行うことにより，体幹から股関節の協調性をトレーニングすることができる（図11）．
● レッグランジ（大股歩行）では，股関節の屈曲・伸展だけでなく体幹からの連動を意識するうえで重要である（図12）．
● 前脚の接地時に膝関節が足関節より前方に出ている場合，股関節伸展筋群をうまく利用することができず，膝関節に大きなストレスをかけることになるため注意が必要である．
● また，接地時につま先・膝関節の方向を意識する必要がある．つま先が内側を向いたり，外側を向いたりすることが膝関節でのねじれを生じるため，膝関節に大きなストレスがかかる．

3）課題および今後の展望

● 長距離での傷害は，オーバーユースで発生することが多く，セルフケアを継続することが必要である．

①良い例，②悪い例
図12　レッグランジ

● 同じ傷害を繰り返してしまうケースの場合，傷害発生原因を追及し，発生原因の除去，さらにリハビリを徹底して実施することにより，傷害を予防できる可能性が向上する．

（松下　美穂）

文　献

1) 満園良一：長距離ランナーの身体組成．久留米大学健康・スポーツ科学センター研究紀要，11：1-12，2003．
2) 日本陸上競技連盟医事委員会・編：アスリートのためのコンディショニング．2010．pp79-87．

III．種目別の傷害予防トレーニングとその実際

18　スピードスケート

競技特性

- 1周400mのリンクを左周りにできるだけ速く滑走する競技である．その速さは時速60kmにも達し，人が自力で生み出せる最速の競技でもある．
- ルールは，2名の選手がインコースとアウトコースから同時にスタートし，1周ごとにバックストレートでそれぞれのコースを入れ替わるように交差し，ゴールは刃の先端がゴールラインを通過した瞬間のタイムで順位が決定される．男女によるルール上の違いはない．
- オリンピック種目では男子500m，1000m，1500m，5000m，10000mに対して，女子では500m，1000m，1500m，3000m，5000mと，長距離種目で異なっている．

1．女子スピードスケート選手の身体特性と傷害の特徴

1) 身体特性

- 女子シニア日本代表選手の身体特性を表1に示す．
- 女子代表選手では，全身体脂肪率に比べ，体幹皮下脂肪率と大腿皮下脂肪率は高値を示した．
- 女子代表選手では非代表選手に比べ大腿皮下脂肪率が低く，体重に対する大腿筋断面積はより大きかった（表2）．
- 大腿筋断面積の体重に対する割合は女性において競技成績と相関していた．より高い競技力の獲得には，大腿部の筋断面積と体脂肪量の把握は有効といえる．
- 女子の競技種目間による有意差は認められなかった（表3）．

表1　スピードスケートシニア日本代表選手の身体特性

	男性	女性
身長（cm）	171.9 ± 4.0	163.4 ± 4.5
体重（kg）	70.3 ± 5.6	59.9 ± 4.3
BMI（kg/m²）	24.5 ± 1.9	22.1 ± 1.0
全身体脂肪率（%）	12.1 ± 2.2	17.1 ± 2.6
体幹皮下脂肪率（%）	12.8 ± 4.4	19.9 ± 6.4
大腿皮下脂肪率（%）	11.9 ± 3.4	21.5 ± 3.7
大腿筋断面積/体重比（cm²/kg）	2.91 ± 0.16	2.79 ± 0.20

表2　女子代表・非代表選手別における身体特性の比較

	代表（8人）	非代表（11人）	p値
全身体脂肪率（%）	16.4 ± 2.0	17.7 ± 2.9	0.29
体幹皮下脂肪率（%）	17.9 ± 4.1	21.4 ± 7.5	0.25
大腿皮下脂肪率（%）	18.5 ± 2.2	23.4 ± 3.4	0.002
大腿筋断面積/体重比（cm²/kg）	2.92 ± 0.14	2.69 ± 0.18	0.008
年齢（歳）	25.3 ± 5.0	20.6 ± 3.1	0.02

表3　女子種目別における身体特性の比較

	短距離（10人）	中距離（9人）	p値
全身体脂肪率（%）	16.2 ± 2.5	18.2 ± 2.5	0.11
体幹皮下脂肪率（%）	18.3 ± 5.8	21.6 ± 6.9	0.27
大腿皮下脂肪率（%）	20.6 ± 2.9	22.6 ± 4.3	0.25
大腿筋断面積/体重比（cm²/kg）	2.83 ± 0.20	2.75 ± 0.20	0.4
年齢（歳）	23.8 ± 4.7	21.2 ± 4.2	0.23

2) 好発する傷害

- スピードスケート男女代表選手を対象とした酒井らの研究では、下肢の傷害が最も多く、次いで体幹、上肢、頭頸部と続いた[3]。外傷では足関節捻挫が最も多い。慢性障害では腰痛に次いで膝痛が多い[3]。
- 男女での違いでは、向井による腰部MRI撮影の結果によると、女子短距離選手で腰椎変性変化が多い[4]。
- 高校スケート選手を対象としたメディカルチェックの結果では、ハムストリングスのタイトネスを有する女子選手に有意に腰痛がみられている[5]。

3) 腰痛の特徴

- スピードスケートの滑走姿勢は、空気抵抗を減らすために体幹をできるだけ低く保つ必要があり、この姿勢は腰背筋群に常に伸張性のストレスを与えることとなる。
- この低い姿勢を保ちながら、股関節を大きく伸展させた状態から脚を素早く屈曲させる動作を繰り返す。その結果、腸腰筋のタイトネスが生じやすく伸展型の腰痛が多い。
- 左回りのコーナーで、女子選手では時速55kmにまで達する速度での遠心力に耐える必要がある。その結果、選手のなかには左側の脊柱起立筋が大きく発達している者も多く、筋量（力）の左右差が腰痛の要因の1つとも考えられる。

4) 下肢慢性障害の特徴

- 下肢の慢性障害は、オフシーズン明けの陸上トレーニングの時期に多くみられる。特に膝蓋腱炎やシンスプリントが多い。
- この時期に、陸上や自転車、ローラーブレードの走り込みが増えることが原因と思われる。また、氷上に乗り始める時期には足底筋膜炎が増加する傾向がある。

2. 傷害予防のためのトレーニング

1) 腰痛・下肢慢性障害の予防

- 腰痛の評価に関しては腰部のみに着目するのではなく、股関節と骨盤の機能も同時に評価し、全身の動きを一連の運動連鎖としてみることが重要である。また、女子のスケート選手では股関節の屈曲可動性が高い者も多い。したがって、ハムストリングスのストレッチの際に十分な意識をしないと筋が効果的に伸びていないこともある。
- チューブやタオルを用いると比較的容易にストレッチ効果を上げることができる（図1）。
- 下肢慢性障害では、男女ともに時期による痛みの出現傾向があることを理解して、氷上に乗り始める前には足趾の機能を高めるトレーニングやストレッチ（図2）を実施するなど、積極的に予防策を講じる必要がある。

2) スケートフォームの獲得

- スケートの基本的な滑走姿勢は、体幹を前傾させて低い姿勢を保持する（図3）。その際、足関節の背屈制限

図1 ハムストリングスのストレッチ
女子のスケート選手では股関節の屈曲可動性が高い者も多い。チューブやタオルを用いると容易にストレッチ効果を上げることができる。

図2 足趾のストレッチと運動
スケートの中では足趾を強く把持するために、氷上に乗り始める時期には足底筋膜炎が増加する傾向がある。氷上に乗り始める前には足趾の機能を高めるトレーニングやストレッチを十分に行いたい。

Ⅲ．種目別の傷害予防トレーニングとその実際

①足関節が十分に背屈して，背中が真っ直ぐな正しい滑走姿勢
②足関節の背屈が不足して，なおかつ背中が丸くなっている悪い滑走姿勢

図3　滑走姿勢

がある選手では，腰部をより屈曲させることで体幹の低さを保持するために，腰部に過度のストレスをかけてしまう（図3①）．また，脊椎の後弯が強い選手は頸部の過度な前弯姿勢をとることになり（図3②），腰背部の痛みの原因となる．体幹は真っ直ぐに保つ必要がある．したがって，低く安定した滑走姿勢を保つためには，関節可動域を制限している要因を取り除き，さらに腹斜筋群や深部の腰背筋群（ローカル筋）による安定感が求められる．

3）スピードスケート選手のトレーニング

●現在では，様々なトレーニングの方法論を容易に知ることができるが，重要なことは競技特性や個体特性を踏まえて，どの筋を鍛えるかである．しかし，発育期の選手では成長過程を加味した基本的なトレーニングプログラムが必要でもある．

●以下に競技特性を踏まえた基本的なトレーニングを紹介する．

①片脚スクワット：骨盤の左右の高さを変えないで，体幹を地面とフラットに保ちながら下げる．
②片脚スクワットージャンプ：真上にジャンプする際には爆発的に行う．
③サイドジャンプ　真横に爆発的に蹴りだすことを意識する．
④悪い例．殿部が一側に抜けた状態

図4　片脚スクワット（ジャンプ）

(1) 片脚スクワット（ジャンプ）（図4）

- スケート選手にとって片脚支持で体幹を低く保持することは基本的な姿勢であり，片脚スクワットは基本動作ともいえる（図4①）．
- この動作がうまくできない要因として，大腿四頭筋の筋力不足，足関節背屈可動域の不足，回内足や，動きの習慣など，様々な理由が挙げられる．
- 片脚スクワットを行う際には，足先と膝の向きを同じ方向にそろえることができても，殿部が外側に移動することが多くみられる（④）．
- 機能評価を含むトレーニングの実施の際には，矢状面・前額面・水平面から動きの確認をする．
- 応用としては支持脚を5秒で下げていき，一気に真上にジャンプする（②）．体勢を崩さないように着地することを繰り返す．また，真上のジャンプをサイドジャンプにしてもよい（③）．

(2) タックジャンプ

- スケート選手の身体的特徴の1つとして爆発的な脚伸展筋力の強さが挙げられる．また，スケート競技では蹴りだした脚を素早く引き戻すことを繰り返す．

図5　タックジャンプ

- タックジャンプは爆発的に地面を蹴り，できるだけ素早く大腿前面を胸に着くまで引き上げる（図5）．
- 顔は正面を向き，腕の振りもつけて真上に素早く跳ぶようにする．
- 着地後に連続して行う場合と1回1回止まって行うパターンがある．前者の場合には10回3セット，後者の場合には3～6回3セットを目安とする．
- トレーニング強度を上げるには片脚で行う．

(3) 股関節外転トレーニング

- 股関節外転筋の機能は姿勢保持には欠かせないばかり

①遊脚側の股関節を真横（外転方向）に上げる．膝は90°屈曲させておく．
②遊脚側の股関節を前回し（後ろ回し）する．
③遊脚側の股関節を真横に保持しながら，股関節伸展方向に膝90°屈曲位から膝0°伸展位になるように蹴り出す．

図6　股関節外転トレーニング

トレーニング中に支持脚が動かないように保持する．遊脚側の股関節はできるだけ大きく外転，前回し，後ろ回し，外転位保持＋伸展の4方向に動かす．足首に重りを着けると効果的である．

Ⅲ．種目別の傷害予防トレーニングとその実際

図7　クランチ5秒

おへそを覗き込みながら5秒間で体幹を上から折り曲げていくイメージで行う．足先の固定はしないで，反動を用いないように注意する．

図8　スタビリティトレーニング（サイド）

スタビリティトレーニングによる腹圧の上昇は，椎体間の安定化のみならず，椎間板内圧の減少にもつながるために腰痛予防のためにも定期的に行いたい．トレーニング強度を上げるには脚を少し持ち上げるようにする．

か，この機能不全は滑走姿勢にも影響を及ぼしかねない．またスピードスケートで加速を生むためには，横方向へのプッシュオフ動作，つまり股関節外転筋の作用が非常に重要である．
● 片脚支持を厳密に保ちながら，反対側の遊脚を4方向に動かす股関節外転トレーニングは，股関節のインナーマッスルを安全にかつ効果的にトレーニングできる（図6）．
● 各種目20回3セットを目安とする．トレーニング強度を上げるには足首に重りを着けるようにする．
● 片脚支持のバランスがより求められる四股もよい股関節外転筋のトレーニングと思われる．

（4）クランチ5秒

● スピードスケート選手の股関節屈筋群は非常に発達しているので，足先を固定して反動を利用する腹筋トレーニングだと大腿直筋や腸腰筋の作用を大きく使ってしまう．したがって，足先の固定はしないで，おへそを覗き込みながら5秒間で体幹を上から折り曲げていくクランチを行う（図7）．

● 腰部の張りが強いと体幹の丸めこみが困難となるために，日常的にクランチを行うことで日々のセルフコンディションとしても役立つ．
● 手は大腿前面を滑らすようにする．
● トレーニング強度を上げるには，手は胸，頭に置くようにする．20回3セットを目安とする．応用として，5秒かけてゆっくり体幹を下ろしていくリバースクランチ5秒も効果的である．

（5）スタビリティトレーニング（サイド）

● スタビリティトレーニングによる腹圧の上昇は，椎体間の安定化のみならず，椎間板内圧の減少にもつながるため，腰痛予防を目的に定期的に行いたい．
● 特にサイドポジションで行うスタビリティトレーニング（図8）は，肘で支持する側の股関節外転筋群と同側の体側深部筋群（ローカル筋）が主働し，これはコーナー滑走姿勢と類似した筋活動を示すと考えられる．
● 体幹固定のみに気を向けずに，ドローインした状態で，できるだけ呼吸は自然に行うように注意する．左右各方向に1分を目安に行う．

4) 課題および今後の展望

● スピードスケートはタイムを競う競技であり，痛みは競技成績に直結する可能性が高い．したがって，身体に違和感を持った時点で医師やトレーナーなどに相談できる体制を整備しておくことが望ましい．

● 女子スケート選手に腰痛が多いという報告もあるので，医科学的観点から具体的な予防プログラムを構築していく．またシーズンインすると陸上でのトレーニングが不足しがちになるため，コンディショニングとして1年間を通したトレーニングを計画したい．

(福田　崇)

文　献

1) 渡邉耕太・他：MRIを用いたコンディションの指標―スピードスケート選手を対象とした身体組成の分析―．臨床スポーツ医学，24：173-178，2007．
2) 福田崇：腰部障害予防のためのトレーニング法．臨床スポーツ医学（臨時増刊号・予防としてのスポーツ医学），25：226-235，2008．
3) 酒井宏哉・他：スケート選手の腰部メディカルチェックと腰痛予防対策．臨床スポーツ医学，19：1457-1460，2002．
4) 向井直樹：スケート選手における腰痛の特徴．*Orthopaedics*，19：39-43，2006．
5) 赤羽勝司・他：競技種目特性に基づいたリハビリテーションプログラミング　スケート競技．公認アスレティックトレーナー専門科目テキスト7　アスレティックリハビリテーション，2007，pp350-355．
6) 福田崇：スケートにおける体幹運動の特徴とそのリハビリテーションとリコンディショニングの実際．腰痛のリハビリテーションとリコンディショニング―リスクマネジメントに基づいたアプローチ―，文光堂，2011，pp227-236．
7) 渡邉耕太・他：スピードスケートにおける腰痛　①整形外科の立場から．臨床スポーツ医学（学校スポーツにおける外傷・障害診療ガイド），29：320-324，2012．
8) 福田崇：スピードスケートにおける腰痛　②アスレティックトレーナーの立場から．臨床スポーツ医学（学校スポーツにおける外傷・障害診療ガイド），29：324-333，2012．

Ⅲ．種目別の傷害予防トレーニングとその実際

19 スキー

競技特性
- スキー競技は，自然環境下で行う用具を用いたスポーツである．気温や風，斜面，雪質等，自然環境や用具の影響を受けやすい．
- 競技種目は，アルペン，ノルディック（ジャンプ，クロスカントリー，コンバインド），フリースタイル（モーグル，エアリアル，スキークロス，ハーフパイプ，スロープスタイル，ビッグエアー）と多い．
- 寒冷環境下にて行うスキー競技では，傷害発生予防や運動パフォーマンス向上を目的に，体温や筋温を増加させる積極的なウォーミングアップが大切である．

1. 女子スキー選手の身体特性と傷害の特徴

1）身体特性

- スキーは膝屈曲位を保って滑るため，大腿四頭筋，特に大腿外側の筋や腸脛靱帯の緊張・疲労が高くなりやすい．静的アライメントでは下肢外旋肢位を呈する者が多く（図1），膝蓋腱や膝内側の支持組織に伸張ストレスが加わりやすい[1]．
- 近年のスキーブーツは，足関節の背屈角度を制限し，下肢全体の筋活動を抑制することが示され[2]，それに伴う足関節の可動域制限やバランス能力の低下，傷害発生の危険性が考えられている．
- オーストリアのアルペンスキーナショナルチーム選手における筋力測定報告によると，女子選手の等速度性膝屈曲伸展筋力は，男子選手の55～60％であり，性差がみられることが示された[3]．

2）傷害発生状況

- 女子スキー選手の傷害は，男子選手の2.5倍発生している[4]．
- 近年行われた，国際スキー連盟による大規模なスキー競技選手の傷害発生調査では，膝，腰部，頸部・肩の順で発生が報告されている[5]．
- 用具の発展とともに，スキー競技で発生する傷害も変化してきている．発生数自体は減少しているにもかかわらず，膝の靱帯，なかでも前十字靱帯（ACL）損傷の増加が問題視されている[6]．
- ACL損傷の受傷機転：スキー競技では受傷時のビデオ解析等から，以下のような受傷の状況が報告されている[7]．①ターン時に外側スキーの内側エッジが急激に雪面へ引っかかったとき（slip-catch），②ジャンプ後片脚で着地時，③体幹後傾位，④膝外反内旋または外旋位．
- また，滑走中にバランスを崩し，片手が後ろに引かれてしまうことも，膝に回旋ストレスが加わりやすく，ACL損傷の好発要因と考えられている．
- このようにスキー競技では，近年増加している膝靱帯損傷を中心とした傷害発生予防に取り組んでいく必要がある．そのためには，受傷機転の理解や予防トレーニングの実施が望まれる．

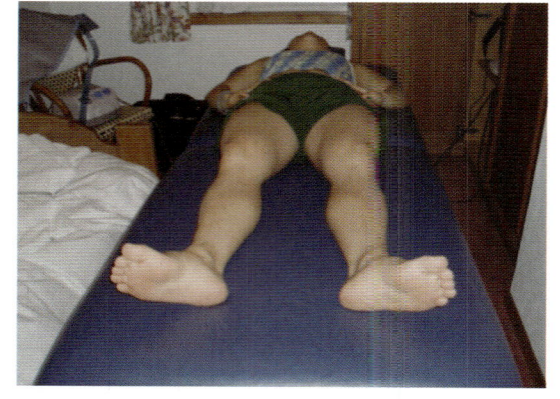

図1 女子スキー選手における下肢外旋肢位

2. 傷害予防のためのトレーニング

1) 傷害予防のためのトレーニング

- スキー競技における傷害予防では，トレーニングの目的を明確にする．
- 滑走中の体幹後傾姿勢はACL損傷の危険肢位であり，スピードに抗して体幹前傾を保つ必要がある．まず，滑走時の基本姿勢すなわち体幹と下腿の傾きを平行にすることを再確認させる（図2）．
- 筋力の強化：体幹および体幹と下肢のつなぎ目である，股関節筋の強化を中心に行う．滑走姿勢の安定化を目的に，体幹深部筋をトレーニングする．難易度は静的から，手足を用いた動的な運動へと上げていく（図3）．
- また，股関節の運動では，膝を伸ばして下肢を股関節の各運動方向（屈曲−伸展，内転−外転，内旋−外旋）へ動かす自重を用いたトレーニングが有効である（図4）．
- バランスの強化：足部のバランス能力を高めるため，背筋を伸ばして足趾屈筋を働かせることを意識させながら，踵を上げて歩く（図5）．また，BOSUや不安定板等の上で左右のバランスをチェックしながら，高速滑走時にとるクローチング姿勢を保たせる（図6①）．その姿勢が安定して保持できたら，片脚やスクワットへと変化させていく（図6②）．
- スキルの強化：女子選手の骨格的特徴として，骨盤が男子に比べ相対的に大きく，運動時に膝が外反しやすい．そこで，膝外反位となりやすい運動（サイドランジ）を

図2 滑走時の基本姿勢

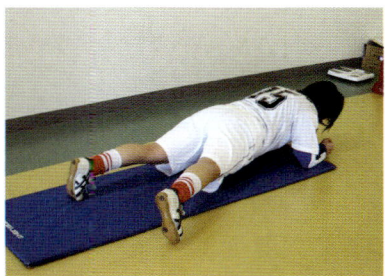

図3 体幹筋の強化

図4 股関節筋の強化

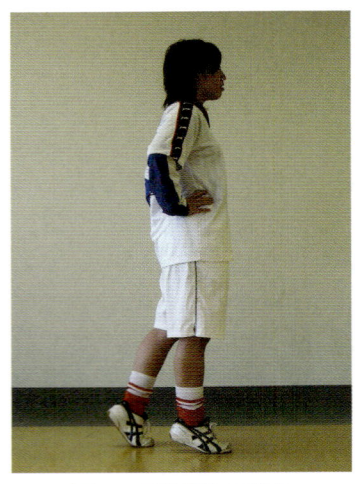

Ⅲ．種目別の傷害予防トレーニングとその実際

図5　足趾屈筋の強化

①クローチング　　　　　　　②片脚スクワット
図6　BOSUを用いたバランストレーニング

図7　体幹ポジションを意識させた
サイドランジ

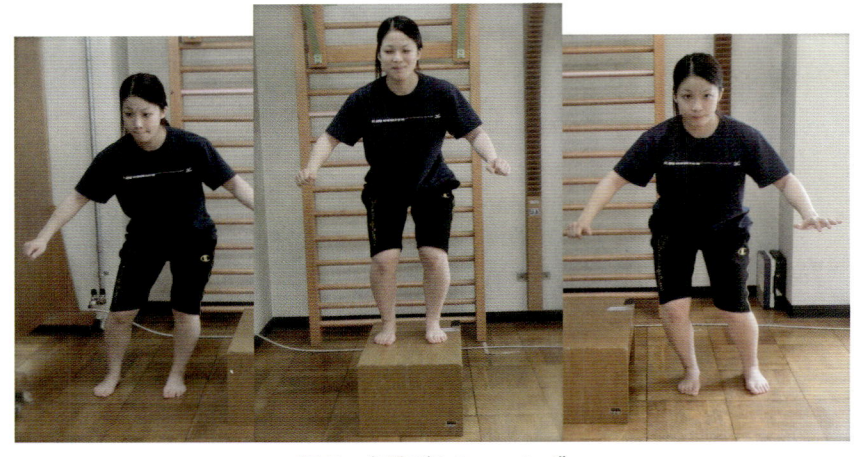

図8　台跳びトレーニング

用いて，股関節から動かすように指導する．
● 外側に踏み出すときには，股関節からの外転を意識させ，膝とつま先第2趾または第3趾を同じ方向にさせる（図7）．
● 競技特性を取り入れ，意識して体幹を前傾させ，両手を滑走姿勢に近づけることも必要である．

● 台跳びトレーニング（図8）は，一定時間内にできるだけ速く，左右へ台を跳びまたぐ．スキー競技でよく用いられる運動であるが，速さのみならず膝を外反や回旋させないように確認しながら，より正しい動きを意識させていくことも大切である．

図9　雪上でのダイナミックストレッチ

— 152 —

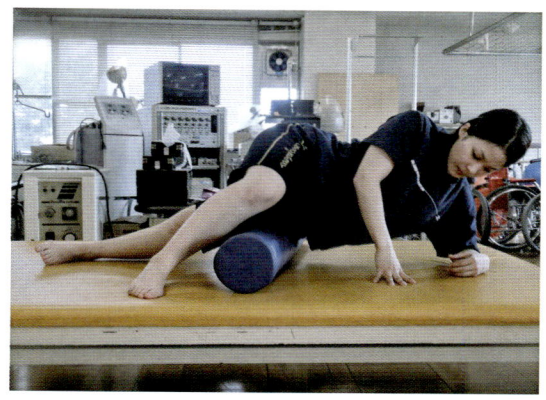

図10　ストレッチポールを用いたセルフコンディショニング

図11　大腿外側のストレッチ

2) セルフコンディショニングのすすめ

● 雪上では，傷害発生予防や運動パフォーマンス向上のため，滑走前にダイナミックストレッチ等，ウォーミングアップを積極的に行い，体温や筋温の増加に努める（図9）．

● スキー競技は下肢筋全体の活動が大きく，また，練習環境が多くは山間地（高地）であり，練習後には疲労が残りやすい．そこでクーリングダウンが重要となる．ストレッチポールを用いたセルフマッサージにより筋の緊張を落とした後で，ストレッチを行わせる．図10，11には，特に緊張が高くなりやすい大腿外側のセルフマッサージとストレッチを示す．

● 女子選手においては，月経とコンディショニングの関連性も指摘されている．そこで月経時の試合のパフォーマンス（主観的評価および成績）について女子スキー選手を対象に調べたところ，月経時にはパフォーマンスの低下を感じる選手は多く，試合成績にも影響を及ぼす傾向があった．

● 女子スキー選手の傷害発生予防に対するコンディショニングでは，ウォーミングアップやクーリングダウンのほか，月経を含めた自身の身体状況を把握させるような指導も必要と考えられる．

（寒川　美奈）

文　献

1) Samukawa M : Management of patellar tendinosis in a freestyle mogul skier. *International Journal of Athletic Therapy and Training*. 16 : 12-15, 2011.
2) Noé F, et al. : How experienced alpine-skiers cope with restrictions of ankle degrees-of-freedom when wearing ski-boots in postural exercises. *J Electromyogr kinesiol*, 19 : 341-346, 2007.
3) Neumayr G, et al. : Physical and physiological factors associated with success in professional alpine skiing. *Int J Sports Med*, 24 : 571-575, 2003.
4) de LöES M, et al. : A 7-year study on risks and costs of knee injuries in male and female youth participants in 12 sports. *Scand J Med Sci Sports*, 10 : 90-97, 2000.
5) Flørenes TW, et al. : Injuries among World Cup ski and snowboard athletes. *Scand J Med Sci Sports*, 22 : 58-66, 2012.
6) Natri A, et al. : Alpine ski bindings and injuries : Current findings. *Sports Med*, 28 : 35-48, 1999.
7) Bere T, et al. : Mechanisms of anterior cruciate ligament injury in world cup alpine skiing. A systematic video analysis of 20 cases. *Am J Sports Med*, 39 : 1421-1429, 2011.

III. 種目別の傷害予防トレーニングとその実際

20 柔 道

競技特性

- 「投げ技」と「固め技」を使って，相手を制する競技である．
- 女子柔道は，1978年全日本女子柔道選手権大会が開催されてから競技化が本格的に始まった．オリンピックの正式種目になったのは，1992年バルセロナオリンピックからであり，競技としての歴史は比較的浅い．
- 大会では，体重区分により階級別で競われることが多く，ワンデートーナメントで実施される．

1. 女子柔道選手の身体特性と傷害の特徴

1) 身体特性

- 全日本女子強化選手として指定され，強化委員会科学研究部の体力測定を受けた女子柔道選手には表1のような身体特性がある[1]．体重は，各階級とも制限体重より重く，試合に合わせて減量が必要な選手が多い．また，体脂肪率は，階級があがるにつれて高値を示す．
- 柔道では，全身を使った高強度の運動が連続して行われるため，体力要素としては，筋力・パワーに加えて，持久力が必要である．女子選手の特徴は，男子選手と比較して，「柔軟性」は比較的優れているが，「筋力」や「瞬発力」に劣る[2]．

2) 傷害発生状況

- 大学生女子柔道選手を中心とした研究では，膝関節の傷害の発生頻度が高く，全体の4割以上を占める．その他，肩関節，足関節，肘関節と続いている[3]（表2）．

3) 下肢傷害の特徴

- 女子柔道選手では，膝関節傷害が多く発生する[3]．特に重量級の選手に多い．重量級の選手は体脂肪率が高く，体重あたりの下肢筋力が低い傾向にあることが要因の1つである[4]．
- 柔道における前十字靱帯（ACL）損傷では，立ち技での損傷が多く，直接接触型の受傷が多い[5]．
- ACL損傷は大外刈りを仕掛けられた際の受傷が多い．その他，小外刈りを仕掛けられた際，体落としを仕掛け

表1 女子柔道選手の体重および体脂肪率

階級	年度	n	体重	体脂肪率
48kg級	2002	7	50.2 ± 0.9	16.9 ± 1.5
	2003	6	49.8 ± 1.1	15.9 ± 0.8
	2004	7	50.8 ± 1.7	16.4 ± 1.0
	2005	6	50.3 ± 2.2	23.1 ± 1.5
	2006	5	50.4 ± 2.6	22.1 ± 2.5
52kg級	2002	7	54.7 ± 2.0	17.9 ± 2.7
	2003	7	55.3 ± 1.0	17.3 ± 2.5
	2004	7	55.3 ± 2.0	16.9 ± 2.1
	2005	5	54.8 ± 1.4	23.0 ± 5.2
	2006	6	53.8 ± 1.4	21.4 ± 4.9
57kg級	2002	8	59.1 ± 0.5	17.5 ± 2.1
	2003	7	60.5 ± 1.2	18.2 ± 1.5
	2004	8	60.4 ± 1.3	18.6 ± 1.4
	2005	9	59.6 ± 0.9	24.3 ± 1.6
	2006	7	59.2 ± 1.6	23.6 ± 2.7
63kg級	2002	5	63.7 ± 2.0	18.1 ± 1.4
	2003	6	65.1 ± 1.5	19.1 ± 2.5
	2004	7	65.1 ± 1.5	19.5 ± 1.9
	2005	6	65.2 ± 1.7	27.0 ± 1.3
	2006	6	63.4 ± 2.5	25.8 ± 1.8
70kg級	2002	3	70.1 ± 2.1	19.9 ± 2.3
	2003	6	71.5 ± 2.2	20.4 ± 1.8
	2004	10	71.2 ± 2.3	20.5 ± 1.6
	2005	7	70.7 ± 1.3	29.1 ± 2.5
	2006	7	69.9 ± 1.5	27.9 ± 2.9
78kg級	2002	7	77.2 ± 3.0	20.9 ± 2.7
	2003	8	78.0 ± 1.5	21.6 ± 2.3
	2004	9	77.3 ± 2.7	21.0 ± 2.6
	2005	7	76.8 ± 1.7	31.9 ± 3.4
	2006	7	76.9 ± 2.1	32.4 ± 4.2
78kg超級	2002	2	110.9 ± 10.8	29.1 ± 0.7
	2003	6	105.0 ± 10.5	29.7 ± 3.3
	2004	8	109.4 ± 11.4	28.5 ± 2.0
	2005	7	106.2 ± 10.8	43.1 ± 2.1
	2006	5	108.0 ± 13.7	43.1 ± 3.0

全日本女子強化選手の体力測定結果の検討（2002〜2006年度）[1]より引用

表2 傷害部位と階級別の傷害発生件数（名）

階級別	軽量級	中量級	重量級	合計
人数	39名	37名	24名	100名
肩部	7 (21.2%)	1	6 (26.1%)	14 (15.7%)
肘関節	4	5 (15.2%)	1	10 (11.2%)
手関節	0	0	1	1 (1.1%)
手指	2	1	0	3 (3.4%)
腰部	3	4 (12.1%)	0	7 (7.9%)
股関節	0	1	0	1 (1.1%)
膝関節	10 (30.3%)	16 (48.5%)	12 (52.2%)	38 (42.0%)
足関節	6 (18.2%)	4 (12.1%)	2 (8.7%)	12 (13.5%)
足部	0	0	1	1 (1.1%)
足指	10 (30.3%)	1	0	2 (2.2%)
合計	33	33	23	89 (100%)

学生が体験した傷害のうちで，最も傷害の程度の重いものについて調査．女子柔道選手の傷害に関する研究―大学生を中心として―[3] より引用

た際の受傷も多くみられる[5]．**図1，2**では左選手がACLを損傷している．**図3**は右選手が技をしかけた際に右膝を受傷している．
● 非接触での損傷もみられる．脚を払われて，逆の脚で着地した際などに受傷する[5]．

4) 体幹傷害の特徴

● 慢性的に腰に痛みを抱える選手は多い[6]．
● 柔道は一定方向に動作を繰り返し，強引な担ぎ技で体幹部の屈曲・回旋運動を伴うことが多く，慢性障害につながるケースがある[6]（**図4**）．
● 受け身などで，腰や背中を畳に打ち付けることを繰り返すことで腰痛の発症の要因となる[6]（**図5**）．

5) 上肢傷害の特徴

● 試合中の傷害数は，上肢の方が下肢よりも多いという報告がある[7]．
● 立ち技において，技を仕掛けられる際に，手を引っ張られながら肩から転倒することで肩鎖関節脱臼を受傷する[7]．**図6**は，右腕を引っ張られながら技を仕掛けられた選手が，右肩から転倒して肩鎖関節脱臼を受傷している．
● 投げられようとする際に，手をつき，肩関節や肘関節を脱臼する[7]．

図1 大外刈り
左選手がACLを損傷

図2 小外刈り
左選手がACLを損傷

図3 体落とし
右選手がACLを損傷

図4 大腰

図5 受け身

図6 肩鎖関節脱臼

2. 傷害予防のためのトレーニング

1）前十字靱帯損傷予防

(1) 膝周囲筋の筋力トレーニング

- 体重当たり下肢筋力が低いことは，膝関節傷害発生の危険因子である[4]．体重当たりの下肢筋力を高める（図7）．
- 段階に応じて，負荷をあげていく．重りを持つ，上から肩を押してもらう，前傾になって人を担ぐなどの方法がある（図8）．

(2) 受傷機転の認識

- 図1〜3のような受傷シーンがあること，knee-in & toe-out が膝関節の傷害の危険肢位であることを選手に認識させる．
- 下肢に直接接触せず，非接触での損傷も起こることを認識させ，下肢のダイナミックアライメントの修正がACL損傷の予防につながることを理解させる．
- 練習中，他の選手が投げられた際に，予期せぬところから下肢に乗られることで損傷するケースがある[5]．練習時の環境をコントロールし，リスク管理を行う．

(3) 技術の習得

- 危険な状況に陥りそうな場合に，knee-in & toe-out を回避するために股関節の内旋の動きをスムーズにしておく（図9）．
- 踏ん張るために片脚で着地した際，knee-in の肢位になることでACL損傷のリスクが高まる．片脚でのトレーニングを取り入れ，片脚立位での下肢のダイナミックアライメントの修正を行う．
- 片脚着地の研究によると，女性では着地直後に急激な股関節の内転が認められ，股関節外転筋の強化がACL損傷の予防につながると考えられる[8]．股関節外転筋の強化を行うために，側臥位でのトレーニングを行う（図10）．
- 片脚立位トレーニングを行う．まずは安定を取るために壁などに手をつけてよい．正しいフォームに注意を向けながら実施する（図11, 12）．
- 片脚での着地動作を想定したトレーニングを行う（図13）．正しいアライメントであることを確認する．次の段階として，外乱を与えた，ジャンプ動作を行う．

図7　スプリットスクワット
前側の脚も後ろ側の脚も，つま先と膝の向きを一致させる．
前側の脚にしっかり体重をかけ，重心を上下に動かす．
重心を下ろすときは股関節と膝関節を同時に屈曲し，大腿部が畳と平行になるまで屈曲する．重心を上げるときは股関節と膝関節を同時に伸展する．
重心を落としたときに，踵が浮いてしまうことがあるが，踵が浮くと膝が不安定となるため，畳に踵をつけておく．

図8　対人スプリットスクワット
身体を前傾させて，人を担ぐ．
前側の脚にしっかり体重をかけ，重心を上下に動かす．
動きの範囲が小さくならないように行う．

図9　股関節内旋動作
股関節から動かす．常に膝とつま先の向きを一致させる．
慣れてきたら動作スピードを徐々にあげる．

図10　ラテラルポジションキープ＆ヒップアブダクション

片肘と片膝で身体を支える．前からみて下側にある肩と下側の膝までが一直線になるように身体を支える．
上の脚を上下に動かし，外転筋力を鍛える．
両股関節が屈曲肢位にならないように注意する．

図11　エアプレイン

片脚で立つ．膝関節を軽度屈曲させながら，股関節を屈曲する（腰を丸めるのではない）．
おへそは畳の方へ向け，遊脚側の骨盤が外側に開かないようにすることで，軸脚のknee-inを防ぐ．

図12　四股

片脚で立ち，身体を横に倒しながら，片方の脚をあげる．
軸脚は，必ずつま先の方に膝が向くようにバランスを保つ．

図13　対人片脚ジャンプ（前後）

補助者が片脚を持ち，実施者は前へジャンプする．後ろへもジャンプ動作を行う．
一歩一歩着地動作を行う．できるようになったら，ジャンプを連続して行う．
次の段階として，補助者は持っている方の脚を左右方向へ振り，実施者が前へジャンプする．後ろへもジャンプ動作を行う．
左右方向への外乱があっても，膝とつま先の向きを一致させて，着地を行う．

2) 課題および今後の展望

●柔道は年間を通して試合数が多いが，重要な大会に標準を合わせた計画的なトレーニングが不可欠となる．練習，トレーニング，休養のバランスを考慮したトレーニング計画の立案が望まれる．

●大学柔道選手の傷害を調査した研究によると，練習時には1年生の傷害発生頻度が高い[9]．環境の変化による影響が大きいのではないかと考えられている．ACLは直接接触することでの損傷が多く，予防は難しいが，練習に関して，経験，レベルに応じた配慮が求められる．新しい環境に適応できるように練習時間に長短をつけることや，休みの期間をつくるなどの工夫をする．

（柳田　尚子）

文　献

1) 小山勝弘・他：全日本女子強化選手の体力測定結果の検討（2002～2006年度）．柔道科学研究，12：1-6，2007．
2) 藤本涼子・他：運動機能項目からみた全日本女子柔道強化選手の体力の現状．柔道科学研究，1：7-10，1993．
3) 阿部謙之：女子柔道選手の傷害に関する研究―大学生を中心として―．別府大学紀要，38：77-84，1997．
4) 山本利春：傷害予防の観点からみた柔道選手の階級別脚筋力と身体組成の評価．臨床スポーツ医学，13(4)：429-433，1996．
5) 越田専太郎・他：柔道選手における膝前十字靱帯損傷の受傷機転―3年間の後ろ向き研究．日本臨床スポーツ医学会誌，18(3)：407-415，2010．
6) 若野紘一・他：柔道選手における体幹部の損傷と対策．臨床スポーツ医学，19(3)：247-253，2002．
7) 宮崎誠司：柔道選手における上肢の損傷と対策．臨床スポーツ医学，19(3)：241-245，2002．
8) 小笠原一生：膝前十字靱帯損傷の好発動作の運動学的，動力学的特徴に関する研究．筑波大学博士（スポーツ医学）学位論文，2009．
9) 恩田哲也・他：大学柔道部員における傷害発生の実態調査．東海大学スポーツ医科学雑誌，11：44-51，1999．

索　引

■欧文

- A-E ······ 85
- ACL ······ 53, 69, 86, 98, 150, 154
- ACL損傷 ······ 53, 150
- basal body temperature ······ 9
- BBT ······ 9
- BIA法 ······ 27
- BOSU ······ 60, 152
- Cat & Dog ······ 131
- CKC ······ 74, 75
- core dysfunction ······ 87
- DXA法 ······ 26
- EA ······ 25
- energy availability ······ 2
- FAT ······ 18, 25, 26
- ——予防 ······ 26
- fat-free mass ······ 24
- female athlete triad ······ 3, 25
- FFM ······ 24, 26
- FMS ······ 54
- FSH ······ 1
- functional movement screen ······ 54
- giving way ······ 69
- HRT ······ 3
- knee-in ······ 34, 75
- knee-in & toe-out ······ 59, 63, 66, 71, 141, 156
- leg dominance ······ 87
- LH ······ 1, 26
- LH-RH ······ 1
- ligament dominance ······ 87
- low energy availability ······ 3, 8
- METS ······ 68
- OKC ······ 75
- PMS ······ 15
- polar心拍計 ······ 26
- POMS ······ 10
- quadriceps dominance ······ 87
- Q角 ······ 23
- rapid of force development ······ 40
- RFD ······ 40, 43, 44, 45, 96
- RICE処置 ······ 106
- RPE ······ 14
- SIgA ······ 11
- SLAP損傷 ······ 113
- SLD ······ 122
- slip-catch ······ 150
- SLR ······ 126
- SSC ······ 96
- stretch shortening cycle ······ 96
- TEE ······ 24
- TFCC ······ 53, 109
- total energy expenditure ······ 24
- trunk dominance ······ 87

■あ

- アーチの低下 ······ 141
- アイソメトリック ······ 37, 39, 120
- アウフバウトレーニング ······ 75
- 足関節周囲筋 ······ 81, 115
- 足関節靱帯損傷 ······ 63
- 足関節内反捻挫 ······ 85, 86
- 足関節ニュートラルポジション ······ 115
- 足関節捻挫 ······ 58, 63, 69, 72, 80, 86, 104, 113, 115
- 足関節の筋力トレーニング ······ 105
- 足ジャンケン ······ 112
- 脚踏み替え ······ 138
- アダクター・コンボ ······ 78
- 当たり動作 ······ 106, 107
- アライメント ······ 20, 22, 59, 121
- 安定性 ······ 96
- アンドロゲン不応症 ······ 4

■い

- 医学的問題点 ······ 1
- インナーマッスル ······ 115
- インピーダンス法 ······ 27
- インピンジメント症候群 ······ 113, 118

■う

- ウイングストレッチ ······ 32
- 受け身 ······ 30, 101
- 腕立て伏せ ······ 44, 66
- 運動性無月経 ······ 2, 5〜11
- 運動連鎖 ······ 38

■え

- エアプレイン ······ 157
- 栄養 ······ 24
- 栄養障害 ······ 26
- 栄養素密度 ······ 25
- エキセントリック ······ 46, 71
- エキセントリック・コントロール ······ 48
- エキセントリックトレーニング ······ 138
- エクステンサー・スラスト ······ 46, 48
- エストラジオール ······ 3
- エストロゲン ······ 1, 9, 11, 12
- エッグビータキック ······ 130
- エネルギーアベイラビリティ ······ 26
- エネルギー消費量 ······ 24
- エネルギーバランス ······ 24
- エネルギー必要量 ······ 24
- エルボー・トゥ ······ 59
- 遠心力 ······ 145
- 円背姿勢 ······ 32

■お

- 黄体化ホルモン ······ 1
- 黄体期 ······ 10
- 黄体形成ホルモン ······ 26
- 黄体ホルモン ······ 1, 12
- オーバーヘッドスクワット ······ 31, 95
- オールアウト ······ 39

■か

- カーフレイズ ······ 142
- 外反膝 ······ 23
- 外反母趾 ······ 58
- 開放性運動連鎖 ······ 75
- 下肢の傷害予防 ······ 46
- 下垂体刺激ホルモン ······ 1
- 加速損傷 ······ 29
- 片脚スクワット ······ 142, 146, 147
- 片脚バランス ······ 47, 50
- 片脚バランストレーニング ······ 94
- 片脚ブリッジ ······ 126
- 片脚立位トレーニング ······ 82

索 引

(片)脚優位 …………………… 87
肩関節外転トレーニング ……… 126
肩関節傷害 …………………… 117
肩関節脱臼・亜脱臼 ……… 104, 106
肩関節のトレーニング ………… 54
肩関節複合体 ………………… 118
滑走姿勢 ……………………… 146
カッティング …………………… 75
空手の突き …………………… 96
関節可動域の獲得 …………… 69
関節弛緩性 ……………… 20, 22

■き
基礎体温 ………………… 9, 12
基礎代謝量 …………………… 24
キネティックチェーン …… 122, 123
稀発月経 ………………… 2, 9
逆ヘッドタックル ……………… 31
キャリパー法 ………………… 27
競泳 ………………………… 117
胸郭のストレッチ ………… 119, 131
協調性トレーニング …………… 97
筋・筋膜性腰痛 ……………… 118
筋持久力 ……………………… 37
筋パワー ……………………… 36
筋肥大 …………………… 34, 35
筋力トレーニング ……………… 71

■く
クアッズ・コンボ ……………… 78
クランチ ……………… 37, 120, 148
クローチング ………………… 152
クワドセッティング …………… 93

■け
脛骨過労性骨膜炎 ……… 110, 141
脛骨疲労骨折 ………………… 140
頸椎捻挫 ………………… 104, 107
頸部外傷 ……………………… 29
頸部等尺性抵抗運動トレーニング
……………………………… 108
月経 ………………………… 153
月経異常 ……………… 2, 3, 7, 8
月経期 ……………………… 10
月経困難症 ………………… 10
月経周期 ……… 8, 9, 10, 12, 13, 14, 34
月経前症候群 …………… 10, 15
ゲットアップ ………………… 120

肩甲骨周囲筋 ………………… 41
肩甲骨ストレッチ ……… 102, 119
肩甲骨トレーニング ………… 114
肩甲帯可動性向上トレーニング … 126
肩甲帯トレーニング ………… 42
肩鎖関節脱臼 ………………… 155
腱鞘炎 …………………… 53, 109
原発性無月経 ………………… 1
腱板炎 ……………………… 113
腱板トレーニング ………… 40, 41
減量期の食事 ………………… 25
減量時の目標設定 …………… 27

■こ
コア ………………………… 119
コア機能不全 ………………… 87
高アンドロゲン女性競技者 …… 4
後方要素障害 ………………… 93
股関節外転トレーニング ……… 147
股関節筋のストレッチ ………… 131
股関節痛 ……………………… 58
股関節内旋動作 ……………… 156
股関節のトレーニング ………… 54
骨粗鬆症 ………… 3, 8, 18, 23, 25
骨密度 ………………………… 3
骨密度低下予防 ……………… 28
骨量 ……………………… 20, 22
ゴナドトロピン ………………… 2
ゴナドトロピン放出ホルモン …… 2
固有受容感覚トレーニング … 104, 105
コリジョンスポーツ …… 29, 30, 31
コルチゾール …………………… 6
コンセントリック ……………… 71
コンタクトスポーツ …………… 30
コンディショニング …… 84, 142, 153
コンディション評価 ………… 8, 10

■さ
サーブフォーム ……………… 115
最大筋力 ……………………… 35
最大酸素摂取量 ……………… 20
サイドステップ ………………… 88
サイドステップジャンプ ……… 112
サイドブリッジ ………… 90, 106
サイドベンド ………………… 36
サイドベンドストレッチ ……… 32
サイドランジ …………… 48, 49, 78
座屈現象 …………………… 125
サッカー ……………………… 79

三角骨障害 …………………… 58
三角線維性軟骨損傷 ………… 63
三角線維軟骨複合体損傷 …… 53

■し
シーソー ……………………… 122
ジェンダー …………………… 16
自覚的運動強度 ……………… 14
四股 ………………………… 157
自体重トレーニング …………… 95
シットアップ …………………… 36
四頭筋優位 …………………… 87
指導者との関係性 …………… 17
ジャンパー膝 ……………… 92, 93
ジャンプ ……………………… 59
集団でのトレーニング ………… 83
柔道 ………………………… 154
シュートブロック ……………… 80
柔軟性トレーニング ……… 58, 96
柔軟体操 …………………… 62
上気道感染症 ………………… 11
上肢の傷害予防 ……………… 40
上腕骨外側上顆炎 …………… 109
上腕二頭筋腱炎 ……………… 113
食行動 ……………………… 18
除脂肪量 …………………… 24
女性アスリートの三主徴 … 3, 4, 6, 8, 18, 25, 140
女性証明検査 ………………… 4
シングルレッグ・ストレートレッ
グ・デッドリフト ……………… 89
シンクロナイズドスイミング
（シンクロ）………………… 128
神経-筋協調性 …………… 20, 21
神経的要因 ……………… 35, 36
シンスプリント ……… 63, 110, 141
新体操 ……………………… 57
身体操作能力向上 …………… 95
身体組成 …………………… 26
靱帯優位 …………………… 87
深部筋 ……………………… 59
心理相談 …………………… 17

■す
水中スプリット ……………… 128
スイマーズショルダー ………… 117
スカーリング ………………… 129
スキー ……………………… 150
スクラム姿勢 ………………… 107

索引

スクワット······38, 39, 48, 49, 53, 60, 65, 89, 94
スクワット姿勢······94
スタビライゼーションエクササイズ······59
スタビリティトレーニング······148
スタンツ······51
ステップアップ······137
ストリームライン······121
ストリームラインツイスト······122
ストレートネック······31
ストレスホルモン······7
ストレッチポール······153
スパイダーウォーク······139
スピードスケート······144
スプリットジャンプ······49
スプリットスクワット······156
スポーツ観······17
スポーツ障害······1
スポッター······53
スライディング······73
スライディングスキル······81

■せ

性差······22
精神的・身体的ストレス······2
精巣女性化症候群······4
性同一性障害······4
性分化異常症······4
性役割······16
接触型競技······30
摂食障害······3, 6, 23, 25
セッティング······93
ゼロポジション······99
前鋸筋······41
前十字靱帯損傷······53, 69, 86, 98, 150, 154
全身関節弛緩性······22
全身皮下脂肪率······144
仙腸関節痛······125
前腕筋群のストレッチ······111

■そ

足圧中心······115
足底筋膜炎······145
足底板······23
続発性無月経······2, 3
側弯······125
ソフトボール······72

■た

体幹深部筋······151
体幹スタビライゼーション······139
体幹トレーニング······34, 39, 54, 59, 97
体幹の傷害予防······34
体幹皮下脂肪率······144
体幹優位······87
体脂肪率······2
体重減少······2
代償動作······41
対人片脚ジャンプ······157
対人スプリットスクワット······156
体操······62
体側深部筋群······148
大腿筋断面積······144
大腿直筋肉離れ······80
大腿皮下脂肪率······144
大腿部肉離れ······74
大殿筋下方内側線維の収縮······125
台跳びトレーニング······152
ダイナミック・アライメント······46, 59
ダイナミック・モビリティ······74
ダイナミックストレッチ······137, 153
唾液······11
タオルギャザー······111, 112
卓球······109
ダッグウォーク······31
タックジャンプ······147
タックル······106, 107
短距離······134
タンパク同化ホルモン······6

■ち

チアリーディング······51
遅発思春期······1
着地姿勢······63
着地動作······65
宙返りひねり······63
中殿筋······58
中殿筋トレーニング······105
チューブトレーニング······81
長距離······140
腸脛靱帯炎······141
直接損傷······29
チンーイン姿勢······32

■つ

椎間板ヘルニア······118
椎間板変性······63
通常練習期の食事······24
突き放し動作······66
突き指······98

■て

ディープスクワット······54, 95
手押し車······42, 43
テストステロン······6
デッドリフト······36, 89
テニス······113
デュシャンヌ······47

■と

投球障害肩······99, 102
頭頸部外傷······29, 104
頭頸部外傷予防······107
同性愛······16
倒立······66
トップ······52
飛込み······124
トリプルフレクション・エクステンション······93
ドリルエクササイズ······38, 39
トレーナビリティ······34, 36
トレンデレンブルグ······47
ドローイン······36, 59, 60, 64, 131, 132, 148
ドロップスクワット······88

■な

内側広筋の筋力トレーニング······93

■に

ニートゥチェスト······37
握りトレーニング······110
肉離れ······74, 76, 135
二重エネルギーX線吸収法······26
ニュートラルポジション······60
妊孕性······3

■ね

ネックウォーク······33
ネックカール······33
ネックブリッジ······108

索　引

■の
脳震盪 …………………… 104, 107
ノルディックハムストリングス
　………………………………… 70, 71
ノンコンタクト ………………… 86
ノンコンタクトスポーツ ……… 30
ノンコンタクトのACL損傷 …… 87

■は
バーナー症候群 ………… 104, 107
ハーフカットストレッチボール … 127
バーレッスン …………………… 61
背筋トレーニング …………… 126
排卵期 …………………………… 10
バスケットボール ……………… 85
バックブリッジ ………… 59, 120
パフォーマンス ………………… 13
ハムストリングス …… 90, 138, 145
ハムストリングス・コンボ …… 77
バランス＆ダイナミック・スタビ
　リティ ………………………… 75
バランスウィンドミル ……… 138
バランスディスク …… 38, 59, 60
バランストレーニング … 70, 71, 82,
　87, 93, 105, 116, 135
バランスボール ……………… 122
バランスマット ……………… 141
バリスティックストレッチ …… 35
バレーボール …………………… 92
パワークリーン ………………… 37
ハンド・トゥ ………………… 127
ハンド・ニー …………………… 59
ハンドボール …………………… 98

■ひ
膝関節優位 ……………………… 53
膝崩れ感 ………………………… 69
皮脂厚法 ………………………… 27
非接触型競技 …………………… 30
必須脂肪率 …………………… 140
ヒップリフト …………… 59, 143
微量栄養素 ……………………… 28
疲労骨折 ………… 3, 6, 18, 57, 141
貧血予防 ………………………… 28

■ふ
フィットネステスト …………… 62
フォームローラー ……………… 65
腹圧 …………………………… 119
腹横筋 …………………………… 36
複合ジャンプ ………………… 112
腹部引き込み動作 ……………… 59
腹筋トレーニング ……………… 97
プライオメトリック …… 44, 88, 96
ブリッジ ………………… 38, 39, 90
プルオーバーストレッチ ……… 32
プロゲステロン ……………… 9, 12
プロラクチン …………………… 6
フロントブリッジ ……… 106, 120
フロントランジ ………………… 48
分泌型免疫グロブリンA ……… 11

■へ
ペアトレーニング …………… 42, 43
閉鎖性運動連鎖 ……………… 74, 75
ペイントエリア ………………… 86
ベース …………………………… 53
ベースランニング …………… 73, 75
ヘッドダウン …………………… 31
ペットボトル ………………… 115
扁平足障害 …………………… 110

■ほ
ボールリフト ………………… 133
補強トレーニング ……………… 76
ボディ・イメージ ……………… 18
ホルモン環境 …………………… 5
ホルモン補充療法 ……………… 3

■ま
マーブルピック ………… 111, 112
巻き足 ………………………… 129
マット運動 ……………………… 99
マルアライメント ……………… 34

■み
ミニバンド ……………………… 89
ミニボール …………………… 142

■む
無月経 …… 3, 8, 9, 18, 23, 25, 26, 140
胸がおちる ……………………… 64
胸をふくむ ……………………… 64
無排卵周期症 …………………… 2

■め
メディシンボール …………… 123
　——転がし ………………… 138
　——スロー ………………… 37
メンタルトレーニング ………… 17

■よ
腰椎分離症 ……………… 63, 118
腰痛 …………… 53, 58, 118, 145
腰部の傷害 ……………………… 93

■ら
ライフイベント ………………… 16
ラグビー ……………………… 103
ラクロス ………………………… 68
ラテラルウォールドリル ……… 91
ラテラルスクワット …………… 89
ランジ ………………………… 136
　——姿勢 …………………… 93
　——動作 …………………… 94
卵巣ホルモン …………………… 9
ラントレーニング ……………… 96
卵胞期 …………………………… 10
卵胞刺激ホルモン ……………… 1
卵胞ホルモン ………………… 1, 12

■り
リーチ動作 …………… 93, 94, 95
リストカール …………… 66, 110
リズミックスタビライゼーション … 33
リズムジャンプ ……………… 136
離断性骨軟骨炎 ………………… 63
リバースリストカール ……… 111
リフト動作 …………………… 130
両脚抱え込み ………………… 139

■る
ルーズショルダー …………… 118
ルーマニアンデッドリフト …… 89

■れ
レッグカール …………………… 99
レッグスイング ……………… 137
レッグランジ ………………… 143

■ろ
ローカル筋 ……………… 59, 148
ローテーターカフ ……… 118, 120
ロシアンハムストリングス …… 90

【編者略歴】

小林　直行
- 2006年　関東学園大学スポーツセンター
- 2009年　博士（スポーツ医学）（筑波大学大学院人間総合科学研究科）
- 2009年　筑波大学大学院人間総合科学研究科客員研究員
- 2010年　帝京平成大学地域医療学部講師
- 2013年　上武大学ビジネス情報学部准教授

泉　重樹
- 2005年　帝京平成大学ヒューマンケア学部講師
- 2008年　法政大学現代福祉学部講師
- 2009年　博士（スポーツ医学）（筑波大学大学院人間総合科学研究科）
- 2009年　法政大学スポーツ健康学部講師
- 2013年　法政大学スポーツ健康学部准教授

成田　崇矢
- 2008年　つくば国際大学医療保健学部助手
- 2009年　健康科学大学健康科学部助教
- 2011年　健康科学大学健康科学部講師
- 2013年　博士（スポーツ科学）（早稲田大学大学院スポーツ科学研究科）
- 2013年　健康科学大学健康科学部准教授

女性アスリートのための傷害予防トレーニング　　ISBN978-4-263-24058-8

2013年10月10日　第1版第1刷発行

編　者　小　林　直　行
　　　　泉　　　重　樹
　　　　成　田　崇　矢
発行者　大　畑　秀　穂
発行所　医歯薬出版株式会社

〒113-8612　東京都文京区本駒込1-7-10
TEL（03）5395-7641（編集）・7616（販売）
FAX（03）5395-7624（編集）・8563（販売）
http://www.ishiyaku.co.jp/
郵便振替番号 00190-5-13816

乱丁，落丁の際はお取り替えいたします　　印刷・木元省美堂／製本・皆川製本所
© Ishiyaku Publishers, Inc., 2013. Printed in Japan

本書の複製権・翻訳権・翻案権・上映権・譲渡権・貸与権・公衆送信権（送信可能化権を含む）・口述権は，医歯薬出版㈱が保有します．
本書を無断で複製する行為（コピー，スキャン，デジタルデータ化など）は，「私的使用のための複製」などの著作権法上の限られた例外を除き禁じられています．また私的使用に該当する場合であっても，請負業者等の第三者に依頼し上記の行為を行うことは違法となります．

JCOPY＜㈳出版者著作権管理機構　委託出版物＞
本書を複写される場合は，そのつど事前に㈳出版者著作権管理機構（電話 03-3513-6969，FAX 03-3513-6979，e-mail：info@jcopy.or.jp）の許諾を得てください．